DROGA DO SZCZĘŚCIA

Nazwiska i charakterystyczne cechy niektórych osób opisanych w tej książce zostały zmienione, by chronić ich prywatność.

Fragmenty niniejszej książki pojawiły się wcześniej w zmienionej formie w następujących publikacjach: „Psychology Today", „The Huffington Post", „Harvard Business Review", „Scientific American Mind" i „Spirituality and Health".

EMMA SEPPÄLÄ

DROGA DO SZCZĘŚCIA

JAK NAUKA O SZCZĘŚCIU POMOŻE CI OSIĄGNĄĆ SUKCES

Przełożyła Katarzyna Misiak

Wydawnictwo Czarna Owca
Warszawa 2017

Tytuł oryginału:
THE HAPPYNESS TRACK

Redakcja językowa: Marta Gorajska
Projekt okładki: JCR Solutions: Pola & Daniel Rusiłowicz
Zdjęcie na okładce: © teamplay / Shutterstock, © Yulia Glam / Shutterstock
DTP: INSATSU Michał Żelezniakowicz
Korekta: Beata Wójcik, Maciej Korbasiński
Redaktor prowadzący: Małgorzata Głodowska

Wydanie I

Druk i oprawa: EDIT

Wydrukowano na papierze Creamy 70 g/m², vol. 2,0
dystrybuowanym przez ZiNG

ISBN 978-83-8015-612-8

Wydawnictwo
CZARNA OWCA

ul. Alzacka 15a, 03-972 Warszawa
www.czarnaowca.pl
Redakcja: tel. 22 616 29 20; e-mail: redakcja@czarnaowca.pl
Dział handlowy: tel. 22 616 29 36; e-mail: handel@czarnaowca.pl
Księgarnia i sklep internetowy: tel. 22 616 12 72; e-mail: sklep@czarnaowca.pl

Dla moich ukochanych

Pums i Dadda

Andrew i Michaela

SPIS TREŚCI

WSTĘP

Sukces to sztuka lubienia siebie, tego, co robisz,

oraz tego, w jaki sposób to robisz.

Maya Angelou

Pewnego lata, gdy byłam jeszcze na studiach, odbywałam staż w Paryżu, w dużym wydawnictwie publikującym międzynarodową gazetę. Jako jedyna pracująca tam stażystka byłam ciągle bardzo zajęta. Od 14.00 do 23.00 biegałam pomiędzy drugim piętrem a piwnicą, dostarczając wiadomości i dokumenty. Miałam do czynienia praktycznie ze wszystkimi, od redaktorów naczelnych do pracowników obsługujących prasy drukarskie. Na drugim piętrze mieściły się biura dyrektorów z wielkimi oknami i boksy, w których pracowali amerykańscy pisarze i redaktorzy, pochyleni nad swoimi komputerami. W piwnicy natomiast francuscy robotnicy obsługiwali prasy drukarskie.

Różnica w atmosferze pomiędzy drugim piętrem a piwnicą była uderzająca. Na drugim piętrze w powietrzu wyczuwało się napięcie. Panowała tam cisza zakłócana jedynie odgłosami pisania na klawiaturze i drukowania. Redaktorzy – z których większość miała nadwagę i ciemne sińce pod oczami – kulili się przed ekranami monitorów, pracowali w samotności i żywili się pizzą zjadaną przy biurkach. W tym samym czasie w piwnicy panowała świąteczna atmosfera. Francuskie wino, ser i chleb leżały na jednym wielkim stole. Pracownicy obsługujący prasę śmiali się i żartowali, powietrze aż iskrzyło energią. Na drugim piętrze nikt się do mnie nie odzywał, chyba że akurat czegoś potrzebował, natomiast w drukarni zawsze głośno mnie witano. Z czasem zdałam sobie sprawę, że szukam byle pretekstu, żeby tylko przyłączyć się do tej radosnej atmosfery.

Praca w gazecie i przemieszczanie się tam i z powrotem pomiędzy tymi dwiema grupami skłoniły mnie do refleksji: był to zespół ludzi, redaktorów, dziennikarzy i pracowników obsługujących prasy, pracujących po nocach, aby zdążyć rozesłać gazetę przed świtem. To prawda, że członkowie obu tych grup wykonywali całkowicie różne zadania i pochodzili z różnych kultur, ale oba zespoły ciężko pracowały, żeby zdążyć z zadaniem na ten sam pilny termin. Jeden błąd w którejś grupie i podczas porannej dostawy zabrakłoby gazety. Noc za nocą pomimo wyzwań oba zespoły na czas kończyły swoje zadania. Obie grupy przechodziły jednak przez to w całkowicie odmienny sposób: pracownicy pierwszej byli zestresowani, wypaleni i wyglądali niezdrowo, drugiej zaś byli szczęśliwi, energiczni i kwitnący.

Myślę, że większość z nas chce być jak ci francuscy robotnicy obsługujący prasę – pragnie wykonywać dobrą pracę i cieszyć się jej wykonywaniem. Każdy marzy o tym, by odnieść sukces i czuć się szczęśliwym. Osiągnięcie tych dwóch celów nigdy jednak nie wydawało się bardziej nierealne.

Postęp technologiczny sprawił, że tempo, w którym żyjemy, stało się przytłaczające. Niezależnie od tego, czy jesteś dyrektorem zarządzającym, czy pracującym na własny rachunek projektantem sztuki, prawdopodobnie funkcjonujesz od jednego pilnego terminu do drugiego. Co chwila sprawdzasz pocztę elektroniczną lub SMS-y w swoim telefonie, aktualizujesz informacje na portalach społecznościowych, czytasz najnowsze informacje lub wpisy na blogu. Wszystko to robisz, jednocześnie planując menu na obiad, przebijając się przez korki lub czekając na konferencję telefoniczną. Projekty muszą być kończone w coraz krótszych terminach. Wobec powszechnej dostępności danych i informacji w internecie badania naukowe muszą być szczegółowe i zachowywać rygor metodologiczny. Klienci potrzebują lepszej obsługi, szybciej i oczywiście taniej. Szef i koledzy oczekują twoich natychmiastowych odpowiedzi na ich wiadomości i zapytania.

Aby sprostać wszystkim życiowym wyzwaniom, prawdopodobnie śpisz z telefonem przy łóżku i najczęściej sprawdzasz pocztę elektroniczną, zanim jeszcze wstaniesz z łóżka i tuż przed zaśnięciem. Kontaktujesz się ze swoimi znajomymi na portalach społecznościowych, takich jak Twitter, Facebook czy LinkedIn, odpowiadasz na powiadomienia, oglądasz przesłane przez nich filmy, które koniecznie musisz zobaczyć. Odczuwasz wewnętrzny przymus aktualizowania informacji na swój temat i dodawania zdjęć, aby pozostać w kontakcie ze światem. Niezależnie od tego, jak ciężko pracujesz, by być na bieżąco, w międzyczasie skrzynki odbiorcze zapełniają się wciąż przychodzącymi wiadomościami. Tydzień pracy jest ciągłym wyścigiem z niekończącą się listą spraw do załatwienia, po którym wyczerpany padasz na łóżko, choć twoje ciało domagało się odpoczynku dużo wcześniej.

Weekendy nie wyglądają o wiele lepiej. Najprawdopodobniej wypełnia je domowa krzątanina, pranie, zakupy spożywcze i nadrabianie zaległości w pracy. Wakacje zdarzają się zdecydowanie zbyt rzadko, a gdy już są, wypełniają je stresujące podróże, wizyty u bliskich i w rezultacie masz tylko jeden czy dwa dni na odespanie przed powrotem do zawodowego młyna. Nawet gdy jesteś na wakacjach, trudno się oderwać od pracy – siedzisz nad basenem i jednocześnie korzystasz z telefonu czy tabletu, byle tylko być na bieżąco z tym, co dzieje się w pracy.

Po prostu zaakceptowaliśmy nadmierny wysiłek jako część naszego życia.

Chcemy być dobrymi pracownikami, więc ciężko pracujemy. Chcemy być dobrymi rodzicami, więc staramy się spędzać więcej czasu z dziećmi. Chcemy być dobrymi małżonkami, więc przygotowujemy posiłki, chodzimy do siłowni, planujemy wieczorne randki. Chcemy być dobrymi przyjaciółmi, więc umawiamy się na spotkania. Wszystko to robimy nawet wtedy, gdy jesteśmy wykończeni.

Jeśli tempo, w jakim żyjemy, powoduje, że czujemy się zestresowani, wycieńczeni i przeciążeni, to obwiniamy siebie o ten stan rzeczy. W końcu wszyscy inni wydają się jakoś sobie radzić. Uważamy, że aby odnieść sukces, musimy tylko nie poddawać się i przeć do przodu – mimo bólu, ograniczeń i bez względu na nasze samopoczucie.

Gdy osiągamy nasze cele poprzez nadmierny wysiłek, pośpiech i desperackie próby nadążania, zazwyczaj nie czujemy się dobrze. Możemy odczuwać ulgę, ale przychodzi nam za nią zapłacić wysoką cenę: wypalenia, stresu, alienacji. Czy jednak w tej całej ciężkiej pracy i cierpieniu nie chodziło o bycie szczęśliwym? Czy u podstaw dążenia do sukcesu nie leżało pragnienie szczęścia?

MITY SUKCESU

Przez ostatnie dziesięć lat przebywałam wśród ludzi, którzy odnieśli wielkie sukcesy. Studiowałam z nimi na uniwersytetach Yale, Columbia i Stanforda. Pracowałam wśród nich w Paryżu, Nowym Jorku, Szanghaju i w Dolinie Krzemowej. Inspirowali mnie, gdy zakładali organizacje pozarządowe, kandydowali do Kongresu i pisali bestsellery, a także gdy odnosili sukcesy na Broadwayu, zakładali innowacyjne start-upy, zajmowali ważne stanowiska w organizacjach humanitarnych czy zostawali miliarderami z Wall Street. Jednocześnie jednak bardzo smuciło mnie, że tylu z tych z pozoru „ludzi sukcesu" żyje w ciągłym stresie i doprowadza się do choroby z przepracowania. To ludzie utalentowani, z wielkim potencjałem, a jednak w trakcie dążenia do celu wielu z nich utraciło coś najbardziej wartościowego, czyli siebie. Bardzo często doprowadzają do tego stanu również swoich pracowników, wprowadzając w miejscu pracy nerwową atmosferę.

Obserwowałam ten fenomen wśród moich przyjaciół i byłych kolegów z roku, studiując jednocześnie psychologię zdrowia i szczęścia, kiedy byłam doktorantką na Uniwersytecie Stanforda. Im bardziej zagłębiałam się w literaturę przedmiotu, tym bardziej byłam zdumiona odkryciem, że sposób, w jaki nauczono nas dążyć do sukcesu, który nasze społeczeństwo wspiera i zaleca, jest po prostu błędny. Kolejne badania jedno za drugim potwierdzały, że to, co w poszukiwaniu sukcesu i szczęścia robili moi przyjaciele i koledzy, i co robiłam ja sama, przynosiło skutek odwrotny do zamierzonego.

Od tego czasu zaczęłam zauważać, że poświęcamy swoje prawdziwe szczęście i umiejętność osiągania sukcesu, ponieważ wierzymy powszechnym, lecz przestarzałym teoriom na temat sukcesu. Wierzymy w nie właśnie dlatego, że widzimy, jak działają one w codziennym życiu ludzi sukcesu, takich jak moi koledzy. Już w młodym wieku uczy się nas, że aby pójść naprzód, musimy robić wszystko, co do nas należy (a nawet więcej), z żelazną dyscypliną i koncentracją, co odbywa się kosztem naszego szczęścia.

Oto sześć głównych fałszywych teorii, które stoją u podstaw współczesnego postrzegania sukcesu:

- **Nigdy dość osiągnięć.** Nieustannie koncentruj się na zadaniach, które masz do wykonania. Aby osiągnąć więcej i pozostać konkurencyjnym, musisz szybko przechodzić od jednego zadania do kolejnego, bezustannie skupiając się na tym, co dalej.
- **Nie można osiągnąć sukcesu bez stresu.** Jeśli pragniesz sukcesu, stres jest nieunikniony. Życie na najwyższych obrotach to nieunikniony efekt uboczny życia w biegu. Cierpienie jest nieuniknione, a nawet konieczne.
- **Wytrwaj za wszelką cenę.** Pracuj aż do wyczerpania. Poświęcaj całą swoją energię umysłową, by skupić się na wykonywanym zadaniu pomimo pokus i rozproszeń.
- **Skup się na swojej niszy.** Zanurz się w pełni w swojej dziedzinie wiedzy. Skupiając się wyłącznie na swojej specjalności i dążąc do bycia w niej ekspertem, dowiesz się, jak najlepiej rozwiązać problemy w jej zakresie.

- **Graj na swoich mocnych stronach.** Dopasuj pracę do swoich talentów. Rób to, co potrafisz najlepiej, i trzymaj się z dala od dziedzin, w których jesteś słaby. Aby odkryć swoje talenty i słabości, bądź swoim najsurowszym krytykiem.
- **Skup się na sobie.** Koncentruj się przede wszystkim na sobie i swoich zainteresowaniach tak, aby skutecznie pokonać konkurencję.

Nasza kultura jest przesiąknięta tymi teoriami, które są w nas zaszczepiane już od szkoły podstawowej („Nie śnij na jawie!", „Skup się!", „Postaraj się bardziej!"). Nawet jeśli teorie te są szeroko rozpowszechnione i wydają się mieć głęboki sens, to w rzeczywistości są całkowicie błędne. Niektórzy osiągają w ten sposób sukces, jednak dzieje się to wielkim kosztem. Badania wskazują, że w rzeczywistości teorie te zmniejszają szanse osiągnięcia sukcesu i szczęścia, ponieważ prowadzą do wielu niekorzystnych następstw – obniżają zdolność do efektywnego kontaktu z innymi osobami, zmniejszają kreatywność w pracy, obniżają poziom naszej energii, uniemożliwiają wykorzystanie własnego potencjału w pełni i czynią mniej odpornymi na wyzwania i porażki. Badania sugerują, że zwiększa się też prawdopodobieństwo wypalenia, izolacji i cierpienia wynikających ze słabego zdrowia fizycznego i psychicznego.

Sposób, w jaki kierując się tymi mitami, dążymy do sukcesu – napędzani kulturowym przekazem, żeby „dać z siebie wszystko", i wspierani przez technologię, która powoduje, że jesteśmy online 24 godziny na dobę – jest po prostu niewykonalny. Wszyscy odczuwają ogromną presję wynikającą z takiego podejścia do sukcesu. Wielki mit, który zawiera w sobie wszystkie inne legendy dotyczące sukcesu, głosi, że musimy poświęcić krótkoterminowe szczęście, aby odnieść sukces i osiągnąć spełnienie w przyszłości. Takie podejście nie tylko jednak nie pozwala nam być tak produktywnymi, jakimi moglibyśmy być, ale czyni nas głęboko nieszczęśliwymi. Czy przez ostatni rok:

- czułeś się przeciążony, bez żadnej perspektywy wyjścia z tej sytuacji?
- czułeś się uwięziony w niekończącym się wyścigu szczurów i powodzi zadań do wykonania?
- nie miałeś czasu na rzeczy, które chciałeś zrobić?
- nie byłeś w stanie spędzać czasu z tymi, których kochasz?
- czułeś się winny, gdy kosztem produktywności robiłeś rzeczy, które cię cieszą?
- nie byłeś w stanie na co dzień znaleźć sensu lub spełnienia?

Nie jesteś sam. Poziom stresu w Stanach Zjednoczonych rośnie w alarmującym tempie. Według badań[1] Regus Group 58 procent Amerykanów twierdzi, że ich stres rośnie. Niepokój jest czołową przyczyną terapii psychiatrycznych w Stanach Zjednoczonych i kosztuje społeczeństwo ponad 42 miliardy dolarów rocznie[2]. Spożycie antydepresantów przez Amerykanów we wszystkich grupach wiekowych wzrosło w ostatniej dekadzie o 400 procent[3].

Zgodnie z badaniami Gallup 2014[4] kryzys równolegle dotyka miejsc pracy w całym kraju: 50 procent pracowników jest niezaangażowanych w pracę (są obecni, ale wykonują swoją pracę przeciętnie), podczas gdy 20 procent jest aktywnie niezaangażowanych (to znaczy bardzo nieszczęśliwych podczas pracy), co kosztuje amerykańską gospodarkę ponad 450 miliardów dolarów rocznie.

Dziesięciolecia badań wykazały, że szczęście nie jest *rezultatem* sukcesu, ale raczej jego *prekursorem*. Innymi słowy: jeśli chcesz osiągnąć sukces, musisz być raczej jak ci francuscy pracownicy obsługujący prasę w piwnicy.

CO SZCZĘŚCIE MA Z TYM WSPÓLNEGO?

Kilka lat temu wygłaszałam w Nowym Jorku wykład dotyczący psychologii szczęścia dla grupy księgowych w firmie, która znalazła się na liście Fortune 1000*. W sali konferencyjnej tłoczyło się około czterdziestu osób. Gdy rozpoczęłam wykład, zauważyłam, że część słuchaczy była bardzo zainteresowana tematem, ale inni siedzieli z tyłu pokoju i chichotali. Tych drugich, którzy uznawali takie „miękkie" szkolenia za mało wartościowe, zmuszono do obecności na wykładzie.

Nie obwiniam ich. W końcu rzadko słyszymy o szczęściu jako sekrecie, który prowadzi do osiągnięcia sukcesu. Tak naprawdę uczy się nas czegoś dokładnie odwrotnego.

Kolega, który poprosił mnie o wygłoszenie wykładu w firmie księgowej, ostrzegał, że nauka o szczęściu może niezbyt odpowiadać jego skoncentrowanym na twardych danych kolegom. Poradził, abym rozpoczęła od faktów i danych liczbowych dotyczących kosztów negatywnych emocji i korzyści

* Lista tysiąca największych firm w Stanach Zjednoczonych pod względem przychodów publikowana przez magazyn „Fortune" (przyp. tłum.).

płynących ze szczęścia. Jako że będę miała do czynienia z księgowymi, powinnam po prostu pozwolić liczbom przemówić za siebie. Rzeczywiście, zanim jeszcze skończyłam prezentację twardych faktów, chichoty ucichły. Nim wykład się skończył, nawet cynicy z tyłu sali stwierdzili, że zostali przekonani przez, jak to określili, „lawinę przekonujących danych".

Nawet jeśli niezbyt często słyszymy o związku pomiędzy szczęściem i sukcesem, to intuicyjnie wiemy, jak potężny wpływ mają na nas emocje. W końcu nieprzyjemna uwaga kolegi lub poranna sprzeczka z małżonkiem może wpłynąć na naszą produktywność i skupienie do końca dnia. Nasze emocje i stan umysłu silnie wpływają na wszystko, co robimy. Pomyśl, jak odmiennie wyglądają twoje interakcje z innymi i twoja produktywność, gdy czujesz się zestresowany, smutny lub zły, a jak, gdy jesteś szczęśliwy, zrelaksowany i pełen wdzięczności.

Szczęście zdefiniowane jako stan nasilonych pozytywnych emocji ma głębokie i pozytywne oddziaływanie na nasze życie zawodowe i osobiste. Zwiększa naszą emocjonalną i społeczną inteligencję, produktywność i wpływ, jaki mamy na nasze otoczenie. To dokładnie te czynniki, które pozwalają nam osiągnąć sukces bez poświęcania zdrowia i dobrego samopoczucia psychicznego.

Barbara Fredrickson, która wraz z innymi naukowcami z Uniwersytetu Karoliny Północnej badała wpływ pozytywnych emocji, stwierdziła, że szczęście pozwala nam na wykorzystanie naszego potencjału w pełni na cztery konkretne sposoby[5]:

Intelektualny. Pozytywne emocje pomagają w szybszej nauce, kreatywnym myśleniu i rozwiązywaniu trudnych sytuacji. Na przykład Mark Beeman z Uniwersytetu Northwestern wykazał, że ludzie łatwiej rozwiązują łamigłówki po obejrzeniu krótkiego fragmentu komedii. Zabawa poprzez rozluźnienie napięcia i aktywację ośrodków mózgu odpowiedzialnych za odczuwanie przyjemności pozwala uruchomić połączenia neuronalne, które wspierają elastyczność umysłu i kreatywność[6]. Nie są więc zaskoczeniem wyniki badań, zgodnie z którymi poczucie szczęścia zwiększa produktywność o 12 procent[7].

Psychiczny. Jeśli zaliczasz się do większości populacji, to prawdopodobnie padasz ofiarą swoich zmiennych stanów umysłu. Nastroje, a nie czynniki zewnętrzne, determinują, jaki będzie twój dzień. Możesz być na pięknej plaży i jednocześnie czuć się fatalnie, ponieważ zasmucił cię członek rodziny, albo być radosnym, stojąc w ogromnym korku, ponieważ właśnie się dowiedziałeś, że spodziewacie się z twoją partnerką dziecka. Pozytywne emocje pomagają utrzymać równowagę emocjonalną niezależnie od okoliczności. Jak? Badania Barbary Fredrickson[8] i innych pokazują, że pozytywne emocje pomagają szybciej wrócić do równowagi po stresującej sytuacji. Pomagają w szybkim pozbyciu się negatywnych emocji, dzięki czemu efektywnie skracają czas odczuwania stresu, złości czy depresji i sprawiają, że masz bardziej optymistyczne nastawienie[9].

Powiedzmy, że twoja praca wymaga spotkań i komunikowania się z klientem, kolegą czy kierownikiem, który jest krytyczny i nieprzyjemny. W rezultacie może się okazać, że w takiej sytuacji trudno jest na co dzień dać z siebie to, co najlepsze. Jeśli jednak jesteś w stanie utrzymać wysoki poziom pozytywnych emocji, to po każdym takim spotkaniu będziesz szybciej dochodził do siebie. Twój optymizm będzie psychiczną i fizyczną osłoną przed stresem wywołanym przez tę osobę. W ten sposób łatwiej jest zachować spokój umysłu i produktywność.

Społeczny. Nie ma wątpliwości, że relacje w pracy, czy to z kierownikami, kolegami, pracownikami, czy klientami, są niezbędnym warunkiem sukcesu. Pozytywne emocje wzmacniają istniejące relacje. Na przykład wspólny śmiech, będący wyrazem pozytywnych emocji, powoduje, że ludzie stają się bardziej otwarci i skłonni do współpracy[10].

Wiele badań wskazuje na to, że szczęśliwi pracownicy tworzą bardziej przyjazne miejsce pracy. W szczególności szczęśliwi, przyjaźni i wspierający pracownicy:

- budują lepsze relacje z innymi w miejscu pracy[11],
- podnoszą produktywność swoich współpracowników[12],
- zwiększają poczucie społecznej więzi wśród współpracowników[13],
- zwiększają poczucie więzi z miejscem pracy[14],
- zwiększają poziom zaangażowania w wykonywaną pracę[15],
- zapewniają lepszą obsługę klienta, nawet jeśli nie odnoszą z tego bezpośrednich korzyści[16].

Badania wykazują, że negatywne uczucia, jak niepokój i depresja, w przeciwieństwie do pozytywnych emocji powodują, że bardziej koncentrujemy się na sobie[17]. I odwrotnie, pozytywne emocje zwiększają naszą skłonność do budowania produktywnych więzi z innymi. Fredrickson pokazuje[18], że szczęście zwiększa nasze poczucie przynależności, pozwalając nam spojrzeć na sprawy z perspektywy innej osoby, co zwiększa prawdopodobieństwo, że wywołamy pozytywne zmiany w ich życiu. To z kolei zdecydowanie zwiększa naszą zdolność do budowania relacji i przyjaźni. W rezultacie czujemy silniejszą więź, stabilność i wsparcie rosnącej sieci naszych znajomości. Nasze szczęście wpływa także na produktywność ludzi wokół nas. Tak jak trudni współpracownicy potrafią stworzyć nieprzyjemną atmosferę w miejscu pracy, tak ludzie o pozytywnym i wspierającym nastawieniu tworzą atmosferę podnoszącą na duchu. Będąc szczęśliwym, powodujesz, że twoje otoczenie również jest szczęśliwsze. Badanie[19] przeprowadzone przez naukowców zajmujących się problematyką społeczną Jamesa Fowlera z Uniwersytetu Kalifornijskiego w San Diego i Nicolasa Christakisa z Uniwersytetu Harvarda wskazuje, że szczęście potrafi promieniować wokół ciebie na trzy stopnie oddalenia – na twoich bliskich, twoich kolegów i znajomych, a nawet obcych, których nigdy nie poznasz. W ten sposób tworzysz kulturę szczęścia w swoim miejscu pracy, domu czy społeczności.

Fizyczny. Fredrickson ustaliła, że pozytywne emocje pozytywnie wpływają na twoje ciało poprzez zwiększenie siły, poprawę sprawności działania układu krążenia, a także koordynacji ruchowej, jakości snu i odporności. Ponadto pozytywne emocje zmniejszają częstotliwość stanów zapalnych[20]. Innymi słowy, bycie szczęśliwszym pomaga utrzymać zdrowie, nawet jeśli pracujesz intensywnie lub w stresującym środowisku. Pozytywne emocje pomagają też odzyskać zdrowie układu krążenia, któremu zaszkodził stres[21].

Wstępne badania pokazują również, że wybuch śmiechu reguluje w naszym organizmie poziom kortyzolu, hormonu stresu, wspiera funkcjonowanie układu odpornościowego i zmniejsza stany zapalne[22].

Sama wiedza, że szczęście prowadzi do sukcesu, jednak nie wystarczy. Dlatego właśnie napisałam tę książkę – aby pokazać ci, w jaki sposób szczęście może zwiększyć twoją odporność psychiczną, kreatywność, produktywność, charyzmę i wiele innych umiejętności niezbędnych do osiągnięcia sukcesu. Nauczysz się, jak być produktywnym bez popadania w stan chronicznego stresu, jak osiągnąć więcej bez ryzyka wypalenia. Innymi słowy, dowiesz się, jak wykorzystać swój zawodowy potencjał i poczuć się spełnionym.

SZEŚĆ KLUCZY DO SZCZĘŚCIA I SUKCESU

W kolejnych rozdziałach podzielę się zweryfikowanymi empirycznie danymi, pokazującymi, że droga do długoterminowego sukcesu i dobrego samopoczucia jest często czymś odwrotnym niż to, czego nas nauczono. Przyjrzymy się, jak zgubne teorie na temat sukcesu zdominowały naszą kulturę i udaremniają wszelkie nasze wysiłki. Posługując się najnowszymi badaniami dotyczącymi psychologii, nauki o zachowaniach w organizacji i neuronauki – badań dotyczących odporności, kreatywności, uważności, współczucia i innych – pokażę ci, w jaki sposób następujących sześć strategii osiągania szczęścia i spełnienia stanowi klucz do profesjonalnego rozwoju.

1. **Żyj (lub pracuj) w chwili obecnej.** Zamiast zawsze myśleć o następnej pozycji na liście zadań do wykonania,

skup się na zadaniu, które wykonujesz, lub rozmowie, którą właśnie prowadzisz. Staniesz się nie tylko bardziej produktywny, ale także bardziej charyzmatyczny.

2. **Wykorzystuj swoją odporność psychiczną.** Zamiast żyć w stanie chronicznego przeciążenia, wytrenuj swój układ nerwowy tak, aby sam wracał do równowagi. W naturalny sposób zredukujesz stres i będziesz rozkwitał w obliczu trudności i wyzwań.
3. **Zarządzaj swoją energią.** Zamiast poddawać się wyczerpującym myślom i emocjom, naucz się zarządzać swoją energią, pozostając spokojnym i skoncentrowanym. Będziesz wtedy w stanie zaoszczędzić cenną energię na zadania, które wymagają jej najwięcej.
4. **Nie rób nic.** Zamiast bezustannie skupiać się jedynie na swojej dziedzinie, zostaw miejsce na bezczynność, rozrywkę i zainteresowania, które nie mają z tym nic wspólnego. Staniesz się bardziej kreatywny i innowacyjny i z większym prawdopodobieństwem wpadniesz na przełomowe pomysły.
5. **Bądź dla siebie dobry.** Zamiast korzystać tylko ze swoich mocnych stron i być krytycznym wobec siebie, bądź w stosunku do siebie współczujący i wiedz, że twój umysł stworzono w taki sposób, by uczył się nowych rzeczy. W ten sposób odniesiesz sukces w obliczu wyzwań i będziesz uczył się na błędach.
6. **Okaż współczucie innym.** Zamiast skupiać się na sobie, okaż współczucie i zainteresowanie ludziom wokół ciebie. Pielęgnuj wspierające relacje ze swoimi współpracownikami, przełożonymi i podwładnymi. Dzięki temu znacząco zwiększysz lojalność i zaangażowanie

współpracowników i podwładnych, a w rezultacie podniesiesz produktywność, poprawisz wyniki i zwiększysz swoje wpływy.

Te sześć strategii znacząco poprawi twoje psychiczne i fizyczne samopoczucie. Pomogą ci stać się szczęśliwszym i nauczą żyć życiem przepełnionym znaczeniem i poczuciem celu oraz, jak pokażę to w tej książce, pomogą ci osiągnąć sukces. Te strategie nie są skomplikowane; ich zastosowanie w codziennym życiu nie wymaga złożonego treningu lub wielkich zmian stylu życia. Tak naprawdę te strategie opierają się na tym, co już posiadasz.

Już teraz jesteś w stanie formułować błyskotliwe idee, pozostawać spokojnym wobec przytłaczających oczekiwań i skupionym mimo rozproszeń umysłu, możesz być życzliwym wobec siebie i innych, a także usiąść ze swoimi myślami i odpocząć, gdy świat każe ci nieustannie biec, biec i biec. W każdym rozdziale przedstawię konkretne metody, które pomogą ci wykorzystać ten potencjał.

Niezależnie, czemu poświęcasz swój czas – czy jesteś tatą na pełny etat w Chicago, prezesem firmy znajdującej się na liście Fortune 500* w Dallas, działaczem społecznym z Oakland czy baleriną w Nowym Jorku – mam nadzieję, że ta książka przyniesie ci ulgę. Ulgę płynącą z wiedzy o tym, że masz już wszystko, czego potrzebujesz, by być szczęśliwym oraz odnieść sukces, że bezstresowe i spełnione życie nie tylko jest możliwe, ale także jest kluczem do osobistego

* Podobnie jak w przypadku Fortune 1000, jest to lista pięciuset największych firm w Stanach Zjednoczonych pod względem przychodów publikowana przez magazyn „Fortune” (przyp. tłum.).

i zawodowego sukcesu. Masz możliwość czerpania z tej tętniącej życiem produktywności, która charakteryzowała francuski zespół drukarzy, a ja pokażę ci, jak to zrobić. Wyniki badań są jednoznaczne: szczęście jest najszybszą ścieżką prowadzącą do sukcesu.

ROZDZIAŁ 1

PRZESTAŃ ŚCIGAĆ PRZYSZŁOŚĆ

DLACZEGO SZCZĘŚCIE I SUKCES ZNAJDUJĄ SIĘ W CHWILI OBECNEJ

Żadne poważne plany na przyszłość nie mogą być robione przez tych, którzy nie potrafią żyć chwilą obecną.
Alan Watts[1]

Gdy podróżujesz po Dolinie Krzemowej – skąd pochodzą Facebook, Twitter, Google i Uniwersytet Stanforda – niemal natychmiast zauważasz, że coś tam wisi w powietrzu. Niezależnie, czy w podmiejskich kafejkach w Palo Alto, gdzie z pewnością usłyszysz podekscytowane rozmowy kierujących start-upami przedsiębiorców z przyszłymi inwestorami, czy będzie to kampus uniwersytecki Stanforda, gdzie błyskotliwi studenci siedzą w pięknych salach wykładowych i słuchają profesorów, będących laureatami Nagrody Nobla, podekscytowanie i żądza sukcesu są tam praktycznie wyczuwalne. Atmosferę przenika duch możliwości, kreatywności i sukcesu.

Jeśli jednak wytężysz zmysły, poczujesz też coś innego – drżenie chronicznego niepokoju.

Kiedy przyjechałam na studia na Uniwersytet Stanforda, byłam zaszokowana liczbą samobójstw popełnionych tam podczas mojego pierwszego roku. Znajdowaliśmy się na jednym z najpiękniejszych i najsłoneczniejszych kampusów na świecie – na zajęcia dojeżdżaliśmy rowerami aleją pełną palm, otaczali nas utalentowani uczeni i koledzy, a jednak było tam tyle cierpienia.

Zasmucona tymi wydarzeniami postanowiłam wraz z inną studentką ze Stanforda zaoferować naszym koleżankom i kolegom warsztaty poświęcone szczęściu i uważności. Pomogłam także stworzyć pierwszy w historii Stanforda kurs psychologii szczęścia. Gdy prowadziłam te zajęcia, poznałam studentów Stanforda ze studiów licencjackich, magisterskich i doktoranckich z wszelkich specjalności. Zaczęłam rozumieć, skąd bierze się ten niepokój i cierpienie, nie tylko na samym uniwersytecie, ale także w całej Dolinie Krzemowej i we wszystkich kręgach społecznych, z którymi miałam do czynienia na uniwersytetach Yale, Columbia i na Manhattanie, gdzie jedynie osiągnięcia mają znaczenie.

Studenci, bezustannie skupieni na przyszłości i na tym, co mają do zrobienia, byli w stanie chronicznego niepokoju. Wszyscy żyli w szaleńczym pędzie od jednego osiągnięcia do następnego. Nim ukończyli jedno zadanie, ich umysły już wędrowały do kolejnego, które mogliby wykonać w imię produktywności i sukcesu. W rezultacie nie potrafili być w pełni obecni i cieszyć się ze swoich bieżących osiągnięć, nie wspominając już o cieszeniu się życiem.

Jackie[2] była jedną z wybitnych studentek, które uczęszczały na moje zajęcia. Już jako nastolatka została doceniona przez media za swoje oddanie dla działalności społecznej. Jako czternastolatka założyła organizację non profit Everybody Dance Now oferującą lekcje tańca dla młodzieży w gorszej sytuacji materialnej, co miało uchronić nastolatków przed wylądowaniem na ulicy i zwiększyć ich pewność siebie. Oprócz zaangażowania w działalność społeczną, zanim jeszcze stanęła przed komisją rekrutacyjną na wymarzony Uniwersytet Stanforda, osiągała wybitne wyniki w nauce – zdobyła kilka grantów i stypendiów za swoją działalność naukową, a także tytuł Junior Miss Kalifornii. Po dostaniu się na uniwersytet nadal była obecna w mediach, a jej organizacja zaczęła działać na szczeblu krajowym. Występowała także w MTV w programie tanecznym *America's Best Dance Crew*. Została również jedną z laureatek konkursu dla wyróżniających się studentek Top Ten College Women, ogłoszonego przez magazyn „Glamour".

Jackie była świadoma, że aby dostać się na studia, musi osiągać sukcesy. Nie wiedziała jednak, że musi robić to nadal, gdy już się tam dostanie. Martwiło ją, że po dostaniu się na Stanford wszyscy skupiają się jak szaleni na osiąganiu dalszych nagród, popularności i jeszcze większych sukcesów. „Nawet gdy kogoś przedstawiałeś, zawsze wspominałeś o jego osiągnięciach, była to część prezentacji: to jest taki i owaki, który osiągnął te wspaniałe rzeczy" – wspominała Jackie. Czuła się wypalona, ale jej profesorowie powiedzieli jej, że powinna pracować na kolejne osiągnięcia, i to szybko, aby nie zostać w tyle za kolegami. „Przyjaciele zakładali organizacje non profit znane na szczeblu krajowym, zaliczano ich w poczet stypendystów Rhodesa*, nominowano w rankingu *20 under 20*** magazynu «Forbes» albo byli sportowcami o osiągnięciach na poziomie olimpijskim. Jeden z moich przyjaciół był najmłodszym członkiem rady miejskiej w Kalifornii i trzecim kandydatem politycznym, którego wsparła Oprah Winfrey, a osiągnął to wszystko, będąc jeszcze studentem!".

Jackie wspomniała również, jak ubiegała się o stypendium, gdy miała dziewiętnaście lat. W procesie składania dokumentów została poproszona o opisanie kierunku dyplomowego, na który się wybiera, przedmiotów, które zamierza wybrać, oraz zawodu, który chciałaby wykonywać po ukończeniu studiów. Poproszono ją także o przedstawienie dziesięcioletniego planu kariery i problemów świata, którymi chce się zająć, włącznie z politycznymi konsekwencjami swoich działań. Ponadto miała opisać, jak szerokie doświadczenie przywódcze zdobędzie w tym okresie! „Oczekuje się od ciebie, że będziesz wybiegać tak daleko w przyszłość... Po prostu wyścig szczurów".

Carole Pertofsky[3], kierownik promocji zdrowego stylu życia na Stanfordzie, z którą utworzyłam pierwszy kurs psychologii szczęścia w historii Stanforda, wyjaśniła mi syndrom „stanfordzkiej kaczki". Na zewnątrz studenci wyglądają jak spokojne kaczki, pływające błogo w promieniach słońca, z ukontentowaniem zaznające chwały i splendoru. Jeśli jednak zajrzymy pod powierzchnię, zobaczymy tam

* Jeden z bardziej prestiżowych międzynarodowych programów stypendialnych (przyp. tłum.).
** Autorce zapewne chodzi o ranking przedsiębiorców, innowatorów i wyróżniających się osób poniżej 30. roku życia (przyp. tłum.).

ciemną stronę: kaczki pedałują jak szalone, usiłując utrzymać się w ciągłym ruchu na powierzchni. Carole wspomina studentkę, która podeszła do niej po pierwszej lekcji kursu szczęścia i oznajmiła, że rezygnuje. Gdy zapytała ją dlaczego, odpowiedziała, że jest sprzeczny ze wszystkim, czego ją nauczono. „Rodzice powiedzieli, że w życiu powinnam osiągnąć wielki sukces. Gdy dorosłam, zapytałam rodziców, co muszę zrobić, by go odnieść. Odpowiedzieli, że powinnam bardzo ciężko pracować. Po jakimś czasie zapytałam ich, skąd będę wiedziała, że pracuję wystarczająco ciężko, a oni odpowiedzieli: «Gdy będziesz cierpiała»". Carole wyjaśnia, że taka mentalność jest wspólna dla wszystkich dążących do sukcesu studentów Stanforda. Nieustannie skupiają się na osiągnięciach, a wszyscy wokół oczekują, że w tych dążeniach poświęcą swoje dobre samopoczucie.

Wyścig szczurów odbywa się nie tylko na Uniwersytecie Stanforda czy w Dolinie Krzemowej. Dochodzi do niego wszędzie – czy jesteś projektantem stron WWW, nauczycielem, strażakiem czy oficerem armii, wszędzie jesteś zachęcany do wykonywania kolejnych wyznaczonych zadań, gromadzenia osiągnięć i skupiania się w swoich działaniach na przyszłości. Zawsze jest coś, co możesz zrobić, aby rozwinąć się w pracy: możesz zrealizować dodatkowy projekt czy wziąć na siebie więcej obowiązków, częściej uczestniczyć w szkoleniach, aby zapewnić sobie awans, lub dodatkowo zainwestować w swoją karierę, tak na wszelki wypadek! Zawsze jest ten współpracownik, który zostaje dłużej w pracy, pokazując ci, że tak można i tak należy. Starasz się więc bezustannie przekraczać zakładane cele i walczysz z ambitną listą zadań do wykonania.

Dlaczego? Ponieważ kierujesz się w życiu błędnym założeniem, że jeśli chcesz osiągnąć sukces, potrzebujesz nieustannie działać i od jednego osiągniętego celu przechodzić natychmiast do kolejnego. Twój umysł jest bezustannie skupiony na kolejnym zadaniu, kolejnym osiągnięciu, następnej osobie, z którą należy porozmawiać. W ten sposób poświęcasz chwilę obecną – rezygnując z własnego szczęścia i znosząc negatywne uczucia i ogromny stres – ponieważ wierzysz, że gra jest warta świeczki. W konsekwencji pogrążasz się w szaleńczym i pełnym niepokoju pracoholizmie. Może się okazać, że zadajesz sobie pytanie: „Co robię w tej chwili, aby osiągnąć moje przyszłe cele?". Jeśli ty nie zadajesz sobie tego pytania, to prawdopodobnie robią to twój szef i koledzy w pracy. Jeśli twoja odpowiedź brzmi „nic", to możesz czuć się z tym niekomfortowo. Ciągle więc odczuwasz potrzebę robienia czegoś, by siebie ulepszać.

Jesteś w pułapce wewnętrznego przymusu osiągania sukcesów, ulepszania swojego CV i dodawania nowych osiągnięć do kolekcji. Jeszcze zanim zakończyłeś jedno zadanie, twój umysł jest już przy następnym. Pracujesz ciężko, by wykreślić kolejne zrealizowane zadania z listy, a potem natychmiast znowu ją zapełniasz. Możesz pracować nad prezentacją lub artykułem, ale twój umysł jest już zajęty tematem kolejnych zadań. Nawet gdy zmywasz naczynia w domu, twój umysł tworzy listę spraw, którymi musisz się zająć, gdy tylko skończysz.

Tendencja do skupiania się na załatwianiu kolejnych spraw nie jest oczywiście czymś zupełnie złym – osiągnięcia są dobre! Jednak bezustanne skupianie się na kolejnej rzeczy paradoksalnie udaremnia sukces, do którego dążymy. Gdy wszyscy podzielają pogląd, że każda minuta jest okazją, by osiągnąć więcej, posunąć się o krok naprzód, łatwo jest ulec presji i nie myśleć nawet o tym, by się zatrzymać i zapytać, czy takie podejście mi służy. Być może nawet odczuwamy dumę ze swojej siły woli.

Kolejne badanie[4] pokazuje, że umiejętność odraczania gratyfikacji przez dzieci - wykazanie się siłą woli, by przestać robić coś, co przynosi natychmiastową satysfakcję, na rzecz późniejszej, większej nagrody - dobrze rokuje, jeśli chodzi o późniejsze sukcesy życiowe. W klasycznym badaniu dzieciom zaoferowano przekąskę (piankę lub ciasteczko) i powiedziano, że jeśli nie zjedzą jej natychmiast, dostaną podwójną lub większą porcję później. Ci, którzy byli w stanie poczekać, lepiej radzili sobie w życiu jako dorośli.

Brzmi nieźle, prawda? Problem pojawia się jednak, gdy jako dorośli odkładamy swoje szczęście na rzecz wykonania większej liczby zadań, by w przyszłości być dzięki temu jeszcze szczęśliwszymi - przynajmniej tak nam się wydaje. Proces odraczania może trwać wiecznie i przejść w pracoholizm, a ten udaremnia wszelki sukces i szczęście, do których dążymy.

PUŁAPKA WYCZEKIWANEJ RADOŚCI

W *Authentic Happiness*[5] psycholog Martin Seligman opowiada historię udomowionej jaszczurki, która nie chciała jeść i powoli zagładzała się na śmierć. Jej właściciel szukał sposobu na uratowanie życia zwierzęcia. Pewnego dnia, gdy jadł kanapkę, jaszczurka zebrała całą swoją energię i rzuciła się na nią. Nie umierała z braku pożywienia. Wolała umrzeć z głodu, niż wyrzec się p o l o w a n i a.

W nas także działa instynkt łowiecki. To właśnie powód, dla którego jesteśmy tak bardzo uzależnieni od osiągania. Radość pogoni, podekscytowanie potencjalną (lub wyobrażoną) nagrodą nazywa się *wyczekiwaną radością*.

Ta wyczekiwana radość, która występuje zarówno u zwierząt, jak i u ludzi, pomaga nam przetrwać (poprzez poszukiwanie źródeł pożywienia) i zapewnia przetrwanie gatunku (poprzez poszukiwanie partnerów do rozmnażania). To właśnie ta wyczekiwana radość powoduje, że trudni do zdobycia partnerzy wydają nam się szczególnie atrakcyjni, a wyprzedaże tak pociągające. Dlatego polubienia na Facebooku są tak uzależniające, a nowy iPhone tak ekscytujący. Czy to dla nagrody, awansu, wizyty w popularnej pizzerii, czy fanów na Twitterze dążenie nas nakręca. Taka wyczekiwana radość jest powodem, dla którego ludzie oglądają wystawy sklepowe w poszukiwaniu promocji, grają w gry hazardowe lub umawiają się na jazdę próbną ferrari. Eksperci od marketingu są specami od wykorzystywania naszej namiętności do polowania. Korzystają z takich technik jak oferty specjalne lub limitowane okazje, aby nas skusić: „Nie przegap najnowszej wyprzedaży!", „Oferta limitowana!". Być może sam korzystasz z tych technik w swojej firmie lub kiedy prowadzisz negocjacje.

Pracoholizm jest tylko kolejną odsłoną tego pościgu. Wyczekiwana radość jest siłą napędową uzależnienia od pracy – tendencji do zbyt intensywnej i kompulsywnej pracy. Badanie[6] przeprowadzone przez Michaela Treadwaya wykazało, że ciężko pracujące osoby wytwarzały większe ilości dopaminy (neuroprzekaźnika, który nazywany jest przekaźnikiem przyjemności) w ośrodkach nagrody w mózgu. Osoby stale goniące za sukcesem czerpią energię z podekscytowania związanego z odpowiedzią na jeszcze jeden dodatkowy e-mail, zakończeniem kolejnego projektu, wykreśleniem ostatniej pozycji z listy zadań do wykonania. Uzależnienie od pracy – w przeciwieństwie do uzależnień związanych z alkoholem lub innymi substancjami – jest nagradzane przez nasze społeczeństwo (promocjami, bonusami, nagrodami, uznaniem i tym podobnymi) i jako takie uznawane jest za pozytywne pomimo tego, że w długim okresie negatywnie wpływa na nasze samopoczucie[7].

Mentalność „pościgu" zdominowała naszą kulturę, ponieważ prawdopodobnie mamy do czynienia z najtrudniejszym okresem w historii ludzkości, jeśli chodzi o bycie odpornym na bodźce zewnętrzne. Dlaczego? Technologia pozwala służbowym i prywatnym sprawom pozostawać ciągle w naszym polu widzenia. Dzięki komputerom, smartfonom i tabletom polecenia naszego przełożonego lądują natychmiast w naszej skrzynce pocztowej, powiadomienia o zadaniach do wykonania wyskakują na ekranach, a wiadomości tekstowe na wyświetlaczach telefonów. Nie musimy się nawet wysilać, aby spoglądać na te urządzenia; nasz smartfon lub zegarek Apple zapiszczy bądź zabrzęczy, aby powiadomić nas o doręczeniu wiadomości tekstowej lub o nowej poczcie. Oprócz tego spędzamy czas na portalach społecznościowych, takich jak LinkedIn, Facebook czy Twitter, by być na bieżąco z ostatnimi wiadomościami i w kontakcie z siecią naszych znajomych.

Leslie Perlow, profesor Szkoły Biznesu Harvarda*, autorka książki *Sleeping with Your Smartphone* (Sypiając ze

---

* Harvard Business School, jedna z bardziej prestiżowych szkół biznesu na świecie, będąca wydziałem Uniwersytetu Harvarda (przyp. tłum.).

smartfonem), nazywa ludzi, którzy nie potrafią oderwać się od pracy, „sukcesoholikami", ponieważ uważa, że ludzie stają się uzależnieni od osiągnięć. Cierpią na to, co świetnie opisuje slangowy akronim FOMO: *fear of missing out* - strach przed wypadnięciem z obiegu. Muszą zawsze być online - tak na wszelki wypadek: by upewnić się, że są na bieżąco, że ich kolejny projekt wypadnie świetnie, że uda im się zrealizować kolejną transakcję. „Mamy obsesję na punkcie pracy z powodu satysfakcji, którą czerpiemy z prestiżu płynącego z osiągnięć, a nie z powodu głębokiego zadowolenia z pracy do późna samej w sobie" - odnotowuje w artykule w „Harvard Business Review"[8]. Perlow wskazuje, że sukcesoholicy przedkładają niestety telefony służbowe i pocztę elektroniczną nad uczestnictwo w dorastaniu swoich dzieci czy cieszenie się ślubem najlepszego przyjaciela.

Biorąc pod uwagę nasz pociąg do wyczekiwanej radości i kompulsywnej pogoni, nie jest niespodzianką, że skłaniają nas one do osiągania wciąż więcej i więcej, do gromadzenia osiągnięć i wyróżnień za możliwe przyszłe sukcesy.

Nie zdajemy sobie jednak sprawy, że to nieustanne skupianie się na produktywności w rzeczywistości bardziej nam przeszkadza, niż pomaga w osiągnięciu sukcesu.

DLACZEGO POGOŃ ZA PRZYSZŁOŚCIĄ NIE PROWADZI DO SUKCESU

Powodem, dla którego jesteśmy tak uzależnieni od „odhaczania" kolejnych zadań, jest wiara, że korzyści płynące z osiągnięć - nagroda lub przypływ gotówki - ostatecznie doprowadzą nas do największej ze wszystkich zapłaty - szczęścia.

Karmimy się iluzją, że sukces, sława, pieniądze (niepotrzebne skreślić), za którymi podążamy, przyniosą nam jakiś rodzaj trwałego spełnienia. Często oczekujemy, że będziemy szczęśliwi, gdy uda nam się ukończyć ten czy tamten projekt. Możesz myśleć na przykład, że jeśli pracujesz jak szalony, to uzyskasz pożądany awans ze znaczną podwyżką, która złagodzi twój niepokój o domowy budżet, a jeśli tylko ten niepokój minie... będziesz w końcu szczęśliwy.

Jednak nawet gdy ludzie osiągają swoje cele, to zapłata za cały stres, niepokój i konsekwencje zdrowotne wynikające z przepracowania jest jedynie chwilowa. Dan Gilbert[9] z Uniwersytetu Harvarda wykazał, że zupełnie nie potrafimy przewidzieć, co rzeczywiście uczyni nas szczęśliwymi, a co nie. Często przeceniamy szczęście, które ma nam coś przynieść. Jak kot, który goni za zabawką, ale traci zainteresowanie, gdy tylko ją złapie, tak i my, gdy tylko dostaniemy to, czego chcemy (dużą premię na koniec roku, doskonałą pracę czy nawet wygraną na loterii), często nie jesteśmy tak szczęśliwi, jak wcześniej przewidywaliśmy[10].

Skupianie się na przeszłości ma oczywiście swoje dobre strony. Planowanie z wyprzedzeniem jest nie tylko rozsądne, ale nawet niezbędne w wielu dziedzinach życia, od rozwoju zawodowego po finanse osobiste. Musimy myśleć naprzód i pojawia się związany z tym niepokój („Jak mogę zapewnić, by nasz zespół skutecznie i na czas dostarczył produkt klientom?", „Jak spłacę hipotekę?"). Badania pokazują, że myślenie o przyszłości może pomóc w podejmowaniu rozsądniejszych decyzji[11], włączając w to decyzje finansowe, jak na przykład ile pieniędzy odłożyć na koncie oszczędnościowym[12].

Wyczekiwana radość z kolei daje nam determinację, ekscytację i odwagę potrzebną do wytężonej pracy w celu uzyskania awansu czy zawarcia umowy biznesowej, ukończenia maratonu lub zdobycia dyplomu, a nawet do płynnego posługiwania się językiem obcym. Cieszymy się pogonią za marzeniami i bardziej cenimy rzeczy, na które ciężko zapracowaliśmy.

Problem pojawia się jednak, jeśli nieustannie próbujemy wykonywać wyznaczone zadania i skupiamy się na tym, co zrobimy potem. Takie postępowanie paradoksalnie uniemożliwia nam osiągnięcie sukcesu, którego pragniemy, i wywiera bardzo negatywny wpływ na nasze ciało i umysł. Liczne badania[13] pokazują, że ta pogoń, w której uczestniczą pracoholicy i sukcesoholicy, może być zgubna na wielu poziomach:

- **Poziom zdrowotny.** Jest związana z niskim poziomem zdrowia fizycznego i psychicznego. Wiąże się zwłaszcza z wypaleniem, wyczerpaniem emocjonalnym, cynizmem i depersonalizacją (niepokojącym poczuciem oddzielenia od samego siebie, które towarzyszy przedłużającemu się stresowi lub traumie), a także z ogólnie niższym zadowoleniem z życia[14].
- **Poziom zawodowy.** Choć wydaje się to sprzeczne z intuicją, takie zachowanie może zmniejszać produktywność i wydajność. Jest to związane z niższą satysfakcją z pracy i z większym stresem, który zmniejsza produktywność[15], skutkując na przykład spadkiem poziomu koncentracji[16]. Nie powinno to jednak dziwić. Jeśli jesteśmy stale skupieni na kolejnej rzeczy, którą chcemy

zrobić, jedynie część naszej uwagi poświęcona jest temu, co właśnie robimy.

- **Relacje.** Nieustanne skupianie się na osiągnięciach zawodowych może prowadzić do wrogości względem innych współpracowników, rywalizacji, konkurencji i do braku zaufania, a w rezultacie do postaw destrukcyjnych[17]. W relacjach osobistych jest to połączone z zachwianiem równowagi między pracą a życiem prywatnym, mniejszym zadowoleniem z relacji z rodziną i partnerem[18]. Jeśli nieustannie myślisz o kolejnej rzeczy, którą chcesz zrobić, to trudno, żebyś był rzeczywiście obecny, gdy jesteś ze swoją rodziną i przebywasz z tymi, których kochasz. Z pewnością wyczuwają, że nie są dla ciebie tak ważni jak kolejna sprawa, z którą chcesz się zmierzyć.

Z zewnątrz możemy wyglądać jak ludzie, którzy mają wszystko, ale wewnątrz jesteśmy wypaleni i nie wykorzystujemy wszystkich naszych umiejętności. Czujemy się nieszczęśliwi, zarówno emocjonalnie, jak i fizycznie, i cierpią na tym nasze relacje z bliskimi.

KORZYŚCI Z ŻYCIA W CHWILI OBECNEJ

Zwolnienie tempa i skupienie się na tym, z czym masz do czynienia w danej chwili – bycie obecnym zamiast nieustannego myślenia o kolejnej sprawie – paradoksalnie sprawi, że osiągniesz znacznie większy sukces. Takie wyrażenia jak „żyj chwilą" czy „carpe diem" brzmią banalnie, ale badania jednoznacznie dowodzą ich prawdziwości. Badania wykazują także, że bycie obecnym – zamiast nieustannego skupiania się na kolejnym zadaniu – spowoduje, że będziesz bardziej produktywny, szczęśliwszy, a ponadto sprawi, że zostaniesz obdarowany tym trudnym do zdefiniowania atrybutem ludzi sukcesu – charyzmą.

GDY JESTEŚ OBECNY, STAJESZ SIĘ SZCZĘŚLIWSZY I BARDZIEJ PRODUKTYWNY

Większość z nas zatraciła prostą umiejętność bycia w teraźniejszości. Nasz harmonogram jest wciąż napięty, a każdą chwilę przerwy wypełniamy, robiąc wiele rzeczy naraz. Po pracy zabieramy dzieci do parku i w czasie spaceru dzwonimy do znajomego, uczestniczymy w spotkaniu, a w międzyczasie opracowujemy listę zadań na kolejny dzień albo aktualizujemy profil na portalu LinkedIn podczas lunchu z przyjacielem. Gdy wykonujemy wiele rzeczy jednocześnie, nigdy nie poświęcamy pełnej uwagi temu, co jest przed nami, i tracimy to, co dzieje się w chwili obecnej.

Biorąc pod uwagę współczesne wymagania i wszechobecność technologii, nieustannie spotykasz się z wieloma osobistymi i zawodowymi oczekiwaniami. Być może podczas spotkania służbowego spoglądasz na wiadomości tekstowe od żony, która potrzebuje podwiezienia do domu, albo finalizujesz służbowy dokument, jednocześnie sprawdzając co chwila pocztę elektroniczną, by niezwłocznie odpowiedzieć klientowi. W niektórych miejscach pracy oczekuje się, że pracownik będzie przez cały dzień na bieżąco odpowiadał na pocztę elektroniczną. Nawet jeśli sprawy nie są pilne, wielozadaniowość stała się sposobem na życie. Przyzwyczailiśmy się, że telefon towarzyszy nam podczas pracy, w czasie spędzanym z rodziną, a nawet w klubie fitness czy podczas wakacji.

Jednak wielozadaniowość, zamiast pomagać nam szybciej wykonywać więcej zadań, w rzeczywistości nie pozwala nam niczego zrobić naprawdę dobrze. Jeśli poświęcasz wykonywanemu zadaniu niepodzielną uwagę, ukończysz je o wiele szybciej i efektywniej i sprawi ci to o wiele większą radość.

Gdy robimy kilka rzeczy jednocześnie, nie jesteśmy w stanie zagłębić się w materię, nad którą pracujemy. Badania wykazują, że wielozadaniowość osłabia pamięć. W jednym z badań okazało się, że studenci wyższej uczelni, którzy podczas wykładów mieli otwarte laptopy, osiągnęli gorsze wyniki w tradycyjnych testach zapamiętania treści wykładu niż studenci, których laptopy były zamknięte[19]. Badania wykazały również, że zdolność koncentracji zmniejsza się, ponieważ tracimy umiejętność filtrowania zbędnych informacji i w rezultacie nieustannie myślimy o czymś innym[20]. W pewnym sensie wytrenowaliśmy swoje umysły do zajmowania się kilkoma rzeczami jednocześnie, jednak w rezultacie żadna z nich nie jest należycie przetwarzana. Jedno z badań wykazało, że jeśli prowadzisz samochód i jednocześnie kogoś słuchasz, to aktywność mózgu, która byłaby przeznaczona na kierowanie samochodem, spada o 37 procent[21]. Innymi słowy, wielozadaniowość może oznaczać wykonywanie większej liczby zadań, ale kosztem ich jakości. Kierowniczka w firmie komunikacyjnej powiedziała, że wielu jej podwładnych jest tak bardzo pochłoniętych przez wielozadaniowość, że w rezultacie wyniki ich pracy są poniżej normy. Musi powtarzać swoim podwładnym, żeby zwolnili, co jest dość nietypowe jak na kierownika, ponieważ wie, że gdyby byli obecni duchem i w skupieniu przemyśleli każde wykonywane zadanie, to nie tylko wykonaliby je lepiej, ale także z każdego wykonywanego zadania wyciągnęliby naukę, a w konsekwencji poprawili również swoje przyszłe wyniki.

Gdy jesteśmy uwikłani w wielozadaniowość lub jesteśmy zajęci kolejną rzeczą na naszej liście zadań na dziś, to nie tylko spada nasza efektywność, ale także działamy na szkodę naszego dobrego samopoczucia. Jedno z badań wykazało, że im bardziej ludzie angażują się w wykonywanie wielu zadań jednocześnie (od edycji tekstów po wysyłanie wiadomości tekstowych czy poczty elektronicznej), tym większy jest poziom odczuwanego przez nich niepokoju i depresji[22]. Jeśli nieustannie jesteś ciągnięty w różne strony, to naturalne jest, że czujesz się bardziej zestresowany i przytłoczony.

Inne badanie[23] wykazało natomiast, że gdy jesteśmy całkowicie zatopieni w tym, co robimy, to z wykonywania tej czynności płynie znacznie większa radość. Co więcej, jeśli jesteśmy całkowicie obecni, łatwiej nam osiągnąć stan całkowitego skupienia, który jest niezwykle produktywny. Przypomnij sobie sytuację, gdy musiałeś stawić czoła projektowi, który wywoływał w tobie strach. Zdawałeś sobie sprawę z wysiłku, którego będzie od ciebie wymagał; może ciągle go odkładałeś w czasie. Jednak gdy już zacząłeś, być może pod presją zbliżającego się terminu finalizacji, siadałeś do niego i rzeczy po prostu się działy. Odkrywałeś, że tak naprawdę praca nad nim sprawia ci radość. Byłeś niezwykle skuteczny w działaniu, ponieważ całkowicie skupiłeś się na zadaniu, które wykonywałeś. Zamiast zamartwiać się o przyszłość i pozwalać, by twoja uwaga wędrowała w różnych kierunkach, po prostu wykonałeś zadanie, zrobiłeś to dobrze i sprawiło ci to wiele radości.

Badanie[24] przeprowadzone przez Mihálya Csíkszentmihályiego sugeruje, że jeśli jesteśmy całkowicie pochłonięci wykonywaną czynnością, doświadczamy bardzo energetyzującego stanu czystej radości, który Csíkszentmihályi określa mianem przepływu (ang. *flow*). Przepływ pojawia się, gdy jesteśmy w stu procentach pochłonięci działaniem, które jest na tyle dużym wyzwaniem, żeby nas zaangażować (ale nie jest tak trudne, by kilka dni zajęło samo jego rozpracowanie). Jest to stan, w którym jesteś w pełni obecny i który jest niezwykle przyjemny. Często zatracamy się w jego wykonywaniu tak bardzo, że zapominamy o wszystkim innym. Jesteśmy obecni, a rzeczy, no cóż, płyną. To doświadczenie obecności jest tak głęboko satysfakcjonujące, ponieważ jesteś zaangażowany ciałem i umysłem w to, czego doświadczasz.

Był taki czas, kiedy nie znosiłam zajmować się obowiązkami domowymi: tankować paliwo, wymieniać olej w samochodzie, odbierać telefony w sprawie rachunków za prąd czy robić zakupy spożywcze. Zajmowanie się czymś takim zamiast bycia „produktywnym" – robienia rzeczy służących przyszłym celom, takim jak kariera zawodowa – wydawało mi się stratą czasu. Próbowałam nawet szukać sposobów, by zlecić je komuś innemu. W końcu zdałam sobie sprawę, że utrzymując bez przerwy „produktywny" stan umysłu, nie tylko się wykańczałam, ścigając kolejny cel, ale także traciłam możliwość poznawania ludzi i przegapiałam okazje, które pojawiały się wokół mnie. Moje życie rozgrywało się w tamtym miejscu i czasie, ale mnie tam nie było. Nie byłam w pełni obecna na spotkaniu z dawno niewidzianym przyjacielem, bo musiałam sprawdzać pocztę elektroniczną, by upewnić się, że nic mnie nie omija, albo szłam do domu wcześniej, bo miałam jeszcze tyle spraw do załatwienia. Żyłam w nieustającym niepokoju... a mój umysł nieustannie wybiegał w przyszłość.

Przestałam pędzić przez swoje życie z zawrotną prędkością po operacji pęcherzyka żółciowego. Zostałam wtedy zmuszona do bezczynności na dwa tygodnie, nie miałam na to żadnego wpływu. Ku mojemu zaskoczeniu, pomimo dotkliwego fizycznego bólu, życie natychmiast stało się o wiele przyjemniejsze. Czułam się, jakbym chłonęła padające na mnie promienie słońca. Jedzenie smakowało o wiele lepiej, sen był głębszy i przepełniała mnie wszechogarniająca radość, zupełnie bez powodu. Co się działo? Czy powinnam wziąć wolne na resztę życia? Tak naprawdę nie chodziło o to, że byłam wolna od pracy. Byłam wolna od wewnętrznego nadzorcy i od swojej listy zadań. W rezultacie mogłam być naprawdę obecna duchem tu i teraz i mogłam cieszyć się tym, co mnie spotykało. Uświadomiłam sobie, że umknęła mi wielka radość płynąca z codziennych czynności, interakcji z innymi i z doceniania świata wokół. Co ciekawe, gdy wróciłam do pracy, okazało się, że jestem bardziej obecna, kiedy wykonuję jakieś zadanie i gdy rozmawiam ze współpracownikami i w rezultacie udaje mi się zrobić znacznie więcej i efektywniej niż wtedy, gdy mój umysł pochłonięty był myśleniem o przyszłości.

Jednak większości z nas w trakcie naszego życia umyka to niezwykłe doświadczenie produktywności i szczęścia. Według badania[25] przeprowadzonego na próbie pięciu tysięcy osób przez badaczy Matthew Killingswortha i Daniela

Gilberta z Uniwersytetu Harvarda dorośli spędzają około 50 procent swojego czasu w chwili obecnej. Innymi słowy, jesteśmy nieobecni przez połowę czasu, który spędzamy w pracy, na spotkaniach z przyjaciółmi i rodziną oraz na działaniach, które zazwyczaj nas cieszą. Jesteśmy zaabsorbowani mnóstwem innych rzeczy poza tymi, które dzieją się tu i teraz.

Poza ustaleniem, kiedy ludzie błądzą myślami, naukowcy uwzględnili też w swoim badaniu poziom ich szczęścia. Ustalili, że gdy jesteśmy obecni w danej chwili (to znaczy myślimy o czynności, którą wykonujemy), jesteśmy także najszczęśliwsi, niezależnie od tego, co robimy. Innymi słowy, nawet jeśli angażujemy się w działanie, które zwykle uważamy za nieprzyjemne (na przykład w wypełnianie formularzy urzędowych), jesteśmy szczęśliwsi, jeśli w całości się temu poświęcamy, niż wtedy, gdy w tym czasie myślimy o czymś innym. Killingsworth i Gilbert zatytułowali zatem swój raport badawczy „Błądzący umysł to umysł nieszczęśliwy".

Inne badania potwierdziły, że błądzący umysł powszechnie kojarzy się z negatywnym nastrojem[26]. Gdy umysł jest pochłonięty przeszłością lub przyszłością, to istnieje spore ryzyko, że doświadcza negatywnych emocji. Na przykład niepokój lub lęk pojawiają się, gdy umysł skupia się na przyszłości. Zwłaszcza jeśli skupiamy się na tym, ile jeszcze mamy do zrobienia, zwykle doświadczamy uczucia niepokoju lub stresu. Jeśli chodzi o takie negatywne stany, jak gniew czy frustracja, to zauważ, że pojawiają się one, gdy umysł pochłonięty jest zdarzeniami z przeszłości. Nawet jeśli to, co wywoływało twoją złość, już przeminęło, umysł wciąż rozpamiętuje tamto zdarzenie. Żal również ma związek z przeszłością. To nowy dzień, nowa godzina i nowe okoliczności, ale ty ciągle zamartwiasz się sytuacją, w której mogłeś zachować się inaczej.

Oczywiście nie twierdzę, że nie powinniśmy marzyć lub wspominać; jak zobaczymy w rozdziale czwartym, zdecydowanie powinniśmy przeznaczać na to czas, ponieważ czynności te stanowią paliwo dla kreatywności. Marzenie o wspaniałej przyszłości może prowadzić do kreatywnych pomysłów i rodzić pozytywne emocje. Można również czerpać radość z radosnego wspomnienia lub zadumy nad szczególnie interesującym zagadnieniem[27]. Jednak, jak wykazali Killingsworth i Gilbert, gdy jesteśmy zaangażowani w konkretne działanie i poświęcamy mu całą swoją uwagę, jesteśmy najszczęśliwsi i najbardziej produktywni.

Dlaczego teraźniejszość nas uszczęśliwia? Ponieważ w pełni doświadczamy tego, co dzieje się wokół nas. Zamiast dać się wciągnąć w rywalizację w osiąganiu więcej w krótszym czasie, zwalniamy tempo i naprawdę jesteśmy z ludźmi, z którymi właśnie spędzamy czas, pochłonięci omawianymi pomysłami, i jesteśmy w pełni zaangażowani w projekty, które wykonujemy.

Sposoby, które mogą nam pomóc skupić się na wykonywanych zadaniach, są ogólnodostępne. Opróżnij biurko z rzeczy, które cię rozpraszają, wycisz telefon komórkowy, korzystaj z programów typu Focus*, aby zablokować strony, których używasz, by odwlekać wykonanie zadania (takie jak portale społecznościowe), i wyłącz pocztę internetową.

---

* Autorka zapewne ma na myśli aplikację https://heyfocus.com służącą do zwiększania produktywności, m.in. przez blokowanie dostępu do wybranych stron i programów (przyp. tłum.).

Nastaw zegarek, aby upewnić się, że przez określony czas zajmiesz się tylko wyznaczonym zadaniem. Ja lubię w tym celu używać staromodnej klepsydry.

BYCIE TU I TERAZ ZWIĘKSZA TWOJĄ CHARYZMĘ

Jeśli spotykasz na przyjęciu osobę, której oczy nieustannie krążą po pokoju, to czy taki ktoś robi na tobie dobre wrażenie? Czy taka osoba przyciąga twoją uwagę? Prawdopodobnie nie. Jej umysł jest najwyraźniej gdzie indziej – być może stara się ustalić, czy w pokoju jest ktoś ważniejszy od ciebie. Nie skupia się na rozmowie, może zerkać albo wręcz koncentrować się na ekranie telefonu czy tabletu. Czy chciałbyś z taką osobą porozmawiać następnym razem? Pewnie odpowiesz, że nie. Nikt nie jest zainteresowany rozmową z kimś, kto jest nieobecny. Tym gorzej, jeśli jest nieobecny i na dodatek skupia się tylko na urządzeniach elektronicznych. Jedno z badań[28] wykazało, że sama obecność telefonu komórkowego zaburza poczucie więzi podczas rozmowy prywatnej.

Jeśli jednak spotkasz kogoś, kto jest całkowicie skupiony na tobie i zatopiony w rozmowie, to prawdopodobnie uznasz go za kogoś interesującego i wartego polubienia. Jeśli telefon tego kogoś zadzwoni, a on nie sprawdzi, kto dzwonił, to tym bardziej sobie u ciebie zapunktuje. Dlaczego? Ponieważ w tej chwili jedyne, co wydaje się mieć dla tego kogoś znaczenie, to *ty*. W tym momencie ty jesteś tu najważniejszy i otrzymujesz całą uwagę tej osoby.

Osoba charyzmatyczna może roztaczać wokół siebie magnetyczną aurę, ponieważ nawiązuje pełen znaczenia kontakt z innymi[29]. Nie jest zaskoczeniem, że osoby obdarzone wielką charyzmą – na przykład prezydenci Stanów

Zjednoczonych – często są opisywani jako osoby potrafiące sprawić, że człowiek czuje się, jakby był dla nich jedyną osobą w pomieszczeniu. Biorąc pod uwagę, jak rzadko otrzymuje się od kogoś ten rodzaj uwagi, umiejętność bycia w pełni obecnym robi ogromne wrażenie.

Często myślimy o charyzmie jak o wyjątkowym darze – tym „czymś", co czyni kogoś gwiazdą. Max Weber zdefiniował charyzmę jako „niepowszednią (...) cechę jakiejś osoby, z racji której uważana jest ona za obdarzoną nadprzyrodzonymi, nadludzkimi lub przynajmniej rzeczywiście niezwykłymi, nie każdemu dostępnymi siłami czy właściwościami, albo za osobę posłaną przez Boga, za wzorzec i dlatego za p r z y w ó d c ę"[30].

Badania nad charyzmą ciągle trwają, jednak jedno z najbardziej obszernych[31] wykazało, że charyzma jest nie tyle darem, ile wyuczoną umiejętnością, która ma wiele wspólnego ze zdolnością bycia w pełni obecnym. Badanie wskazuje na sześć charakterystycznych cech charyzmatycznej osoby:

1. **Empatia** – zdolność do postrzegania sytuacji z perspektywy drugiej osoby i zrozumienia tego, co odczuwa.
2. **Umiejętność słuchania** – zdolność do autentycznego słuchania tego, co ktoś inny usiłuje ci przekazać, zarówno werbalnie, jak i niewerbalnie. Pomyśl o osobie, która podczas przerwy konferencyjnej bezustannie przerywa albo nie może się doczekać, żeby wtrącić swoje trzy grosze. Tak naprawdę nie słucha cię, ponieważ myśli o sobie – o tym, co powie, na jak mądrą wyjdzie i jak wielkie zrobi na tobie wrażenie. Jeśli jesteś rozproszony lub myślisz o tym, co powiedzieć potem, to tak naprawdę nie słuchasz.

3. **Kontakt wzrokowy** – zdolność do spojrzenia komuś w oczy i wytrzymania czyjegoś spojrzenia. Kontakt wzrokowy jest jedną z najważniejszych form komunikacji międzyludzkiej[32]. Intuicyjnie wyczuwamy, że gdy czyjeś spojrzenie ucieka w bok, to samo dzieje się z uwagą tej osoby. Ta intuicja jest poparta przez badanie z dziedziny neuronauki[33], które wykazało, że te same obszary mózgu wykorzystywane są, gdy wędruje nasz wzrok i nasz umysł. Gdy jesteś obecny i patrzysz komuś w oczy, to wrażenie, jakie wywiera ten kontakt, może być bardzo silne. Poza uczuciem bycia słyszanym, wywołanym przez twoją empatię i umiejętności słuchania, ludzie mogą się też poczuć widziani.
4. **Entuzjazm** – zdolność do polepszenia nastroju drugiej osoby poprzez docenianie jej działań lub pomysłów. Entuzjazm jest trudny do podrobienia, ponieważ jest niezwykle autentyczną emocją. Może się pojawić jedynie wtedy, gdy szczerze angażujemy się w to, co ktoś robi lub mówi. Aby entuzjazm objawił się z pełną mocą, musisz rzeczywiście go odczuwać. Raz jeszcze twoja umiejętność bycia w pełni obecnym i zaangażowanym jest podstawą.
5. **Pewność siebie** – zdolność do działania w sposób autentyczny i z poczuciem słuszności, bez zamartwiania się o to, co pomyślą inni. Wielu ludzi tak bardzo zamartwia się o to, jak wypadnie, że w rezultacie sprawiają wrażenie zdenerwowanych lub nieautentycznych. Skupiają się na sobie, a nie na swoim rozmówcy. Gdy jesteś w pełni obecny, jesteś skupiony na innych, a nie na sobie. W rezultacie sprawiasz wrażenie osoby naturalnie pewnej siebie.

Zamiast zamartwiania się o to, co inni o tobie myślą, jesteś spokojny, autentyczny i naturalny.

6. **Umiejętne wysławianie się** – zdolność do nawiązywania głębokiego kontaktu z innymi. Musisz z n a ć swoich słuchaczy, jeśli chcesz wywrzeć na nich wpływ. Jedynym zaś sposobem, by tę wiedzę posiąść, jest wsłuchanie się w to, co mówią. Gdy jesteś w stu procentach obecny, możesz zrozumieć, jaka jest historia życia twoich słuchaczy i jak interpretują to, co mówisz. Tylko wtedy twoje słowa mogą być właściwe i delikatne. Gdy mówisz w sposób umiejętny, możesz być naprawdę usłyszany.

Charyzma to po prostu absolutna obecność.

Nieustanne skupianie się na kolejnej sprawie czy osobie może z pozoru wydawać się efektywne, jednak zwolnienie tempa i bycie obecnym przynosi o wiele większe korzyści. Gdy jesteś obecny, osiągasz opisywany już wcześniej stan p r z e p ł y w u, który jest stanem wysokiej produktywności, i w ten sposób stajesz się o wiele bardziej charyzmatyczny. Sprawiasz, że ludzie wokół ciebie czują się rozumiani i wspierani. Twoje relacje z ludźmi staną się lepsze, co jest jedną z najważniejszych zapowiedzi sukcesu[34] i szczęścia[35].

JAK SPRAWIĆ, BY UMYSŁ ŻYŁ CHWILĄ OBECNĄ

Biorąc pod uwagę wyniki badań Killingswortha i Gilberta mówiące, że błądzimy myślami przez 50 procent czasu, sprawienie, by umysł żył chwilą obecną, wydaje się skazane na niepowodzenie. Postawmy sprawę jasno – wykorzenienie wieloletniego nawyku nie będzie łatwe. Pierwszym krokiem jest jednak świadomość.

Gdy zauważysz, że twój umysł zmierza w stronę myśli dotyczących przyszłości, możesz zdecydować, że nie podążysz tą ścieżką. Zamiast tego *możesz* sprowadzić swój umysł z powrotem do teraźniejszości. Powiedzmy, że pracujesz przy biurku, bawisz się z dzieckiem czy jesz obiad z małżonkiem i zauważasz, że myślami jesteś gdzie indziej. Oczywiście to nie pierwszy raz, gdy twój umysł oddalił się od tego, co związane z teraźniejszością, ale gdy zauważysz tę zależność po raz pierwszy, może ci to trochę przeszkadzać. Możesz pomyśleć na przykład: „Och, jestem teraz z moimi ukochanymi, a nie mogę się skupić na byciu z nimi". Najważniejsza jest jednak ta świadomość. Spróbuj skierować całą uwagę na to, co dzieje się przed tobą. To ćwiczenie na początku nie jest proste, ale tak jak bywa z ćwiczeniami fizycznymi, jego powtarzanie stopniowo poprawi zdolność do skupienia się na chwili obecnej. Podobnie jest z nauką nowej dyscypliny sportowej – wymaga treningu. Następujące ćwiczenia, jeśli tylko będą regularnie wykonywane, mogą pomóc ci się skupić na chwili obecnej.

Ćwicz, jak świadomie żyć w teraźniejszości. Zacznij od dziesięciominutowego treningu. Jeśli masz zrobić na przykład prezentację PowerPoint lub pracujesz nad zeznaniem podatkowym czy czymś, czego nie lubisz lub chcesz mieć jak najszybciej z głowy, zobacz, czy dla odmiany potrafisz poświęcić temu całą swoją uwagę. Wykorzystaj zajęcia uważane za uciążliwe jako wspaniałe okazje do trenowania koncentracji. Może się nawet okazać, że zaczniesz się tym cieszyć. Zauważ, kiedy pojawia się impuls, by oderwać się od tego, co robisz, i zaczynasz przeglądać strony internetowe czy zerkać na ekran telefonu, i poćwicz skupienie na wykonywanym zadaniu.

Poza pracą poświęć czas na oglądanie zachodu słońca, wyszczotkowanie domowego zwierzaka albo na obowiązki domowe. Postaraj się wykonywać te zadania bez wysyłania w tym czasie wiadomości tekstowych, rozmawiania przez telefon lub tworzenia planów na przyszłość. Im częściej będziesz ćwiczył bycie tu i teraz podczas wykonywanych czynności, tym bardziej wejdzie ci to w nawyk. Nie ma przy tym znaczenia, jak szybko uda ci się posiekać warzywa czy ugotować obiad. Chodzi o samo siekanie. Znajduj przyjemność na przykład w równym krojeniu warzyw. Zauważaj każdy szczegół.

Medytuj. Jak podano w 2012 roku, 18 milionów Amerykanów praktykowało medytację[36] – to około ośmiu procent populacji! Od tego czasu liczba ta prawdopodobnie jeszcze wzrosła, biorąc pod uwagę rosnącą popularność praktyki mindfulness* i wielu popierających ją badań. Medytacja, omówiona bardziej szczegółowo w rozdziale trzecim, może pomóc doskonalić stan spokoju i wyciszenia umysłu, a także wydostać się z błędnego koła pożądania i lęku, który towarzyszy pogoni za przyszłością. Badanie[37] udowodniło, że mózgi doświadczonych medytujących wykazują niższą aktywność w obszarach związanych z wędrowaniem umysłu.

Od wielu lat uczę medytacji studentów, ludzi wykonujących różne zawody i weteranów wojennych. Często zaraz

---

* Jak podaje Jon Kabat-Zinn, praktyka mindfulness polega na kultywowaniu szczególnego rodzaju uwagi: świadomej, nieosądzającej i skierowanej na bieżącą chwilę (przyp. tłum.).

po medytacji ludzie mówią: „Kolory w pokoju są znacznie bardziej żywe". To nie jest tak, że medytacja w jakiś sposób poprawiła ich widzenie - o ile wiem, nie ma badania dowodzącego takiego efektu. Tak naprawdę to ich umysły się uspokoiły, w rezultacie czego stali się bardziej obecni, a zatem bardziej świadomi swojego otoczenia. Wcześniej, gdy wchodzili do pokoju, ich postrzeganie było ograniczone przez natłok myśli.

Jest wiele form medytacji. Znajdź tę, która jest odpowiednia dla ciebie. Jeśli medytacja nie wydaje ci się twoim sposobem na wyciszenie i odnalezienie siebie, są inne możliwości, które mogą pomóc ci uspokoić myśli, takie jak joga, ćwiczenia oddechowe oparte na jodze, tai chi czy spacery w ciszy na łonie natury. Ja osobiście odkryłam - i potwierdzają to również wstępne badania - że ajurwedyjski automasaż olejowy *abhyanga* jest wspaniałym sposobem na uspokojenie umysłu[38]. Znajdź właściwy sposób, który pozwoli ci na uspokojenie umysłu, myśli, emocji i pragnień, tak abyś mógł żyć teraźniejszością.

Skupianie się na oddechu. Starą i sprawdzoną praktyką pomagającą sprawić, aby umysł żył chwilą obecną, jest skupienie uwagi na jednej rzeczy, na przykład na oddechu. Gdy zauważysz, że twój umysł wędruje, weź głęboki wdech. Gdy robisz wydech, pozwól swoim myślom odejść - tak, jakbyś świadomie je wydychał - i ponownie skup się na chwili obecnej. Możesz wykonywać to ćwiczenie ponownie za każdym razem, gdy zostaniesz porwany przez strumień myśli.

Inne ćwiczenie oddechowe, które zgodnie z wynikami badań pomaga poprawić zdolność skupienia, to liczenie oddechów. Licz każdy wdech, który robisz, i gdy doliczysz do dziesięciu, zacznij od nowa. Nawet jeśli nie brzmi to zbyt ekscytująco, wykazano[39], że to ćwiczenie zwiększa zdolność skupienia uwagi i koncentracji na chwili obecnej.

Doświadczaj przyjemności w sposób prawdziwy. To akurat jest zabawne. Gdy odczuwasz przyjemność, zamknij oczy i bądź w stu procentach obecny i skupiony na niej. Czy jest natury emocjonalnej (jak miłość), czy też zmysłowej (jedzenie, dotyk czy dźwięk), smakuj doznania i przeżywaj to doświadczenie całym sobą. Na przykład zamiast czytać podczas jedzenia, smakuj to, co jesz. Wykazano[40], że gdy nauczysz się rozkoszować przyjemnymi doznaniami, zwiększy się twoja zdolność odczuwania. Nie tylko zaczniesz czerpać większą radość z przyjemnych doznań, ale także nie będziesz chciał wciąż więcej i więcej, ponieważ twoje doznania okażą się bardziej satysfakcjonujące.

Zrób sobie przerwę od technologii. Evan Price, założyciel serwisu Pinterest, doskonale zdaje sobie sprawę, jak ważna jest okresowa przerwa od elektroniki. W wywiadzie dla „New York Timesa" powiedział, że bardzo lubi wspólne wyprawy z żoną w miejsca, gdzie kończy się zasięg telefonii komórkowej[41]. Jednym z najlepszych ćwiczeń przebywania w chwili obecnej i odczuwania radości jest spędzenie połowy lub nawet całego dnia bez technologii – najlepiej na łonie natury i bez planu działania. Pozwól swojemu umysłowi odpocząć i zrelaksować się. Wybierz się na spacer bez celu. Podziwiaj niebo. Na początku może się to wydawać dziwne. Możesz się nawet czuć podenerwowany lub niepewny, bo nie jesteś przyzwyczajony do bezczynności. Możesz także odczuwać dyskomfort (jedno z badań wykazało, że ostatecznie ludzie raczej zdecydują się na elektrowstrząsy niż na samotne, bezczynne siedzenie w pokoju!)[42], jednak sprawdź, czy potrafisz wyjść poza ten stan. To tylko etap pośredni. Gdy wraz z mężem wybraliśmy się na wakacje do rezerwatu ptactwa w Meksyku, kurortu pozbawionego elektryczności i wi-fi, byliśmy bardzo podekscytowani na myśl o zupełnym odcięciu od świata. Jednak pomimo szumu oceanu i stad flamingów za oknem zajęło nam co najmniej trzy dni, zanim przyzwyczailiśmy się do życia chwilą obecną. Umysł potrzebuje trochę czasu, aby się uspokoić.

Możesz się nauczyć, jak uspokoić umysł. Od tego zależy jakość twojego życia i pracy.

Słynna opowieść mówi o tym, jak zamożny i odnoszący sukcesy bankier inwestycyjny próbował zachęcić biednego Meksykanina łowiącego ryby na molo, aby zwiększył swoją wydajność, dzięki czemu będzie mógł zarobić więcej pieniędzy, rozwinąć swój interes i zostać milionerem. Rybak zapytał: „Po co miałbym to robić?". Na to bankier odpowiedział: „Żebyś mógł pójść na emeryturę, odprężyć się i po prostu łowić ryby" – czyli dokładnie to, co rybak wtedy robił. Ta historia pokazuje, że możesz być tak pochłonięty pościgiem, że zapomnisz, jaki właściwie jest jego ostateczny cel – szczęście.

Bycie ambitnym i stawianie sobie celów jest oczywiście niezbędne. Jednak żeby rzeczywiście osiągnąć to, na co cię stać, musisz być obecny. Pozwoli ci to osiągnąć spełnienie w danym momencie, robiąc to, co właśnie robisz, a nie w nieokreślonej przyszłości, gdy już wszystko osiągniesz i skreślisz z listy ostatnie zadanie do wykonania. Gdy zwolnisz tempo i skupisz się całkowicie na zadaniu, nad którym obecnie pracujesz, lub też na ludziach, z którymi właśnie spędzasz czas, wszystko zacznie sprawiać ci radość, nawet sprawy przyziemne. Ta radość z kolei prowadzi do lepszych efektów, większej produktywności, charyzmy i lepszych relacji z innymi.

Po ukończeniu naszego kursu szczęścia i nauczeniu się medytacji Jackie Rotman zaczęła świadomie żyć chwilą obecną. W rezultacie świetnie sobie radziła na Stanfordzie i była bez wątpienia jedną z najpopularniejszych studentek w swojej grupie. W przeciwieństwie do wielu studentów, którzy tkwili zestresowani w swoich pokojach i myśleli jedynie o kolejnych osiągnięciach, Jackie skupiała się na tym, co właśnie robiła. Cieszyła się swoim czasem, była szczęśliwa i emanowała radością. Zarażając innych ludzi swoim zadowoleniem, z łatwością potrafiła nawiązywać relacje i przyjaźnie. To z kolei znacząco pomogło jej w rozpoczęciu kariery zawodowej po zakończeniu studiów.

Jak pokazuje historia Jackie, bycie w pełni obecnym wymaga od nas zmiany sposobu postrzegania, co może być z początku bardzo trudne, ale biorąc pod uwagę korzystny wpływ na nasze samopoczucie i osiągane sukcesy – zdecydowanie warte zachodu.

ROZDZIAŁ 2

NIE FORSUJ SIĘ

WYKORZYSTAJ SWOJĄ NATURALNĄ ODPORNOŚĆ PSYCHICZNĄ

Uczucia przychodzą i odchodzą jak chmury w wietrzny dzień. Świadomy oddech jest moją kotwicą.

Thich Nhat Hanh

W marcu 2011 roku António Horta-Osório, określany jako wschodząca gwiazda świata finansów, został mianowany dyrektorem zarządzającym Lloyds Banking Group. Był najmłodszym wśród dyrektorów kierujących pięcioma największymi bankami w Wielkiej Brytanii. Jego pojawienie się wzbudziło ogromne nadzieje w Lloyds, który zmagał się z licznymi problemami. António pracował niestrudzenie, czasem po dziewięćdziesiąt godzin w tygodniu, by zmienić sytuację banku[1].

Każdy chce osiągnąć sukces. To, jak ten sukces rozumiesz, zależy oczywiście od ciebie – gwiazda rocka, utalentowany tancerz, rewelacyjny kucharz, trener personalny gwiazd, dyrektor zarządzający własną firmą, najlepszy rodzic dla swoich dzieci. Istotą jest to, że wszyscy chcemy w pełni wykorzystać swój potencjał. Gdy chodzi o nasze cele, sny i aspiracje, nikt nie chce być poniżej przeciętnej. Nauczyliśmy się, że potrzebny jest nam z a p a ł do działania. Zapał, ambicja, motywacja, energia, głód – nazwij to, jak chcesz.

Niezależnie od tego, czy jego źródłem są nasi pracownicy, członkowie rodziny czy my sami, uważamy go za coś bardzo pożądanego. Nieustannie próbujemy zrobić więcej i być lepsi, awansować zawodowo, zgubić zbędne kilogramy, zarobić więcej pieniędzy, być bardziej wysportowani, stać się idealnymi rodzicami. Zapał jest dobrą rzeczą, ale z u m i a r e m. Problem w tym, że nadmiernie się forsujemy i zarówno nauka, jak i nasze własne doświadczenie podpowiadają nam, że płacimy za to słoną cenę, którą jest chroniczny stres.

Stres może być zdefiniowany jako konieczność stawienia czoła wielkiemu wyzwaniu pomimo uczucia, że mamy zbyt mało siły, aby mu sprostać. Z historycznego punktu widzenia ludzkość zawsze stała w obliczu wielkich wyzwań. Głód, wojny, choroby, katastrofy naturalne, wysoka śmiertelność niemowląt towarzyszyły nam od wieków. Dziś większość z nas nie musi się zmagać z tymi stresorami, a jednak poziom naszego stresu pozostaje bardzo wysoki. Według American Institute of Stress* badanie przeprowadzone na próbie reprezentatywnej Amerykanów w roku 2014 pokazało następujące statystyki:

- Roczne koszty opieki zdrowotnej związane ze stresem ponoszone przez pracodawców: 300 miliardów dolarów;

---

* Amerykańska organizacja non profit zajmująca się badaniem zagadnień związanych ze stresem, z której działaniami można się zapoznać na stronie https://www.stress.org (przyp. tłum.).

- Odsetek populacji, który regularnie doświadcza fizycznych skutków stresu: 77%;
- Odsetek populacji, który regularnie doświadcza psychicznych skutków stresu: 73%;
- Odsetek osób, które mają kłopoty ze snem wywołane stresem: 48%[2].

Biorąc pod uwagę, że statystyki te pochodzą z roku 2014, czasu, gdy większość Amerykanów żyła w relatywnie bezpiecznym otoczeniu i miała zaspokojone potrzeby podstawowe (pożywienie i schronienie), liczby te są alarmujące. Co więcej, 48 procent osób czuło, że ich stres wzrósł w ciągu ostatnich pięciu lat, co sugeruje, że poziom stresu ma tendencję wzrostową.

Osiem miesięcy po tym, jak António Horta-Osório objął wysokie i stresujące stanowisko dyrektora zarządzającego Lloyds, wziął urlop zdrowotny z powodu ogromnego stresu i zmęczenia. Stres, którego doświadczał, był tak wielki, że przez pięć dni z rzędu nie był w stanie spać[3]. Gdy wiadomość o jego urlopie się rozniosła, wartość rynkowa Lloyds spadła o miliard funtów. W przypadku Antónia Horty-Osória forsowanie się przyniosło odwrotny skutek i przeszkodziło w osiągnięciu celu.

Przyzwyczailiśmy się, że nie możemy osiągnąć sukcesu bez nadmiernego forsowania się i bez stresu. Jesteśmy jednak w błędzie. Badania pokazują, że w rzeczywistości stres nie pozwala nam osiągnąć sukcesu, który znajduje się w granicach naszych możliwości. Jest lepsza droga: wzmacnianie odporności psychicznej.

DLACZEGO UTOŻSAMIAMY STRES Z SUKCESEM

Skąd wzięło się nasze przekonanie, że musimy się stresować, aby osiągnąć sukces, i że stres jest nieuniknionym produktem ubocznym sukcesu? Nasze społeczeństwo idealizuje profesje związane z dużym napięciem – od programów telewizyjnych pokazujących lekarzy na ostrym dyżurze, którzy pracują w sytuacjach kryzysowych, czy zapracowanych prawników, którzy biegną z procesu na proces, aż po książki i artykuły prasowe wychwalające wybitnych dyrektorów zarządzających i przedsiębiorców, którzy kierują wielkimi przedsiębiorstwami, zgłaszają się na ochotnika do działań charytatywnych i wciąż jeszcze są w stanie pomagać swoim dzieciom w pracach domowych.

Nasze społeczeństwo ceni wytrwałość w dążeniu do celu i walkę, by prześcignąć innych, a to wszystko łączy się z jakąś formą stresu. Bycie przebojowym wiąże się z wysiłkiem, rywalizacją i napięciem. Gdy ktoś kończy z powodzeniem projekt, osiąga założony cel lub mistrzostwo, to podczas gratulacji może usłyszeć slangowe: „rozwaliłeś to", „zniszczyłeś ich". Siła jest częścią rozumianego przez nas sukcesu. W rezultacie cenimy napięcie, które nieodłącznie wiąże się z psychicznym stresem.

Tak naprawdę sukces jest często kojarzony z agresywnością. Badanie[4], które przeprowadziłam na Stanfordzie wraz z profesor psychologii Jeanne Tsai, pokazuje, że w Stanach Zjednoczonych, kiedy chcemy wpłynąć na innych, bardzo cenimy intensywne pozytywne emocje, jak ekscytacja (w przeciwieństwie do mało intensywnych emocji, takich jak spokój). Dlaczego? Ponieważ wierzymy, że takie emocje pomogą nam wpłynąć na innych. W badaniu, w którym uczestników podzieliliśmy na liderów i ich zwolenników, ci zajmujący pozycje przywódcze automatycznie chcieli odczuwać więcej intensywnych pozytywnych emocji. Jednak emocje, takie jak ekscytacja - mimo że są pozytywne - uruchamiają z powodu swojej intensywności reakcję stresową w naszej psychice. Innymi słowy, nawet pozytywne emocje, których potrzebujemy, by czuć się spełnionymi, są przyczyną stresu i obciążają ciało.

Pogląd, że stres i sukces są ze sobą nierozerwalnie związane, jest mocno zakorzeniony w naszej kulturze, a nawyki związane z pracą, z których jesteśmy tacy dumni, są silnie stresogenne. Przechwalamy się, jak wiele mamy pracy i jak długa jest nasza lista spraw do załatwienia. Chełpimy się naszymi szalonymi rozkładami dnia. Znajdujemy powód do dumy w tym, jak mało śpimy i od jak dawna nie byliśmy na wakacjach. Możemy nie lubić się stresować, ale traktujemy to jak odznakę za zasługi. Uważamy, jak się wydaje, że im więcej stresu doświadczamy i jesteśmy w stanie znieść, tym większy sukces odniesiemy.

Nauka udowadnia, że ta napędowo-stresowa teoria sukcesu – mimo że powszechnie akceptowana – w dłuższym czasie prowadzi do klęski. Stres w małych ilościach albo przy krótkich zrywach może nam pomóc zmobilizować wszystkie nasze siły, a nawet pomóc osiągnąć krótkoterminowy cel. Z powodu tego pozytywnego efektu wielu ludzi uważa, że skoro stres działał na ich korzyść w przeszłości, to jest dla nich niezbędny. Z czasem jednak chroniczny stres staje się największym wrogiem sukcesu. Wykańcza nas i osłabia tak istotne dla nas zdolności poznawcze. Jak widzimy na przykładzie historii Antónia Horty-Osória, nie tylko nie pomaga nam osiągnąć więcej, ale także może stanowić główną przeszkodę w dotarciu do celu.

DOBRY STRES, ZŁY STRES I SUKCES

Stres nie jest oczywiście czymś zupełnie złym. Krótkotrwały stres stanowi siłę napędową. Pomyśl o uwalniającej się na widok nadjeżdżającego samochodu adrenalinie, która pozwala ci szybko przejść na drugą stronę ulicy. Chwilowy stres może mieć również korzystny wpływ na zdrowie[5]. W serii przełomowych badań mój kolega Firdaus Dhabhar, profesor psychiatrii na Uniwersytecie Stanforda, odkrył, że stres może przynieść znaczące fizjologiczne i psychologiczne korzyści włącznie ze zwiększoną odpornością[6]. Jako pierwszy naukowiec zasugerował, że biologiczny mechanizm krótkoterminowej reakcji stresowej może służyć ochronie i podniesieniu sprawności organizmu[7]. W często cytowanym i przełomowym badaniu Firdaus przedstawił potencjalne pozytywne efekty krótkoterminowego stresu i negatywny wpływ stresu chronicznego[8].

Tuż przed tym, jak poddałam się operacji pęcherzyka żółciowego, Firdaus przypomniał mi, że moja reakcja stresowa pomoże w procesie zdrowienia, wzmacniając system odpornościowy, pod warunkiem że będę utrzymywała stres na niskim poziomie p r z e d operacją. Jak wynika z badań przeprowadzonych przez jego grupę badawczą[9], operacja chirurgiczna wyzwala reakcję stresową, zalewając ciało substancjami chemicznymi przyśpieszającymi zdrowienie[10]. Jeśli jednak poddałabym się operacji w stanie chronicznego stresu, reakcja systemu odpornościowego byłaby słabsza, ponieważ nadszarpnęłam już zasoby mojego organizmu (pomna tych rad, udałam się na dwudniowe odosobnienie tuż przed operacją, a potem szybko wróciłam do zdrowia!).

Krótkotrwały stres może zapewniać dodatkowe korzyści. Może na przykład prowadzić do większej wydajności psychicznej i fizycznej[11], zwłaszcza jeśli dana osoba ma zdolności potrzebne do wykonania zadania – na przykład do przemówienia publicznego, wyścigu kolarskiego czy występu muzycznego. Dzieje się to jednak tylko wtedy, gdy dana osoba nie cierpi z powodu chronicznego stresu. Prawo Yerkesa-Dodsona[12], nazwane tak od nazwisk dwóch badaczy, którzy je sformułowali, stwierdza, że tak jak w krzywej o kształcie odwróconego U pewien poziom stresu zwiększa naszą wydajność, ale jeśli jest on zbyt wysoki, staje się przeszkodą. Jeśli na przykład jesteś biegły w wygłaszaniu publicznych prezentacji, niewielki stres może być bardzo pomocny, zbyt silny jednak przeszkodzi ci w wystąpieniu.

Inne badania pokazują, jak w pewnych sytuacjach stres może wzmocnić więzi, tworząc wokół ciebie system wsparcia[13]. Nagły stres może wywołać skore do pomocy, towarzyskie i przyjacielskie zachowanie. Ten efekt pozytywnej relacji społecznej może pomóc wyjaśnić więzi międzyludzkie, które pojawiają się podczas kryzysów czy katastrof naturalnych – pomyśl o sytuacji w Nowym Jorku po 11 września 2001 roku. Ta więź może być częściowo odpowiedzialna za przetrwanie nas jako gatunku.

Jednak co za dużo, to niezdrowo. Czytałeś pewnie o negatywnych efektach chronicznego stresu. Stres w dużych ilościach, doświadczany przez dłuższy okres, może wywierać negatywny wpływ na nasze zdrowie[14], relacje i pracę. Jak widzimy na przykładzie Antónia Horty-Osória z Lloyds Banking Group, może mieć także dramatyczny wpływ na wydajność, a w konsekwencji na sukces organizacji, dla której pracujesz.

Badania naukowe pokazują przytłaczające dowody na to, że chroniczny stres powoduje, że jesteśmy bardziej podatni na choroby[15] i stany zapalne[16], a nawet przyśpiesza proces komórkowego starzenia się[17]. Może również obniżać produktywność poprzez zmniejszenie zdolności poznawczych. Czy zauważyłeś, że w stanie silnego stresu masz problemy z zapamiętywaniem? Stres utrzymujący się przez dłuższy czas szkodzi zwłaszcza pamięci[18], ale również kreatywności, zdolności do jasnego postrzegania sytuacji, wychodzenia poza szablony, a także umiejętnemu rozwiązywaniu problemów i podejmowaniu dobrych decyzji[19]. Są nawet dowody na to, że chroniczny stres sprawia, iż stajesz się bardzo złym kierownikiem i przywódcą. Stres jest również zaraźliwy, a więc zwiększa stres w twoim otoczeniu. Stany niepokoju, takie jak lęk, są fizjologicznie zaraźliwe poprzez feromony – związki chemiczne uwalniane z potem. Kiedy ktoś emituje „feromon strachu", mózgi ludzi, którzy wchodzą w kontakt z taką osobą, wykazują zwiększoną aktywność w obszarach związanych z niepokojem i lękiem (zwłaszcza ciała migdałowatego)[20]. Nie potrzebujemy badań, by wiedzieć, że gdy przynosimy stres do domu, rezultaty są równie katastrofalne.

Jako że nie każdy stres jest złem, sztuczka polega na tym, aby korzystając z pozytywnych efektów stresu krótkotrwałego, nie zostać ofiarą stresu długotrwałego. Innymi słowy, długoterminowy sukces nie polega na paleniu świeczki z obu stron, ale na opanowaniu umiejętności surfowania na fali stresu. Nawet jeśli intensywny stres nas powali, możemy otrząsnąć się z jego niszczących efektów.

Aby tak się stało, musimy odwołać się do naszej odporności psychicznej; zdolności do szybkiej regeneracji po stresujących sytuacjach czy potknięciach, która jest na szczęście równie naturalna dla naszej fizjologii, co reakcja stresowa. Czy możemy zachować pogodę ducha niezależnie od tego, jak wzburzone są fale, po których żeglujemy? Czy możemy znaleźć zapał i energię do osiągnięcia celów bez uczuć wyczerpania i niepokoju związanych z chronicznym stresem? Odpowiedź brzmi: tak. Jednak choć wiele osób świetnie wie, jak się zestresować, niewiele wie, jak sięgnąć po nasze naturalne rezerwy odporności. Dobra wiadomość jest taka, że łatwo można się tego nauczyć.

NASZA NATURALNA ODPORNOŚĆ PSYCHICZNA

Odporność psychiczna jest zdolnością do szybkiej regeneracji po stresujących sytuacjach, z którymi mamy do czynienia na co dzień: trudna interakcja z kimś, opóźnienie lotu, które może spowodować, że spóźnisz się na ważną rozmowę biznesową, długie godziny pracy nad projektem pod presją zbliżającego się terminu wykonania i tym podobne.

Wszyscy wiemy, jak działa reakcja walki lub ucieczki, podczas której ciało człowieka – i większości zwierząt – przygotowuje się do odparcia śmiertelnego zagrożenia lub ucieczki. Większość z nas nie wie jednak, co się dzieje, gdy zagrożenie minie, a nasze ciała powracają do normalnego stanu – trybu spoczynku i trawienia.

Pomyśl o lwie na wolności ścigającym antylopę – antylopa jest w trybie ucieczki, jej układ współczulny jest w pełni aktywny, działa pompa adrenalinowa. Jeśli lew ją schwyta, jej życie natychmiast się skończy. Jeśli jednak ucieknie, to w momencie, gdy zagrożenie mija, stres antylopy przechodzi niemal natychmiast. Włącza się układ parasympatyczny, który jest odpowiedzialny za tryb spoczynku i trawienia, i zwierzę uspokaja się, przeżuwając pokarm w słonecznym otoczeniu. Tryb walki lub ucieczki był wielkim wyzwaniem dla fizjologii antylopy, jednak gdy tylko jest deaktywowany, zwierzę może skupić się na odzyskaniu pełni sił. W ciągu kilku minut system nerwowy antylopy wycisza się, aby pozwolić jej na powrót do stanu optymalnego, w którym może odnowić swoje zasoby i energię.

Kluczowa dla jej odporności jest umiejętność:

- szybkiego powrotu do trybu regeneracyjnego spoczynku i trawienia;
- pozostania w tym stanie, aż kolejne zagrożenie życia będzie stanowić obciążenie dla jej organizmu;
- stawienia czoła kolejnemu wyzwaniu w pełni sił.

Uciekające przed zagrożeniem zwierzęta żyjące na wolności nie są jedynymi, które wykazują niezwykłą odporność w obliczu zagrożeń czy stresu. Zabierz swojego psa do weterynarza, a zaobserwujesz silną reakcję stresową – może zacząć się trząść, położy po sobie uszy i zacznie ciągnąć smycz, odmawiając wejścia do pokoju badań. Ta reakcja stresowa ustąpi jednak, gdy tylko zakończy się badanie, a zwierzak wróci do komfortowego, znajomego otoczenia. Taką odporność psychiczną możesz zaobserwować nawet u swoich dzieci. Dzieci, które przeżyły stresujące wydarzenie, takie jak pierwszy dzień szkoły, natychmiast odzyskują pewność siebie. Reagują bardzo emocjonalnie, żegnając się z rodzicami, ale trwa to zazwyczaj kilka minut i niedługo potem znowu się uśmiechają.

Fakt, że dzieci i zwierzęta tak szybko dochodzą do siebie po stresującym przeżyciu, pokazuje, jaka jest naturalna odporność systemu nerwowego. Jesteśmy zaprogramowani na szybki i bezproblemowy powrót do dobrego samopoczucia.

Dlaczego zatem jako dorośli często mamy problemy ze stresem i powrotem do równowagi? Ponieważ w jakiś sposób utraciliśmy naszą naturalną odporność psychiczną. Pomyśl, jak szybko otrząsasz się ze stanu frustracji, stresu czy kłótni? Czy trwa to pięć minut? Godzinę? Cały dzień? Pięć dni? Czy czujesz ukłucie napięcia, gdy tylko o nich pomyślisz? Jeden nerwowy telefon i chodzimy wściekli cały dzień, a może nawet cały tydzień czy miesiąc. Wiele osób zabiera ze sobą do grobu chowane urazy związane z wydarzeniami sprzed dziesięcioleci!

Wydaje się, że wielu dorosłych po prostu zapomniało, jak wykorzystywać swoją naturalną odporność psychiczną. Jest kilka przyczyn takiego stanu rzeczy. Po pierwsze, są biologiczne powody, dla których nadal się martwimy, pomimo tego, że zagrożenie minęło. Po drugie, odporność psychiczna nie jest w naszej kulturze należycie doceniana.

SABOTAŻYŚCI ODPORNOŚCI

Co takiego nie pozwala dorosłym cieszyć się odpornością, która dzieciom – a nawet zwierzętom – wydaje się przychodzić tak łatwo? Dlaczego nasz stres trwa o wiele dłużej niż ich i przechodzi czasem w stres chroniczny?

Odpowiedź jest w naszym umyśle. Wchodzi nam w drogę nasza zdolność rozumowania – skądinąd bardzo cenna. Oprócz naszego niespokojnego, zamartwiającego się umysłu, nieustannie jesteśmy zalewani informacjami zachęcającymi do forsowania się i sprawiającymi, że coraz trudniej nam powrócić do stanu uspokojenia. Przyjrzyjmy się bliżej tym sabotażystom naturalnej odporności.

NASZE UMYSŁY

Ze zwierzętami łączy nas wiele podobnych obszarów mózgu; na przykład obszarów odpowiedzialnych za postrzeganie, równowagę czy lęk. W przeciwieństwie do większości zwierząt mamy jednak wyspecjalizowaną, wysoko rozwiniętą korę nową, która obdarzyła nas intelektem i zdolnością do refleksji. Całe szczęście, że posiadamy korę nową – wspaniały dar, dzięki któremu możemy doznawać wglądów, rozwijać zdolności językowe, czytać tę książkę i dzielić się ze sobą myślami, ideami i uczuciami. Niestety przyniosła nam ona także zamartwianie się, desperację, persewerację (psychologiczny termin na uporczywe powtarzanie tej samej czynności), wyobrażanie sobie najgorszego obrotu spraw, dramatyzowanie i tworzenie fikcyjnych scenariuszy oraz całkowicie oderwanych od rzeczywistości interpretacji wydarzeń.

Jeśli antylopa byłaby obdarzona korą nową podobną do naszej, nie byłaby w stanie zrelaksować się tak szybko po stresującej ucieczce przed lwem. Zamiast tego w nieskończoność odtwarzałaby to wydarzenie w swoim umyśle, zamartwiając się i planując scenariusze na wypadek powrotu lwa, cierpiałaby na bezsenność, miałaby obsesyjne myśli o lwie zagrażającym jej młodym i tak dalej.

Czy to brzmi znajomo?

Nasze umysły mają skłonność do koncentrowania się raczej na aspektach negatywnych niż na pozytywnych[21]. Naukowcy postawili hipotezę, że ta skłonność do negatywizmu jest efektem adaptacji ewolucyjnej. Mając w pamięci niebezpieczne spotkania z drapieżnikami, nasi przodkowie byli na przykład w stanie skuteczniej im się wymykać. Jednak obecnie ta tendencja nie jest już tak potrzebna i często nam przeszkadza.

Jedna czy dwie negatywne myśli wystarczą, by niebezpiecznie rozchwiać naszą psychikę. Jak zauważa doktor Paul Gilbert[22], brytyjski psycholog, twórca Compassion-Focused Therapy*, wystarczy telefon od sfrustrowanego szefa, nieprzyjemna wiadomość od ukochanego lub przyjaciela, a nawet przekleństwo rzucone w naszą stronę przez nieznajomego, a cała chemia naszego organizmu przestawia się na stan niepokoju. To wyczerpujące. Biorąc pod uwagę liczbę stresujących sytuacji, które napotykamy, a także wywoływane przez nie złość i niepokój, ta reakcja może uniemożliwić nam regenerację i wypoczynek.

Nawet sprawdzanie poczty elektronicznej może dostarczyć mnóstwo powodów do stresu. Badania pokazują, że im częściej to robisz, tym większego stresu doświadczasz[23].

---

* Terapii skupionej na współczuciu (przyp. tłum.).

Odwrotna zależność również jest prawdziwa. Badanie[24] przeprowadzone na Uniwersytecie Kalifornijskim w Irvine przez Glorię Mark i naukowca pracującego dla armii amerykańskiej Armanda Cadella wykazało wpływ poczty elektronicznej na produktywność i poziom stresu. Kiedy uczestników badania pozbawiono dostępu do poczty elektronicznej, zauważyli oni poprawę umiejętności skupienia się na zadaniu, którym się zajmowali. Wykazali również, że stres mierzony wartością tętna był wtedy niższy.

To nie powinno dziwić. Poczta elektroniczna jest pozbawiona sygnałów społecznych. Przed jej wprowadzeniem komunikacja była bez wątpienia bardziej empatyczna i mniej stresująca – rozmawiano przez telefon lub osobiście, co pozwalało na lepsze dopasowanie interakcji dzięki sygnałom społecznym. Jeśli ktoś na przykład wyglądał na zmęczonego lub był w kiepskim stanie, to przełożony nie był wobec niego tak surowy. Niestety te sygnały nie występują podczas porozumiewania się za pomocą poczty elektronicznej i często wymagają od nas natychmiastowej reakcji. Jedyne, co otrzymujemy, to pisemną wiadomość, której ton trudno zinterpretować. Krótka wiadomość e-mail od szefa może brzmieć agresywnie i kosztować cię sporo nerwów. Emocjonalny e-mail od partnera może całkowicie wybić cię z rytmu podczas pracy, bo zamartwiasz się, co też mógł znaczyć. Kolejna wiadomość z informacją o zbliżającej się sprawie sądowej może jeszcze bardziej zwiększyć twój niepokój.

Jak się czujesz, otrzymując dziesiątki takich wiadomości dziennie? W przeszłości, gdy byliśmy pozbawieni tego wynalazku, doświadczaliśmy może jednego tak bardzo emocjonującego zdarzenia dziennie, co najwyżej dwóch lub trzech (na przykład konfrontacji z kolegą, sprzeczki z żoną, telefonu od zdenerwowanego przyjaciela). W roku 2014 użytkownicy biznesowi wysłali i otrzymali przeciętnie 121 wiadomości e-mail dziennie (dla roku 2011 było to 105, a szacuje się, że do roku 2018 liczba ta wzrośnie do 140)[25]. W rezultacie jedna godzina spędzona przed pocztą elektroniczną może dostarczyć ci szerokiego spektrum emocji i stresorów. Oczywiście dostajesz także wiadomości, które cię cieszą – zdjęcia siostrzeńców, zaproszenie na ślub – niestety jesteśmy jednak bardziej podatni na wpływ negatywnych informacji, ponieważ, jak już wspomniano, umysł ma tendencję do skupiania się na tym, co negatywne[26].

Czy jest coś dziwnego w tym, że po długim dniu nierobienia niczego oprócz siedzenia przed komputerem wracamy do domu wyczerpani?

BODŹCE ZEWNĘTRZNE I WEWNĘTRZNE

Poza tym, że umysł nieustannie wytwarza poruszające nas myśli, układ nerwowy jest także nieustannie bombardowany informacjami z zewnątrz. „Kupuj więcej", „wyglądaj lepiej", „ćwicz więcej", „jedz lepiej", „działaj wydajniej", „ucz się więcej". Informacje, które do nas docierają – w szkole, w pracy, poprzez reklamy i media, takie jak programy telewizyjne – ciągle popychają nas i naciskają, nadmiernie pobudzając i wytwarzając reakcje stresowe.

Jeśli czujesz się atakowany, przytłoczony lub przeładowany informacjami, które odbierasz każdego dnia, ma to swoją przyczynę. Koncerny medialne i reklamowe rutynowo stosują techniki zwiększające stres, aby przyciągnąć naszą uwagę. Jak już wspomniano, nasz umysł jest zaprogramowany do skupiania się na pełnych lęku lub negatywizmu bodźcach bardziej niż na tych pozytywnych[27]. Dlatego właśnie wiadomości stworzone, by wzbudzać lęk czy niepokój, są wszechobecne w naszej kulturze: każdy, kto chce przyciągnąć naszą uwagę, wie, jak zaatakować nas stresującymi bodźcami. Agencje informacyjne na przykład zarzucają przynętę w postaci negatywnie brzmiących nagłówków („Wojna!", „Konflikt!", „Śmierć!", „Destrukcja!"). Nawet oferty specjalne i wyprzedaże, na przykład Black Friday*, manipulują naszym poziomem adrenaliny, żeby upewnić się, że zareagujemy na ich propozycje. Nie ma przy tym znaczenia, czy jesteśmy świadomi tych technik informacyjnych, czy też nie, bo i tak w pewnym stopniu odczuwamy ich stresujący wpływ.

Co gorsza, nie tylko wiadomości z zewnątrz wywołują u nas stres. Także my sami odgrywamy aktywną rolę w utrzymaniu adrenaliny na wysokim poziomie. Aby nadążyć za wiadomościami płynącymi z naszego społeczeństwa, nauczyliśmy się, jak codziennie aktywować nasze reakcje stresowe. Mimo że reakcje stresowe miały służyć rzadkim i zagrażającym życiu sytuacjom, sami je dobrowolnie wywołujemy. Tak naprawdę wiele osób jest od nich uzależnionych i wykorzystuje je, by sprostać wyzwaniom codzienności. Możesz zauważyć, że celowo z nich korzystasz, gdy ustalasz sobie przeładowany rozkład dnia lub gdy składasz nierealne zobowiązania i czekasz na ostatnią chwilę z zakończeniem projektów. Dzieje się tak, ponieważ opierasz się na niepokoju jako sile napędowej do działania. Może się okazać, że gdy jesteś

---

* Piątek po Święcie Dziękczynienia, podczas którego tradycyjnie oferowane są wyjątkowe zniżki w wielu sklepach (przyp. tłum.).

zmęczony i naprawdę potrzebujesz odpoczynku, to zamiast odpocząć, wciąż się poganiasz bądź sięgasz po stymulanty, takie jak kawa, cukier czy napoje energetyzujące, żeby dały ci „kopa", którego potrzebujesz, żeby działać dalej. Rosnące trendy pokazują, że studenci i profesjonaliści brną w niebezpieczny (nie wspominając już o uzależniającym) nawyk łykania leków stymulujących, przeznaczonych do leczenia ADHD, aby móc dłużej obywać się bez snu i łatwiej się skupić[28]. Uzależniliśmy się od działania na wysokich obrotach.

Czy zaskakuje zatem fakt, że gdy wracamy wieczorem do domu po całym dniu pracy, ciągle jesteśmy pobudzeni i nie potrafimy się zrelaksować i usnąć? Jesteśmy poddani nadmiernym bodźcom i nie umiemy się uspokoić, a aby odpocząć, uciekamy się do depresantów, takich jak alkohol, środki nasenne czy leki przeciwlękowe. Nieustanne miotanie się między niepokojem wywołanym stymulantami a otępieniem wywołanym depresantami dodatkowo obciąża nasz i tak już przeciążony układ nerwowy.

W rezultacie każdego dnia nasze myśli, jak również informacje płynące z zewnątrz i stymulanty, sabotują zdolność do korzystania z naturalnej odporności. Następnie próbujemy opanować stres sposobami, które nie tylko są nieefektywne, ale też powodują, że jesteśmy jeszcze bardziej zalęknieni i wyczerpani.

DLACZEGO ZARZĄDZANIE STRESEM OBRACA SIĘ PRZECIWKO NAM

Dzięki naszej edukacji i doświadczeniu zawodowemu posiadamy wiedzę – nauczyliśmy się dyscypliny i opanowaliśmy przydatne w życiu narzędzia. Nikt jednak nie nauczył nas właściwie reagować na stres i trudności. Zamiast tego próbujemy „zagadać" nasze emocje, „jakoś to przetrzymać" lub sięgamy po coś mocniejszego. Badania jednoznacznie wykazują, że takie środki nie działają, a wręcz mogą wywoływać efekt odwrotny do zamierzonego.

NIE MOŻESZ „ZAGADYWAĆ" STRESU

Badania wykazują, że sposób, w jaki postrzegamy sytuacje, może nam pomóc w pewnym stopniu opanować emocje. Jednak gdy znajdziemy się w niebezpiecznej sytuacji, zagłuszenie stresu jest bardzo trudne albo nawet niemożliwe.

Jeśli na przykład, wracając z zakupów, znajdziesz za szybą mandat za parkowanie na 30 dolarów, możesz spróbować się uspokoić i złagodzić początkowy niepokój związany z otrzymaniem mandatu myślami o tym, jak bardzo jesteś wdzięczny, że samochód nie został odholowany, i jak szczęśliwy, że markowy garnitur, który właśnie kupiłeś, był w promocyjnej cenie, co sprawia, że mandat był tego wart.

Jeśli jednak wrócisz na parking i zobaczysz, że twój samochód został odholowany i musisz zapłacić grzywnę w wysokości 750 dolarów, żeby go odzyskać, a jesteś spóźniony na ważną rozmowę o pracę, może wymagać ogromnego opanowania, by w takiej sytuacji nie wyjść z siebie.

W bardzo stresujących sytuacjach, takich jak ta, usiłowanie używania myśli do zmiany emocji najprawdopodobniej będzie bezowocne. Spróbuj zasnąć, powtarzając sobie uspokajające frazy, gdy denerwujesz się przed ważną rozmową, egzaminem czy występem, który ma się odbyć nazajutrz. Albo jeszcze lepiej, pomyśl, jak bardzo pomocne jest, gdy przyjaciel lub przełożony mówi ci w stresującej sytuacji, żebyś „po prostu się odprężył". To nie tylko nie pomaga, ale jest także niezwykle irytujące.

Czy kiedykolwiek marzyłeś, żeby zapomnieć o kłótni z kimś, a zamiast tego godzinami ją rozpamiętywałeś? Dlaczego tak trudno jest nam kontrolować umysł, zwłaszcza wtedy, gdy jesteśmy zestresowani? Daniel Wegner, profesor psychologii na Uniwersytecie Harvarda, wykazał w kilku badaniach, że umysł często załamuje się pod wpływem stresu lub przeciążenia i próby kontrolowania danej myśli w rezultacie kończą się jej niechcianym przywoływaniem mimo naszych najlepszych chęci[29]. Wegner opisuje to jako „proces paradoksalny". Kiedy unikamy pewnej myśli lub działania – próbujemy zrezygnować ze śmieciowego jedzenia, gdy jesteśmy na diecie, lub próbujemy nie myśleć o kimś, z kim właśnie zerwaliśmy – nasze wysiłki często idą na marne, gdy jesteśmy pod wpływem stresu.

„ZAGADYWANIE" EMOCJI ZA POMOCĄ MYŚLI NIE DZIAŁA

Gdy czujemy się zaniepokojeni i nie możemy wyperswadować sobie stresujących myśli, często w rezultacie tłumimy emocje. Zachowujemy twarz pokerzysty i próbujemy po prostu jakoś przez to przejść. Badania Jamesa Grossa, psychologa z Uniwersytetu Stanforda, pokazują, że usiłowanie tłumienia emocji (poprzez ich nieokazywanie) ma skutek odwrotny do zamierzonego. Usiłując ukryć emocje, doświadczamy ich silniej na poziomie fizjologicznym. Na przykład złość lub stres przyśpieszają tętno i powodują pocenie się wnętrz dłoni. Tłumienie emocji zwiększa też ich fizjologiczne oddziaływanie. Tak naprawdę wpływa nawet na fizjologię osób, z którymi mamy do czynienia, na przykład podnosząc ich tętno! Częste tłumienie negatywnych emocji powoduje, że doświadcza się więcej negatywnych, a mniej pozytywnych uczuć[30]. Osoby mające tendencję do tłumienia emocji mają niższą samoocenę, a także mniejszy optymizm i dobre samopoczucie, jak również częściej cierpią na depresję i kłopoty z pamięcią. Negatywnie oddziałuje to też na ich relacje z innymi i funkcjonowanie w społeczeństwie[31].

CZEKOLADA I ALKOHOL WCALE NIE SĄ LEPSZE

Zamiast konstruktywnie radzić sobie ze stresem, często uciekamy się do substancji kompensujących, takich jak jedzenie, alkohol czy papierosy, lub odwracamy uwagę, oglądając telewizję, grając w gry wideo lub nawet popadając w pracoholizm. Jednak niezdrowe nawyki, które w takich chwilach praktykujemy, często powodują, że ostatecznie czujemy się gorzej.

Takie wyrażenia jak „Muszę się napić" czy „Muszę zapalić" stały się tak częste, że używamy ich nawet dla żartu, odnosząc się do trudnej sytuacji, w której się znaleźliśmy. Większość z nas dogadza sobie w chwilach słabości lub wycieńczenia, gdy jedyne, o czym myślimy, to coś, co sprawi, że poczujemy się lepiej – czy to będzie coś słodkiego, czy kieliszek wina. Nawet jeśli mogą nam one przynieść chwilową ulgę, to w oczywisty sposób nie stanowią rozwiązania stresującej sytuacji. A jeśli uciekamy się do nich zbyt często, zwiększają obciążenie i tak już przeciążonego systemu nerwowego.

Prawdopodobnie zdajesz sobie sprawę z własnych słabości – ulubionych kompensujących substancji, których używasz, by poradzić sobie ze stresem – i być może nawet czujesz się źle z tego powodu. Nie powinieneś. Szukanie sposobu, by się uspokoić i dojść ze sobą do ładu, jest całkowicie naturalne. Nie dzieje się to bez powodu: intuicyjnie czujemy, że jak antylopa, która powraca do stanu uspokojenia, my także możemy zresetować nasze systemy i wrócić do punktu równowagi. Jedyny problem polega na tym, że szukamy sposobu na przywrócenie równowagi w niewłaściwy sposób – próbując siebie „zagadać", stłumić nasze uczucia, i sięgamy po rzeczy sprawiające nam przyjemność: jedzenie, alkohol i tak dalej. Tak bardzo utraciliśmy umiejętność naturalnego powrotu do stanu równowagi, że start-upy z Doliny Krzemowej tworzą technologie ubieralne mające pomóc nam się wyciszyć[32].

WYKORZYSTAJ SWOJĄ NATURALNĄ ODPORNOŚĆ PSYCHICZNĄ

Często pracuję z weteranami, którzy cierpią na zespół stresu pourazowego. Podczas pewnej sesji jeden z nich powiedział mi: „Wiem, że jestem w Stanach i że w centrum handlowym nie grozi mi niebezpieczeństwo, ale mimo to muszę zbierać się w sobie przez mniej więcej dwadzieścia minut, zanim tam wejdę". Ten przykład pokazuje, jak bezsilny jest nasz rozumujący umysł, jeśli jesteśmy bardzo zaniepokojeni. Mimo że ten weteran wiedział na poziomie intelektualnym, że centrum handlowe nie jest niebezpieczne, to nadal musiał przez długi czas zbierać siły, zanim był w stanie tam wejść. Zmiana myślenia była w jego przypadku niewystarczająca, by poradzić sobie z intensywnym stresem. Również nam często ona nie wystarcza, zwłaszcza jeśli jesteśmy w stanie chronicznego stresu.

Jeśli nasze myśli i umysły nie pomagają nam wykorzystać naszej naturalnej odporności psychicznej, to co pomaga? Nasze ciała. Prawdopodobnie zauważyłeś, że stan twojego ciała oddziałuje na twój umysł – zbyt wiele kofeiny może sprawić, że będziesz odczuwał niepokój, a głód może spowodować, że będziesz nie w humorze. Jeśli potrafisz zrelaksować i rozluźnić ciało, to umysł w naturalny sposób osiągnie swój optymalny stan i będzie mógł zregenerować się po stresującym przeżyciu. Przypomnij sobie, jak dobrze czujesz się po masażu, pieszej wędrówce na łonie natury czy ciepłej kąpieli.

Jednak gdy potrzebujemy natychmiastowej pomocy, by poradzić sobie z trudną sytuacją, nie możemy raczej wziąć kąpieli czy pójść na masaż. Jaka jest więc najszybsza droga do dobrego samopoczucia? Jest tak blisko, że łatwo można ją przeoczyć – jest nią twój oddech – szybki i pewny sposób dotarcia do systemu nerwowego, który jest stworzony po to, żeby pomóc ci powrócić do optymalnego stanu.

Nawet jeśli intuicyjnie rozumiesz, że oddech może oddziaływać na umysł i emocje (pewnie nieraz mówiłeś komuś zestresowanemu, by wziął głęboki oddech), możesz nie zdawać sobie w pełni sprawy z mocy jego oddziaływania.

Oddychanie to czynność, którą wykonujemy każdego dnia, w każdej chwili. To prawdopodobnie najważniejsza rzecz, którą robisz w życiu. Jest również najbardziej lekceważona, ponieważ najczęściej dzieje się sama z siebie i poza naszą świadomością. To, co czyni oddech tak wyjątkowym, to fakt, że jest automatyczny (jak trawienie czy bicie serca), ale jest też kontrolowany naszą wolą. Jest jedną z tych funkcji autonomicznych, przy której masz coś do powiedzenia.

Hinduski działacz społeczny i przywódca duchowy Sri Sri Ravi Shankar poświęcił dużą część swojego życia, by uczyć na całym świecie technik oddechowych opartych na jodze za pośrednictwem założonej przez siebie organizacji – fundacji Art of Living*. Powiedział, że „naszą pierwszą czynnością na tym świecie jest głęboki wdech, a naszą ostatnią będzie głęboki wydech. Oddech to życie. Jednak zwykle nie uczy się nas – ani w domu, ani w szkole – znaczenia oddechu i jego wpływu na umysł i ciało... Zaobserwuj, jak oddychasz. Różne wzorce oddechowe odpowiadają różnym emocjom. Tak jak twój umysł wpływa na oddech, tak samo ty możesz wpływać na stan swojego umysłu za pośrednictwem oddechu"[33].

Obserwacje Sri Sri poparte są wynikami badań. Interesujące badanie[34], które przeprowadził belgijski psycholog Pierre Philippot, wykazało, że emocje wpływają na oddech. W tym badaniu jego współpracownicy obserwowali wzorce oddechowe uczestników, gdy doświadczali takich emocji jak smutek, lęk, złość czy szczęście. Zespół badawczy odkrył, że każda z emocji łączy się z odmiennym sposobem oddychania.

Gdy na przykład odczuwamy niepokój, nasz oddech najprawdopodobniej jest krótki i płytki. Gdy jesteśmy spokojni, oddech staje się głęboki i powolny. Śmiech i łkanie są przykładami, w jaki sposób oddech łączy się ze stanami emocjonalnymi. Gdy wracamy do domu po długim, wyczerpującym dniu, padamy na kanapę i... ciężko wzdychamy.

---

* Organizacja pozarządowa działająca w 152 krajach, w tym w Polsce (przyp. tłum.).

Bardziej interesujące i odkrywcze niż pierwsze przeprowadzone przez Philippota badanie jest kolejne[35], w którym naukowcy poprosili inną grupę osób, aby oddychały w sposób odpowiadający różnym emocjom z pierwszego badania. Następnie zapytali uczestników o ich odczucia. I cóż się okazało? Uczestnicy odczuwali emocje, które odpowiadały wzorcom oddechowym! Innymi słowy, gdy robili długie, spokojne oddechy, czuli się spokojni, a gdy brali szybkie i płytkie, odczuwali zaniepokojenie lub złość.

Odkrycie tego, że możemy zmienić to, jak się czujemy, za pomocą oddechu, jest rewolucyjne. Biorąc pod uwagę, jak trudno jest zmienić nasze emocje, używając myśli – na przykład „zagadać" intensywną złość czy niepokój – nauczenie się, jak używać oddechu, jest potężnym i dającym wolność narzędziem do radzenia sobie ze stresem. Jest to narzędzie, które pozwala nam działać na pełnych obrotach. Jedno z badań wykazało, że udzielając uczestnikom wyłącznie prostych instrukcji, by zwolnili oddech, badacze byli w stanie zmniejszyć niepokój odczuwany przez nich w stresującej sytuacji podejmowania decyzji[36].

W badaniu z wykorzystaniem oddechu[37] przeprowadzonym przeze mnie na grupie weteranów, którzy doświadczyli traumy w Iraku i Afganistanie, nasz zespół stwierdził, że ćwiczenia oddechowe znacząco przywróciły im naturalną odporność psychiczną. Badałam korzyści płynące z wykonywania technik oddechowych Sri Sri Ravi Shankara (*Sudarshan Kriya**), ponieważ słyszałam o ich pozytywnych efektach

* Technika oddechowa mająca na celu harmonizację ciała, umysłu i emocji popularyzowana przez fundację Art of Living (przyp. tłum.).

w leczeniu stresu i traumy[38]. Kiedy zaczynaliśmy badanie, wielu biorących w nim udział weteranów doświadczało silnego niepokoju lub stresu pourazowego. Po intensywnym tygodniowym kursie oddychania[39] doświadczane przez nich symptomy znacznie się zmniejszyły. Byli w stanie się zrelaksować, a rezultaty, które osiągnęli po upływie miesiąca, a następnie roku po jego ukończeniu, wskazywały na trwałą poprawę.

Oddech jest narzędziem, które mamy cały czas pod ręką i dzięki niemu możemy sobie pomóc w stresujących sytuacjach, na przykład gdy utkniemy w korku w drodze do pracy. Poniżej podaję przykład, jak oddychanie pomogło w prawdopodobnie najbardziej stresującej sytuacji związanej z transportem w militarnym konwoju w strefie wojennej.

Doświadczenie Jake'a Dobberke'a, dwudziestosześcioletniego oficera Korpusu Piechoty Morskiej z Iowa, pokazuje potężny wpływ procesu oddychania na uspokojenie umysłu. Podczas wojny w Afganistanie Jake był oficerem odpowiedzialnym za ostatni pojazd w konwoju. Był to pojazd typu MRAP*. Podczas przejazdu konwoju pojazd opancerzony Jake'a wjechał na minępułapkę. Rozległ się głośny huk i pomimo pancerza pojazd uległ uszkodzeniu. Gdy się zatrzymał, a pył opadł, Jake spojrzał w dół i zobaczył, że jego nogi są poważnie połamane. W miejscach, w których jego spodnie zostały rozerwane, zobaczył obnażone mięśnie i kości.

W tej jakże traumatycznej chwili Jake przypomniał sobie o technice oddechowej, której się nauczył. Czytał książkę

* Jest to rodzaj pojazdów opancerzonych o odporności na miny i zasadzki (przyp. tłum.).

dla żołnierzy pełniących czynną służbę (*On Combat* autorstwa podpułkownika Dave'a Grossmana*), która opisywała technikę „taktycznego oddechu". To ćwiczenie polega na wykonywaniu wdechów i wydechów w rytmie czterosekundowego odliczania i wstrzymywania oddechu. Jest to sposób na uspokojenie wydzielania adrenaliny i reakcji walki lub ucieczki. Pamiętając, by oddychać w ten sposób, Jake był w stanie zachować zimną krew i sprawdzić, co dzieje się z jego żołnierzami, a następnie polecić kierowcy, by wezwał pomoc. Potem znalazł miejsce, by oprzeć swoje nogi i założył na nie opaskę uciskową. Gdy już wywiązał się ze swoich obowiązków i zapewnił pozostałym bezpieczeństwo, położył się i odpoczywał, oczekując na przybycie pomocy. Dopiero wtedy stracił przytomność.

„Wykonywałem technikę oddechową, ponieważ pomyślałem, że w przeciwnym wypadku doznam szoku" – wyjaśnił Jake. „Później okazało się, że biorąc pod uwagę ilość krwi, którą straciłem, gdybym nie zachował spokoju i przytomności umysłu, by założyć opaski uciskowe, wykrwawiłbym się i umarł albo zapadł w śpiączkę". Widziałam Jake'a mniej więcej rok po jego powrocie z Afganistanu. Dolna połowa jego nóg wymagała amputacji. Mimo że, jak mówił, nawet stanie na protezach jest bolesne, byłam poruszona, widząc go, jak wstaje i wraz ze swoimi przyjaciółmi tańczy na moim weselu.

Według Stephena Porgesa, profesora na Uniwersytecie Karoliny Północnej i znanego badacza uniwersyteckiego na Uniwersytecie Indiany w Bloomington, jedną z przyczyn, dla

* Wydanie polskie *O zabijaniu*, Wydawnictwo Mayfly, Warszawa 2010 (przyp. tłum.).

których powolny oddech wywiera tak błyskawiczny efekt, jest to, że aktywuje nerw błędny – dziesiąty nerw czaszkowy, który jest połączony z naszym sercem, płucami i systemem trawiennym – i w ten sposób hamuje układ współczulny (związany z trybem walki lub ucieczki) i wydzielanie adrenaliny[40]. Takie działanie błyskawicznie nas uspokaja. A ze spokojnym umysłem możemy postępować efektywniej. Porges wyjaśnia, że oddychanie brzuszne – z użyciem przepony – jest szczególnie korzystne, podobnie jak długie wydechy. Wydechy spowalniają bicie serca; im dłuższy wydech, tym bardziej odpręża się nasz system nerwowy. W ten sposób aktywowany jest układ parasympatyczny (wchodząc w tryb odpoczynku i trawienia), który skłania ciało i umysł do głębszego odprężenia, przywołując w efekcie uczucie spokoju. Kontrolując nasz oddech, możemy wykorzystać zależny od naszej woli mechanizm w celu wywołania głębokiej zmiany stanu umysłu[41].

Co to dla nas oznacza? Możemy używać oddechu za każdym razem, gdy doświadczamy stresu. To niezwykłe narzędzie, które jest dla nas dostępne zawsze i wszędzie. Czy jest to rozmowa, przed którą się denerwujemy, przykra interakcja czy publiczne wystąpienie.

KSZTAŁTOWANIE ODPORNOŚCI POPRZEZ TRENING ODDECHOWY

O ile świadoma kontrola oddechu może nam pomóc uspokoić się w sytuacji stresu, o tyle efekty codziennych ćwiczeń oddechowych są bardziej zauważalne po dłuższym czasie – podobnie jak w przypadku codziennej aktywności fizycznej.

Wstępne badania wykazały, że regularne wykonywanie ćwiczeń oddechowych normalizuje poziom kortyzolu – hormonu stresu[42]. Regularna praktyka oddychania może wprowadzić ciało w stan głębokiego odprężenia, pomóc mu się szybciej zregenerować po stresującym wydarzeniu, a być może także zmniejszyć intensywność, z jaką reagujemy emocjonalnie w obliczu wyzwań. Podobnie jak maratończyk, który regularnie trenuje, by przygotować się do biegu na dłuższe dystanse, ty także możesz wykorzystywać codzienne ćwiczenia oddechowe do przygotowania swojego systemu nerwowego, tak by był odporny na stresujące zdarzenia, jak ważne spotkanie, rozmowa czy pierwsza randka. W efekcie dasz z siebie wszystko, a później szybciej wrócisz do siebie.

Ćwiczenia oddechowe mogą także w sposób naturalny dodać nam energii. Przeciętnie wykorzystujemy jedynie od 10 do 30 procent pojemności naszych płuc. Nie wykorzystujemy więc w pełni dostępnej nam energii. W odróżnieniu od nas sportowcy potrafią wykorzystać nawet 100 procent pojemności płuc, co umożliwia im poprawę wytrwałości i wytrzymałości. Podczas gdy odporność systemu nerwowego dorosłych zwykle spada wraz z wiekiem, proces ten jest mniej gwałtowny w przypadku zawodowych sportowców[43] i osób wykonujących ćwiczenia angażujące układ krążenia. Dzieje się tak, ponieważ z zasady oddychają oni wolniej. Jest to kolejny dowód na to, że trening wytrzymałościowy przynosi wielką ulgę w stresie.

Może nam się to wydawać dziwne, że oddychanie zmniejsza stres i jednocześnie podnosi poziom energii. W naszej kulturze nadmiernych zobowiązań i ogromnego stresu zwykle nie kojarzymy wysokiego poziomu energii ze spokojem.

To wyjaśnia, dlaczego błędnie uważamy, że powinniśmy się stresować, jeśli chcemy wykonać zadanie w terminie.

Student Uniwersytetu Wisconsin-Madison, który brał udział w prowadzonych przeze mnie warsztatach, powiedział, że odkąd nauczył się technik oddechowych i medytacji, czuje tak wielki spokój i błogość, że poważnie martwi się, iż straci siłę przebicia. Współpracował z US Marshals* i, co zrozumiałe, niepokoił się, że będąc tak zrelaksowanym, utraci swoją czujność, czego konsekwencje mogą być śmiertelne.

Z powodu rozpowszechnionego przekonania, że stres jest niezbędny do osiągnięcia sukcesu, zamartwianie się, że bycie zrelaksowanym i odprężonym może wpłynąć negatywnie na naszą wydajność, jest naturalne. Jednak to właśnie spokojniejszy, a nie zestresowany umysł pomaga nam zareagować w sposób bardziej przemyślany i racjonalny. Kiedy jesteśmy zestresowani, często podejmujemy pochopne i impulsywne decyzje, reagujemy zbyt szybko i mówimy lub robimy rzeczy, których później żałujemy. Co więcej, nasz układ współczulny nie wychodzi z trybu walki lub ucieczki i szybko dopada nas wyczerpanie.

Jeśli wzmocnimy naszą odporność psychiczną, nadal będziemy w stanie stawiać czoła wyzwaniom, które przynosi nam życie, i doświadczać wystarczającej ilości „dobrego" stresu, aby działać z maksymalną wydajnością zgodnie z potrzebą chwili, jednak bez uszczerbku na zdrowiu.

* Amerykański federalny organ ścigania odpowiedzialny m.in. za poszukiwanie zbiegłych przestępców, transport więźniów oraz wsparcie systemu sądowniczego (przyp. tłum.).

Ćwiczenia oddechowe pozwalają układowi współczulnemu odpocząć, gdy go nie potrzebujesz. Pozwalają szybciej się zrelaksować i lepiej spać po powrocie z pracy do domu. Ponieważ w pełni się odprężasz, podczas odpoczynku odzyskujesz naturalną odporność, którą dysponuje twoje ciało, a dzięki temu jesteś w stanie być opanowany w obliczu wyzwań stawianych przez życie. Pozwala to na funkcjonowanie z maksymalną energią bez fizycznych i psychologicznych kosztów związanych z niepokojem i nadmiernym wydzielaniem adrenaliny.

Innymi słowy, bycie spokojnym i pełnym energii dzięki oddechowi jest nie tylko możliwe, ale i najbardziej pożądane. Gdy jesteś zaangażowany w społeczne, twórcze czy zawodowe przedsięwzięcie, bycie czujnym, a zarazem pełnym wewnętrznego spokoju pomaga ci lepiej myśleć, pracować i komunikować się. Możesz działać z większą energią, a po całym dniu wrócić do domu i zrelaksować się w zdrowy sposób. Ciało, które nie jest pod wpływem działania środków psychoaktywnych: pobudzających lub uspokajających, może wówczas odzyskać swoją odporność na stres i zregenerować się po dziesiątkach drobnych stresujących incydentów, których wszyscy codziennie doświadczamy.

PRZECHODZĄC DO PRAKTYKI

Jeśli żyjesz na wysokich obrotach, zwolnienie tempa może wydawać się wyzwaniem. Tak bardzo przyzwyczailiśmy się do biegania w kółko i bycia uzależnionym od życia w pędzie, że przestawienie się na niższy bieg wydaje się czymś zupełnie niemożliwym. Powracania do naturalnej odporności psychicznej można się jednak nauczyć. W świadomy sposób znajdź czas na uspokajające aktywności. Są one niezbędne dla systemu nerwowego i dobrego samopoczucia. Nadaj im najwyższy priorytet i traktuj je jak wzięcie prysznica czy umycie zębów. Zazwyczaj przykładamy większą wagę do nawyków, które sprawiają, że lepiej wyglądamy (szczotkujemy włosy, nakładamy makijaż, bierzemy prysznic i tak dalej), jednak zapominamy zadbać o swoje wnętrze.

Kiedy zwalniasz tempo, możesz odczuwać niepokój, ponieważ jesteś przyzwyczajony do działania na wyższych obrotach. To normalne – po prostu to zrób. Kilka lat po powrocie do Stanów Zjednoczonych Jake Dobberke usłyszał o moich badaniach i postanowił wziąć udział w warsztatach oddechowych dla weteranów. Oddychanie pozwoliło mu odprężyć galopujący umysł. Odkrył też jednak, że gdy się relaksował, powracały bolesne wspomnienia z wypadku. Pomimo to kontynuował program ćwiczeń oddechowych, dzięki czemu był w stanie poradzić sobie ze starą traumą i niepokojem. „To był proces poprawiający jakość życia, który pozwolił mi pójść naprzód" – powiedział. Przestawienie systemu nerwowego na nowy tor nie wydarzy się w jeden dzień, zwłaszcza jeśli żyłeś na wysokich obrotach przez dłuższy czas. Dobra wiadomość jest jednak taka, że można przyzwyczaić fizjologię i system nerwowy do nowego sposobu funkcjonowania. Jest kilka sposobów na to, by zacząć.

WEŹ ODDECH

Na początku wykonywanie ćwiczeń oddechowych może wydawać się infantylne, a nawet nudne. Natychmiast jednak zauważysz efekty. Poniżej podaję kilka pomocnych rad, żeby ułatwić ci start.

Twój oddech jest z tobą przez cały czas. Jest najbardziej dostępnym narzędziem i jest niewidzialny. Możesz praktykować ten dobroczynny sposób oddychania, gdziekolwiek jesteś, i nikt tego nawet nie zauważy. Na spotkaniu zarządu, gdy sytuacja robi się napięta, albo gdy dziecko strzela focha na tylnym siedzeniu lub gdy jesteś wykończony, a przed tobą jeszcze kilka godzin pracy, daj sobie chwilę wytchnienia.

Najprostszym sposobem na nawiązanie relacji z oddechem jest zamknięcie oczu na kilka minut każdego dnia i skupienie całej swojej uwagi na oddechu. Zauważ, czy jest szybki czy wolny, głęboki czy płytki.

Dzięki tej praktyce już po krótkim czasie zaczniesz zauważać w ciągu dnia, jak twój oddech zmienia się wraz z odczuwanymi uczuciami i emocjami. Będziesz na przykład naturalnie brał głęboki oddech w trudnych momentach albo zauważysz, że twój oddech skraca się, gdy odczuwasz niepokój lub złość. Gdy staniesz się bardziej świadomy oddechu, w danej chwili zaczniesz zyskiwać większą kontrolę nad oddechem i swoimi uczuciami. Dzięki tej świadomości, gdy będziesz na przykład wyczuwał, że ogarnia cię strach, zauważysz, że oddech przyśpiesza i staje się płytszy. W takim momencie możesz świadomie go spowolnić i oddychać do wnętrza brzucha, aby się zrelaksować. Gdy nabierzesz wprawy, będziesz wiedział, że masz wykonywać głębokie i powolne oddechy brzuszne za każdym razem, gdy znajdziesz się w trudnej sytuacji.

ODDYCHANIE NAPRZEMIENNE NOSEM

To łagodne, wywodzące się z jogi ćwiczenie może pomóc schłodzić umysł i emocje. Zauważ, że w danej chwili zawsze jedno z nozdrzy dominuje (czyli powietrze płynie bardziej gładko przez jedno nozdrze i tylko częściowo przez drugie). Dominujące nozdrze zmienia się w ciągu dnia. Jednym z powodów, dla których to ćwiczenie - naprzemienny oddech nosem - może wywierać uspokajający i stabilizujący wpływ na umysł, jest to, że może ono odblokować oba nozdrza i zwiększyć przepływ powietrza. Podczas praktyki wykonuj następujące kroki:

1. Umieść palec wskazujący i środkowy prawej dłoni pomiędzy brwiami, kciuk na prawym skrzydełku nosa, a palec serdeczny i mały na lewym. Lewa dłoń spoczywa na kolanie wnętrzem do góry.
2. Weź głęboki wdech i, zamykając prawe nozdrze kciukiem, wykonaj wydech przez lewe.
3. Następnie weź głęboki wdech przez lewe nozdrze, zamknij lewe nozdrze palcem serdecznym i małym pod koniec wdechu i wykonaj wydech przez prawe.
4. Weź głęboki wdech przez prawe nozdrze i, zamykając prawe nozdrze kciukiem, wykonaj wydech lewym. Powtórz cykl.

Wykonuj to ćwiczenie z zamkniętymi oczyma przez mniej więcej pięć minut. Zauważ efekt, jaki wywiera na twoje ciało i umysł. Jogiczne praktyki oddechowe niosą ze sobą niewielkie lub zerowe ryzyko dla zdrowej osoby, chociaż wykonujący je mogą niekiedy początkowo odczuwać zmęczenie czy przelotne mrowienie, jak również zawroty głowy czy uczucie euforii bądź dysforii. Ćwiczenie zaleca się wykonywać pod okiem doświadczonego i certyfikowanego instruktora.

NAWIĄŻ KONTAKT Z CIAŁEM

Mimo że zdecydowanie polecam praktyki oddechowe jako codzienny rytuał, jest także kilka innych sposobów na zrównoważenie systemu nerwowego. Prawdopodobnie masz swoje ulubione czynności, które pomagają ci odzyskać energię i uspokoić umysł, jak pływanie, joga, spacery z psem na łonie natury czy przytulanie ze swoim dzieckiem. Te aktywności zatrzymują pęd twoich myśli i przynoszą ulgę ciału i systemowi nerwowemu. Poniżej kilka przykładów:

- **Idź na spacer.** Badania pokazują, że zwyczajny spacer na łonie przyrody (w przeciwieństwie do miejskiego otoczenia) może znacząco zmniejszyć niepokój, pomóc zachować pozytywny nastrój, a nawet poprawić pamięć[44]. Te korzyści nie są zarezerwowane tylko dla mieszkańców wsi. Jeśli mieszkasz w mieście, wybierz się do parku lub na spacer ulicą obsadzoną szpalerem drzew. Nawet samo patrzenie na fotografie zieleni przez 40 sekund może dodać ci energii i pomoże ci się skupić[45]. Co więcej, przebywanie na łonie natury pozwala na podziwianie krajobrazu. Badania związane z uczuciem zachwytu[46], który często budzą w nas piękne krajobrazy, jak rozgwieżdżone niebo czy bezkresny horyzont, sugerują, że spowalnia się wtedy nasza percepcja czasu (co jest przeciwieństwem tego, co dzieje się w stanie stresu) poprzez doświadczanie chwili obecnej, a w ten sposób polepsza się nasze samopoczucie i zmniejsza stres.
- **Zadbaj o swoje ciało.** W wyniku naszego pełnego rozproszeń stylu życia często nie słuchamy swojego ciała czy – jak to omówiliśmy w tym rozdziale – próbujemy

rekompensować odczuwany stres nawykami, które szkodzą naszemu zdrowiu. Spożywamy niewłaściwe jedzenie i picie, późno kładziemy się spać i zapominamy o regularnych ćwiczeniach lub ćwiczymy za dużo. Zapominamy, że dobry stan naszego ciała wpływa na nasze emocjonalne i psychiczne samopoczucie. Nie zdajemy sobie sprawy, że sposób, w jaki traktujemy nasze ciała, wpływa na poziom stresu i decyduje o tym, czy potrafimy odwołać się do naszej naturalnej odporności psychicznej. Każdy, kto przestawił się na zdrową dietę lub zaczął regularnie ćwiczyć, odczuł, że kiedy dba o swoje ciało, w naturalny sposób czuje się lepiej, a z pozytywnym stanem umysłu zmienia się całe spojrzenie na życie.

- **Znajdź czas na spokojne, powolne aktywności.** Jeśli bieganie to twój sposób na zdrowie – to niezależnie od tego, czy jest ono korzystne dla zdrowia – spróbuj dodać także spokojniejsze ćwiczenia do swojego rozkładu dnia. Rozejrzyj się za takimi aktywnościami, które nie wiążą się z intensywnym wysiłkiem i napięciem. Jeśli zwykle chodzisz na intensywne zajęcia typu *hot yoga** lub *power yoga***, zamiast tego wypróbuj zajęcia takie jak *yin yoga**** czy jogę regeneracyjną**** lub tai chi*****. Wybierz aktywność,

* Styl jogi wykonywany w warunkach podwyższonej temperatury i wilgotności, który wprowadził pod koniec XX wieku Bikram Choudhury (przyp. tłum.).

** Dynamiczny styl jogi wykorzystujący pewne elementy stylu *hot yoga* (przyp. tłum.).

*** Styl jogi charakteryzujący się spokojnym tempem oraz długim czasem pozostawania w danej pozycji (przyp. tłum.).

**** Styl jogi mający na celu regenerację organizmu i relaks (przyp. tłum.).

***** Chiński system ćwiczeń poprawiających zdrowie fizyczne i psychiczne, charakteryzujący się powolnymi i harmonijnymi ruchami (przyp. tłum.).

która polega na celowym spowolnieniu i nie wiąże się ze znacznym wysiłkiem.

- **Przytul ukochaną osobę.** Mimo że często wydaje się, że nasz rozkład dnia jest zbyt napięty, by spędzić czas z przyjaciółmi czy rodziną w inny sposób niż w drodze do pracy, gdy dzwonisz i pytasz, co słychać, warto wykroić trochę czasu, by pobyć z ukochanymi osobami i okazać im uczucie. Jedno z badań wskazuje, że przytulanie obniża stres i zmniejsza ryzyko wystąpienia problemów zdrowotnych związanych ze stresem[47].

Niezależnie od tego, czy wybierzesz ćwiczenia oddechowe, czy inne kojące aktywności, te praktyki przynoszą najlepszy efekt wtedy, gdy są wykonywane regularnie. To tak jak z chodzeniem do siłowni – zmiana funkcjonowania układu nerwowego wymaga regularności i codziennego zaangażowania.

Mimo że nikt nie oczekiwał, że António Horta-Osório wróci z dwutygodniowego urlopu zdrowotnego, tak się jednak stało. Nie tylko zaskoczył wszystkich swoim powrotem, ale i kontynuował misję przestawienia Lloyds Bank na nowe tory. W rezultacie bank wznowił wypłacanie dywidendy swoim udziałowcom po raz pierwszy od 2008 roku[48]. Nawet gdy chroniczny stres nas wyczerpuje, możemy wrócić do formy.

Sportowcy narażają swoje ciała na stres podczas każdej sesji treningowej, ale ich sukces zależy od tego, jak szybko są w stanie się po niej zregenerować. Nerwowe sytuacje, których doświadczasz na co dzień, mogą być inne niż te odczuwane przez sportowców, ale zasada jest identyczna: twój sukces jest uzależniony od szybkości, z jaką dochodzisz do siebie.

Odwołując się do naturalnej odporności poprzez oddychanie i inne uspokajające ćwiczenia, które aktywują część układu nerwowego związanego z trybem odpoczynku i trawienia, możesz nauczyć się zmniejszać stres i osiągnąć więcej, niż kiedykolwiek sobie wyobrażałeś.

ROZDZIAŁ 3

ZARZĄDZAJ SWOJĄ ENERGIĄ

UKRYTE KORZYŚCI SPOKOJU

Energia, a nie czas, jest podstawową walutą wymienialną na wysoką wydajność.

Jim Loehr, Tony Schwartz, *Potęga pełnego zaangażowania*[1]

Poruszają się wolno, a potem szybko, dwóch przeciwników oplata się nawzajem kończynami. Jedynym dźwiękiem w pomieszczeniu są uderzenia ich ciał, gdy poruszają się po macie jak jedno ciało. Nic dziwnego, że te sesjc ćwiczeń nazywane są „przetaczaniem". W jiu-jitsu, brazylijskiej sztuce walki wywodzącej się z judo, większość technik rozgrywa się w parterze. Jiu-jitsu zyskało popularność podczas turnieju UFC* – wydarzenia będącego spotkaniem wielu sztuk walki, podczas którego, w jego pierwotnej formie, przeciwnicy walczyli w stylu dowolnym, bez klas wagowych. Podczas turnieju staczali wiele walk w ciągu dnia, a obowiązujące zasady

* Ultimate Fighting Championship (przyp. tłum.).

ograniczono do miniumum. Royce Gracie[2], brazylijska legenda jiu-jitsu, który jako pierwszy wprowadził ten styl walki do mistrzostw w roku 1993, został uznany za jednego z najbardziej wpływowych mistrzów walki w historii mieszanych sztuk walki, po tym jak wygrywał kolejne turnieje i pokonywał mężczyzn znacznie od siebie większych i silniejszych. Waga zazwyczaj stanowi przewagę w sztukach walki. Gracie pokazał, że nie musi mieć ona takiego znaczenia, jeśli ma się odpowiednie umiejętności.

Mike Heitmann[3], oficer policji, który pracuje na nocnej zmianie w najniebezpieczniejszych miejscach południowej Kalifornii i ma czarny pas jiu-jitsu, wyjaśnił mi, na czym to polega. Spotkałam Mike'a podczas prowadzonych przeze mnie lekcji oddychania i medytacji dla weteranów (Mike jest również weteranem Korpusu Piechoty Morskiej, walczył w piechocie w Al-Falludży, podczas jednej z najkrwawszych bitew wojny w Zatoce Perskiej). Głębokie rozluźnienie, którego doświadczał podczas zajęć, skłoniło go do podzielenia się sekretem powodzenia w jiu-jitsu – zarządzaniem energią.

Podczas walki wysilanie się i wytężanie tylko cię wyczerpuje. Tracisz chłodną ocenę i popełniasz błędy. Wypalasz się, a twój oponent zwycięża. Gdy pozostajesz spokojny, zachowujesz swoją energię i możesz wyczuć, jaki kolejny ruch będzie najlepszy. Aby wygrać walkę jiu-jitsu, kluczowa jest nie ostra walka, ale odpuszczanie – nie większe tempo, ale puszczenie całego napięcia i stresu. Paradoksalnie zwycięstwo przychodzi, gdy przestajesz się wysilać.

Jakże często w naszej kulturze wierzymy, że, jak tradycyjny zapaśnik, który stara się pokonać przeciwnika brutalną siłą, możemy odnieść sukces jedynie wtedy, gdy jesteśmy napięci z całych sił. Musimy poświęcić każdą minutę dnia, wytężyć wszystkie siły i polegać na naszej żelaznej woli, by przebrnąć przez zadania do wykonania i pokonać lęki. I tak jak w przypadku tradycyjnego zapaśnika, najczęściej kończy się to wycieńczeniem i wypaleniem.

Za wysiłek, który wkładamy w naszą pracę i życie, przychodzi nam zapłacić wysoką cenę, jaką jest wypalenie. Psycholodzy definiują wypalenie zawodowe jako uczucie wypompowania i emocjonalnego wyczerpania. Możesz nawet doświadczać depersonalizacji (uczucia obcości wobec siebie samego). W efekcie nie jesteś sobą i nie jesteś w stanie wykonać normalnej ilości pracy[4]. Grupy zawodowe szczególnie narażone na wypalenie to:

- profesje związane ze służbą społeczeństwu, jak nauczyciele, pracownicy służby zdrowia i pracownicy społeczni[5]. Przykładowo uważa się, że syndrom wypalenia dotknął 45 procent lekarzy w Stanach Zjednoczonych[6];
- profesje związane z finansami również osiągają wysoki stopień wypalenia: 50–80 procent bankierów na całym świecie odczuwa znużenie wykonywaną pracą. W samych tylko Stanach Zjednoczonych 60 procent mężczyzn zatrudnionych w sektorze bankowym i 70 procent kobiet doświadcza wypalenia zawodowego[7];
- sektor nonprofit: 45 procent młodych pracowników stara się, aby ich następna praca była poza tym sektorem, podając wypalenie jako jedną z dwóch przyczyn tej decyzji[8].

Może sam odczuwasz pewne jego symptomy. Pod koniec dnia jesteś wyczerpany. Masz spięte ramiona, zaciśniętą szczękę, zgrzytasz zębami. Być może doświadczasz symptomów wypalenia wymienianych przez Klinikę Mayo[9]:

- stajesz się cyniczny lub krytyczny wobec wykonywanej pracy;
- zmuszasz się do pójścia do pracy i masz trudności ze zmotywowaniem się, gdy już tam dotrzesz;
- jesteś zirytowany i niecierpliwy wobec kolegów czy klientów;
- nie masz energii potrzebnej do bycia produktywnym;
- nie odczuwasz satysfakcji z osiągnięć;
- jesteś rozczarowany pracą.

Wysilanie się nie jest jedyną przyczyną wypalenia zawodowego; inne czynniki, jak brak wyzwań, różnorodności czy mocy sprawczej, również odgrywają znaczącą rolę[10]. Jednak o ile nie zawsze masz wpływ na te pozostałe czynniki, kwestią, w której z pewnością masz coś do powiedzenia, jest to, jak wydatkujesz energię. Jak wyjaśnił Mike, gdy wkładasz całą swoją energię w walkę, spalasz się i w konsekwencji przegrywasz. Zwycięża ten, kto pod presją zachowuje zimną krew i oszczędza swoją energię, zużywając ją świadomie i celowo wtedy, gdy najbardziej jej potrzebuje. Utrzymanie spokoju jest, jak się okazuje, kluczowe, by lepiej zarządzać energią. Dbanie o spokój powoduje, że jesteś szczęśliwy, i pozwala ci konsekwentnie osiągać cele, wykonywać swoją pracę najlepiej, jak potrafisz, bez ryzyka wyczerpania.

Na początek przyjrzyjmy się, na co tak naprawdę zużywamy swoją energię.

KOSZT INTENSYWNEGO WYSIŁKU

Dlaczego zawsze pod koniec dnia jesteśmy wyczerpani? Dlaczego wracamy do domu wykończeni do tego stopnia, że ledwo starcza nam energii na zrobienie sobie kolacji, żeby zaraz paść do łóżka? Zwykle gdy myślimy o byciu zmęczonym, rozważamy przyczyny fizyczne: brak snu, intensywne ćwiczenia lub długie dni wypełnione ciężką pracą fizyczną. Elliot Berkman[11], profesor psychologii na Uniwersytecie Oregońskim, zwraca uwagę na to, że w naszych czasach, kiedy tylko nieliczni z nas wykonują zawody wymagające wysiłku fizycznego, jesteśmy wycieńczeni z powodu czynników psychicznych. Ostatecznie fizyczny wysiłek, który wkładamy w naszą pracę w ciągu dnia, nie mógł doprowadzić do zmęczenia, które odczuwamy po powrocie do domu.

„Czy twoje ciało męczy się dopóty, dopóki naprawdę nie możesz już zrobić nic więcej? – pyta Berkman. – W rzeczywistości całkiem długo zajmuje dojście do takiego punktu całkowitego fizycznego zmęczenia". Jeśli jesteś pracownikiem budowlanym, rolnikiem harującym w pocie czoła w polu czy lekarzem na stażu pracującym na dwie zmiany – wtedy tak, fizyczne wyczerpanie może być powodem twojego zmęczenia. Jeśli jednak nie, to jak wskazuje Berkman, twoje zmęczenie ma głównie podłoże psychiczne. Nie mówię tutaj, że takie zmęczenie jest tylko w twojej głowie (mimo że, jak wyjaśnię później, do pewnego stopnia tak właśnie jest). Chodzi mi o to, że czujesz się zmęczony, ponieważ wyczerpują cię następujące trzy czynniki psychologiczne: wysokie natężenie emocji i negatywnych myśli oraz konieczność samokontroli.

WYSOKIE NATĘŻENIE EMOCJI

Psycholodzy rozróżniają emocje na podstawie dwóch kryteriów: z jednej strony dzielą je na pozytywne i negatywne, a z drugiej na emocje o niskiej i wysokiej intensywności. Innymi słowy sprawdzają, czy emocja jest pozytywna (jak *upojenie* albo *pogoda ducha*) czy negatywna (jak *złość* lub *smutek*), a także czy jest bardzo intensywna (jak *upojenie* lub *złość*) czy mało intensywna (jak *pogoda ducha* lub *smutek*).

Badania wykazują, że zwłaszcza my, przedstawiciele kultury Zachodu, a już szczególnie Amerykanie, wprost rozkwitamy, doświadczając *bardzo intensywnych* pozytywnych emocji. Badanie przeprowadzone przez Jeanne Tsai z Uniwersytetu Stanforda, z którą kilkakrotnie współpracowałam, pokazuje, że gdy zapytasz Amerykanów, jak chcieliby się czuć, najprawdopodobniej opiszą silnie intensywne pozytywne emocje, jak upojenie czy euforia, a nie pozytywne emocje o niskiej intensywności, jak zrelaksowanie czy zadowolenie[12]. Innymi słowy, Amerykanie utożsamiają szczęście z wysoką intensywnością. Natomiast kultury wschodniej Azji cenią pozytywne emocje o niskiej intensywności, jak pogoda ducha i spokój.

Gdy Jeanne i ja prowadziłyśmy badanie mające na celu ustalenie, dlaczego Amerykanie tak bardzo cenią pozytywne emocje o wysokiej intensywności, stwierdziłyśmy, że wierzą oni, iż emocje o wysokiej intensywności są potrzebne do odniesienia sukcesu – zwłaszcza przywódcom lub tym, którzy chcą wywierać wpływ na innych. W badaniu, które przeprowadziłyśmy, ludzie dążyli do odczuwania bardzo intensywnych pozytywnych emocji, takich jak na przykład ekscytacja, gdy odgrywali rolę związaną z przywództwem lub wpływaniem na inną osobę[13]. Ta intensywność jest odzwierciedlona w języku, którego używamy, mówiąc o celach i osiągnięciach: „zapalamy" się do czegoś, jesteśmy tak bardzo „na topie", że „powalamy na kolana", „rozwalamy" projekty, a potem „machniemy prezentację". Te wyrażenia sugerują, że chcemy działać w pewnego rodzaju trybie ataku. „Dorwij to", „przebij się z tym" i „przepychaj się łokciami".

Problem jednak leży w tym, że bardzo intensywne emocje są fizjologicznie obciążające. Podekscytowanie, nawet jeśli jest przyjemne, zawiera w sobie to, co psycholodzy nazywają „fizjologicznym pobudzeniem", uruchomieniem układu współczulnego (reakcji walki lub ucieczki). Bardzo intensywne pozytywne emocje są związane z identycznym fizjologicznym pobudzeniem jak podczas doświadczania bardzo intensywnych emocji negatywnych, na przykład niepokoju czy gniewu: nasz puls przyśpiesza, uruchamiają się gruczoły potowe i łatwo nas wystraszyć[14]. Ekscytacja, gdy trwa przez długi czas, może wykończyć nasz system nerwowy, ponieważ w ciele rozpoczyna się reakcja stresowa. Innymi słowy, wysoka intensywność, czy to wynikająca ze stanów negatywnych, takich jak niepokój, czy pozytywnych, jak ekscytacja, podobnie obciąża ciało.

Bardzo intensywne emocje są również obciążeniem dla umysłu. Trudno nam się skupić, gdy jesteśmy fizjologicznie pobudzeni czy nadmiernie stymulowani. Wiemy z badań w zakresie neuroobrazowania, że gdy odczuwamy intensywne emocje, aktywowane jest ciało migdałowate. W takim stanie uspokojenie się na tyle, by wykonać wyznaczone zadania, wymaga wysiłku i strategii regulacji emocji przez różne ośrodki w mózgu, zlokalizowane w korze przedczołowej[15]. A jak wyjaśnię później, taka regulacja emocji sama w sobie wymaga wysiłku.

Rezultat? Szybko się męczymy. Niezależnie, czy pobudza nas lęk, czy też podekscytowanie związane z zakończeniem projektu w terminie, wyczerpujemy nasz najważniejszy zasób: energię.

Podekscytowanie oczywiście może być pozytywną emocją i jest zdecydowanie przyjemniejsze od stresu, jednak tak samo jak po zjedzeniu dużej ilości cukru możesz się poczuć przez chwilę niesamowicie przyjemnie, wprawiając ciało w fizjologiczny stan pobudzenia, to prawdopodobnie szybko zakończy się on spadkiem formy. Szybciej wtedy odczuwasz zmęczenie, niż gdybyś pozostał spokojny.

SAMOKONTROLA

Samokontrola, czyli dyscyplina pozwalająca wytrwać przy wyznaczonych celach pomimo rozproszeń, jest drugim sposobem niewłaściwego zarządzania energią, który niepotrzebnie nas męczy. Niezależnie od tego, czy nazwiemy to siłą woli, charakterem czy samodoskonaleniem – jest to samozaparcie, by doprowadzić rzecz do końca, niezależnie od tego, co czujemy, tego, jak kuszące wydają się nam inne możliwe zajęcia i trudności, które musimy pokonać. Jest to cecha niezbędna do osiągnięcia sukcesu.

„Mogę oprzeć się wszystkiemu z wyjątkiem pokusy" – powiedział Oscar Wilde[16]. Wielu z nas podpisałoby się pod takim stwierdzeniem. Nie jest niespodzianką, że w pięćdziesięciu krajach ludzie konsekwentnie wybierali samokontrolę jako ostatnią rzecz, o którą się posądzają[17].

Zwykle największej samokontroli wymagamy od siebie podczas pracy. Pomyśl, jak silna jest pokusa, by powiedzieć szefowi czy współpracownikom parę słów do słuchu, gdy krytykują twoje wysiłki, czy zasnąć, zamiast jeszcze trochę popracować nad dokumentem, który ma być gotowy na rano, lub odpowiedzieć na prywatny e-mail, zamiast oddzwonić do współpracownika. Ochota na zajęcie się elektronicznymi rozpraszaczami jest szczególnie silna. W klasycznym eksperymencie psychologicznym, o którym pewnie słyszałeś, Pawłow stwierdził, że po przyzwyczajeniu psa do karmienia po dźwięku dzwonka pies zaczynał się ślinić na sam jego dźwięk. Ta reakcja, nazywana klasycznym uwarunkowaniem, jest tym, co przydarza się nam, kiedy widzimy nową wiadomość pojawiającą się w naszej skrzynce lub kiedy słyszymy dzwonek zwiastujący nadejście nowego SMS-a. Nakręcamy się. Badania pokazują, że mamy naturalną tendencję do skupiania uwagi na rzeczach, które są dla nas nowością[18]. Znacznie bardziej ekscytujące jest sprawdzanie zawartości nowej wiadomości niż praca nad tym samym codziennym zadaniem.

Przez cały dzień w pracy próbujemy, z większym lub mniejszym sukcesem, nie ulegać tym pokusom i trwać przy wyznaczonym zadaniu. Ta samokontrola jest silnie wyczerpująca. Zużywa naszą energię na cztery sposoby:

- Kontrolowanie impulsów. Trzymanie się wykonywanego zadania w przeciwieństwie do poddania się i ulegania rozpraszaczom (sprawdzanie nowinek na Facebooku) lub pokusom (wyjście wcześniej z pracy na spotkanie z przyjaciółmi).
- Kontrolowanie wydajności. Dawanie z siebie wszystkiego i wytrwałość pomimo pracy przez 80 godzin w tygodniu i niedosypiania.
- Kontrolowanie zachowania (zwłaszcza ekspresji emocjonalnej). Zachowywanie profesjonalizmu, nawet gdy atmosfera w pracy jest wroga, a twoi koledzy i zwierzchnicy podejmują decyzje, z którymi się nie zgadzasz.
- Kontrolowanie swoich myśli. Skupianie się na pracy pomimo licznych myśli, które przychodzą nam do głowy. Na przykład: „Jestem zmęczony, chciałbym pójść do domu" czy „Może powinienem po prostu zrezygnować z pracy?" albo „Zastanawiam się, czy moja druga połówka jest zła z powodu tego, co powiedziałem" czy też fantazjowanie o następnych wakacjach.

Biorąc pod uwagę, jak wiele aspektów zachowania, myśli i uczuć musimy kontrolować, czy naprawdę dziwi nas, że pod koniec dnia czujemy się wykończeni? Roy Baumeister, profesor Uniwersytetu Stanu Floryda i światowy ekspert w kwestii samokontroli, wielokrotnie dowodził, że wykazanie się samokontrolą wymaga wielkiego wysiłku. Porównuje on samokontrolę do mięśnia, który może zostać wzmocniony, ale który również z czasem się zużywa[19] – po jakimś czasie męczy się i słabnie.

Jak na ironię, kiedy zbyt często siebie kontrolujemy, może to być dla nas tak obciążające, że wywiera skutek odwrotny do zamierzonego – prowadzi do całkowitego braku kontroli. Jeśli kiedykolwiek rozpoczynałeś dietę czy program ćwiczeń lub podejmowałeś jakieś postanowienie noworoczne, to wiesz, jak trudno jest przy nich wytrwać. Nazbyt często nasze wysiłki zawodzą i w efekcie objadamy się lub jemy gorsze rzeczy niż wcześniej.

W serii badań analizujących różne scenariusze Baumeister wykazał, że gdy uczestnicy wytężali siłę woli podczas pierwszego ćwiczenia w ramach badania, zachowywali się impulsywnie i przejawiali brak kontroli w kolejnym, wykazując oznaki tego, co okazało się „zmęczeniem samokontroli" lub, jak to nazwał Baumeister, „wyczerpaniem ego". Badania te doprowadziły go do stwierdzenia, że samokontrola jest zasobem ograniczonym. W jednym z eksperymentów[20] naukowcy upiekli ciasteczka z wiórkami czekoladowymi, wypełniając laboratorium smakowitym zapachem. Następnie wprowadzono uczestników. Niektórzy z nich zostali zaproszeni do zjedzenia ciastek i czekoladek. Innym polecono, by zjedli rzodkiewki, które położono obok kuszących smakołyków.

Następnie wszyscy mieli za zadanie rozwiązać zagadkę, która, o czym nie wiedzieli, była niemożliwa do rozwiązania. Badacze stwierdzili, że uczestnicy, którzy musieli wytężyć siłę woli, jedząc rzodkiewki zamiast kuszących ciasteczek i czekoladek, szybciej się poddali podczas próby rozwiązania zagadki niż ci, którzy jedli czekoladki, oraz niż grupa kontrolna, której nie pokazano czekoladek i rzodkiewek.

W innym eksperymencie[21] połowa uczestników została poproszona o opowiedzenie się za czymś, czemu byli przeciwni (podwyższeniu czesnego), podczas gdy druga połowa nie musiała wykonywać tej części ćwiczenia. Obie grupy uczestników otrzymały następnie nierozwiązywalną zagadkę do rozwiązania. Ponownie uczestnicy z pierwszej grupy poddali się szybciej, zmagając się z zagadką. Gdy wytężamy samokontrolę, czy w kwestii pokusy przyjemności dla zmysłów, takiej jak zjedzenie czekoladek, czy zaprzeczenia osobistym przekonaniom, korzystanie z niej nas osłabia. Od chwili gdy Baumeister po raz pierwszy zaprezentował wyniki swoich badań, przeprowadzono ponad dwieście kolejnych[22] weryfikujących jego ustalenia. Wszystkie potwierdziły teorię, że samokontrola z czasem się zużywa.

Czy zauważyłeś, że twoja samokontrola jest silniejsza rankiem, słabsza w ciągu dnia i praktycznie nie istnieje wieczorem? Zjawisko to również jest związane ze zmęczeniem samokontroli. Badania wskazują, że wytężanie silnej woli w ciągu dnia – na przykład panowanie nad nastrojem w pracy – sprawia, że prawdopodobnie będziesz miał mniejszą samodyscyplinę, jeśli chodzi o spożycie alkoholu wieczorem[23]. Radzenie sobie ze stresem przez cały dzień sprawia, że, jak wykazują badania, jest bardziej prawdopodobne, że będziesz oszukiwał w kwestii przestrzegania diety, gdy wrócisz z pracy do domu[24]. Rano możesz mieć siłę woli, której potrzebujesz, żeby wstać z łóżka i pójść do siłowni. Po długim dniu ograniczania się – zwracania uwagi na to, co mówisz przy współpracownikach, odmawiania sobie burgera z frytkami na lunch na rzecz sałatki, odrzucenia pokusy poczytania wpisów na blogu, gdy powinieneś odpowiadać na służbową pocztę elektroniczną – znacznie trudniej jest skłonić się do codziennej porcji ćwiczeń, zamiast siedzieć przed telewizorem.

Jedno z badań pokazuje nawet, że w miarę upływu dnia jesteśmy bardziej skłonni do zachowań nieetycznych. Rano, gdy nasza samokontrola jest największa, prawdopodobieństwo, że zachowamy się nieetycznie, jest mniejsze w porównaniu z wieczorem[25]. Ten „poranny efekt moralny" jest, jak stwierdzili naukowcy, częściowo związany z mniejszą samokontrolą po południu. Podobne badanie[26] wykazało, że ludzie są bardziej skłonni do oszustwa czy innego nieetycznego działania tuż po tym, jak musieli oprzeć się pokusie. Być może zmęczenie samokontroli wyjaśnia znane przypadki osób, które wykonywały zawody związane z dużą intensywnością przeżyć i które wykazały się znacznym brakiem samokontroli. Prasa często opisuje historie polityków czy ważnych prezesów uwikłanych w pozamałżeńskie czy finansowe skandale. Wymagania stawiane przez wykonywane przez nich zawody zwykle są bardzo duże i oczekuje się od nich wysokiego poziomu samokontroli. Ich zachowanie musi być nieskazitelne, słowa starannie dopasowane i powinni być skupieni przez długie godziny pracy. Gdy obciążenie pracą i presja są tak silne, a potrzeba samokontroli tak wielka, to ostatecznie w jakimś momencie ulegają zmęczeniu samokontroli i podejmują nie najlepsze decyzje.

Jak wspomniałam w poprzednim rozdziale, badania[27] nieżyjącego już harwardzkiego psychologa Daniela Wegnera wskazują na inne uzasadnienie, że im większe wytężenie siły woli, tym większe prawdopodobieństwo utraty kontroli. W jego teorii nazwanej „procesami paradoksalnymi" wyjaśnia, że samo tłumienie myśli (klasyczne „nie myśl o białym niedźwiedziu") powoduje, że sprawdzasz, czy ci się to udaje – a w ten sposób nieustannie powracasz do tej niechcianej myśli!

Naukowcy stwierdzili, że istnieje fizjologiczne uzasadnienie, dla którego samokontrola z czasem słabnie, a potem obraca się przeciwko nam: ona wyczerpuje nas fizycznie. Baumeister wykazał, że wytężanie silnej woli powoduje duży spadek poziomu cukru we krwi[28]. Wiemy, że umysł bazuje na glukozie w praktycznie każdej swojej aktywności, a samokontrola wydaje się dla niego szczególnie obciążająca. Z kolei niski poziom cukru we krwi prowadzi do słabej samokontroli, co wyjaśnia, dlaczego nasza samodyscyplina słabnie i zanika. Badacze porównali taką utratę samokontroli do tego, co dzieje się po wypiciu alkoholu. Alkohol, zmniejszając poziom cukru we krwi, zmniejsza naszą zdolność samokontroli[29]. Niski poziom cukru we krwi prowadzi do fizycznego zmęczenia, co tłumaczy, dlaczego czujemy się tak wyczerpani pod koniec pracowitego dnia, pomimo tego, że nie byliśmy zaangażowani w żaden intensywny wysiłek fizyczny.

Samokontrola i dyscyplina są bez wątpienia pomocne. Jednak gdy wywieramy na siebie zbyt dużą presję, doprowadzamy do wyczerpania psychicznego i fizycznego, mniej prawdopodobne staje się, że osiągniemy swój cel. Pod wpływem każdego rodzaju stresu czy obciążenia – a presja, jaką na samych siebie wywieramy, jest sama w sobie rodzajem stresu – robimy właśnie to, czego tak bardzo chcieliśmy uniknąć.

BARDZO INTENSYWNE NEGATYWNE MYŚLI

Bardzo intensywne myśli są trzecim czynnikiem, który wyczerpuje naszą energię. Nasze myśli mają zdolność do silnego wyczerpywania nas. Nie mówię tu tylko o tym rodzaju intensywnego myślenia, który ma miejsce, gdy skupiamy się na skomplikowanym zadaniu, na przykład analizowaniu danych, pisaniu raportu czy zarządzaniu szczegółami projektu. Myśli, które najbardziej cię wyczerpują, mogą nie być bezpośrednio związane z twoją pracą – z jednej strony to tendencja do zamartwiania się i czarnowidztwa, a z drugiej twoje przekonania dotyczące tego, co cię męczy.

ZAMARTWIANIE SIĘ I CZARNOWIDZTWO

Możesz uważać, że zamartwianie się nie jest źródłem zmęczenia, a jednak nieustanne myślenie typu „Nigdy nie skończę na czas!", „Co się stanie, jeśli to schrzanię!", „Jak ja to kiedykolwiek skończę!" może poważnie obniżać poziom energii.

Nic więc dziwnego, że badania wykazują, że zamartwianie się łączy się ze zmęczeniem[30]. Dlaczego? Ponieważ zamartwiając się, wyobrażamy sobie i oczekujemy negatywnego obrotu spraw. W rezultacie nasz poziom stresu podnosi się i wkraczamy w fizjologiczny stan pobudzenia związany z mechanizmem walki lub ucieczki. Nasze ciało uznaje, że jest w niebezpieczeństwie, a nasz system nerwowy jest silnie pobudzony: wzrasta szybkość bicia serca, pocą się wnętrza dłoni, a ciało przygotowuje reakcję immunologiczną. Rezultat – jesteśmy zmęczeni.

Często nie stresują nas rzeczy na liście zadań do wykonania, ale nasze martwienie się o ich wykonanie. Czy zdarzało ci się mieć zadanie do wykonania na swojej liście całymi tygodniami? Za każdym razem, gdy o nim myślałeś, stawałeś się niespokojny, ponieważ wciąż go nie wykonałeś. Planujesz jego wykonanie i masz je zawsze „z tyłu głowy". Na samą myśl o nim jesteś zmęczony. A potem jednego pięknego dnia w końcu się do niego zabierasz i kończysz w godzinę. To nie było nic trudnego ani męczącego. Jednak stało się źródłem napięcia, które tygodniami cię wyczerpywało.

Zamartwianie się może również prowadzić do rozpamiętywania. Jeśli na przykład zostałeś potraktowany niesprawiedliwie przez współpracownika, to gdy wracasz do domu, twój umysł tkwi wciąż w miejscu pracy, odtwarzając bolesną sytuację i rozważając, co z tym jutro począć. Takie myśli nie tylko wyczerpują cię psychicznie, ale także zaburzając sen, nie pozwalają ci odpocząć i wrócić do formy.

Zamartwianie się może również prowadzić do czarnowidztwa – pojęcia, które stosują psycholodzy do opisania irracjonalnych lęków, że zdarzy się coś strasznego. Możesz wyobrażać sobie czarne scenariusze: „Jeśli tego dobrze nie wykonam, stracę pracę i stanę się bezdomny!", lub gdy popełnisz mały błąd, możesz dojść do wniosku, że jesteś jedną wielką porażką. Ten rodzaj negatywnego myślenia niepotrzebnie zwiększa poziom stresu, męczy nas jeszcze bardziej i przygnębia[31]. Efekt: wyczerpujesz swoją energię.

PRZEKONANIA DOTYCZĄCE ZMĘCZENIA

Co więcej, twoje przekonania dotyczące tego, co cię męczy, znacząco przyczyniają się do zmęczenia, które odczuwasz. Elliot Berkman zwraca uwagę na przełomowe badanie, które wykazało, że zmęczenie jest częściej wywołane twoimi przekonaniami niż rzeczywistym fizjologicznym wyczerpaniem. Psycholog ze Stanforda, Carol Dweck, i jej współpracownicy w przełomowym badaniu[32] sprawdzali, czy ludzie uważają swoją siłę woli za zasób ograniczony. W tym celu prosili uczestników, by powiedzieli, czy zgadzają się ze stwierdzeniami typu: „Po wytężonej pracy umysłowej twoja energia jest wyczerpana i musisz odpocząć, by ją odzyskać" (teoria ograniczonego zasobu) czy „Twoja wytrzymałość psychiczna sama się napędza; nawet po wytężonym umysłowym wysiłku możesz kontynuować dalsze działanie" (teoria nieograniczonego zasobu). Następnie zmierzono zmęczenie uczestników po tym, jak angażowali się w wyczerpujące zadanie. Carol Dweck zauważyła, że przekonania uczestników determinowały to, czy ich siła woli się zmniejszyła: jeśli wierzyli, że się zmniejszy – tak się działo. Innymi słowy, jeśli wierzysz, że dane zadanie jest męczące – tak właśnie będzie. W kolejnym badaniu[33] uczestnicy wykonywali męczące zadanie lub tego nie robili, a następnie otrzymali fałszywą informację na temat tego, jak to ćwiczenie ich zmęczyło. Ci, którzy usłyszeli, że są bardziej zmęczeni, wypadli gorzej w przeprowadzonym następnie ćwiczeniu pamięciowym niezależnie od tego, czy ukończyli męczące ćwiczenie, czy nie. Twoje przekonania dotyczące tego, czy coś jest męczące, są tak potężne, że mogą wpłynąć na późniejszą efektywność.

Te studia przypadków pokazują, że twój poziom energii może być silnie uwarunkowany przez umysł, a zwłaszcza przekonania i myśli dotyczące pracy i tego, jak bardzo jest męcząca w rzeczywistości. Jeśli idziesz do pracy, oczekując, że będziesz wyczerpany, to prawdopodobnie tak właśnie będzie. Miałam kiedyś współpracownika, który nienawidził dużych imprez i konferencji, które często organizowaliśmy. Przewidywał, że będą dla niego wyczerpujące. Gdy nadchodziły, wchodził do biura, już od progu anonsując: „Nadszedł dzień zagłady!". Po każdym takim wydarzeniu był kompletnie wyczerpany i czasem musiał iść na chorobowe. Inni współpracownicy z wytęsknieniem wyczekiwali takich dużych imprez i nie wykazywali takich objawów wyczerpania. Jeśli ten fenomen przywodzi ci na myśl efekt placebo, to masz rację. Badania odkrywają przed nami coraz to nowe sposoby, na które nasze umysły determinują nasze możliwości i samopoczucie, włącznie z tym, jak zmęczeni czy odświeżeni się czujemy.

Kiedy wytężamy naszą psychikę do granic możliwości – doświadczając bardzo intensywnych emocji, zmuszając się do samodyscypliny albo padając ofiarą zamartwiania się czy fałszywych przekonań o tym, co nas męczy – wyczerpujemy energię, która jest niezbędna do wykonywania dobrej roboty. Kiedy potem stajemy przed jakimś wyzwaniem lub bardzo ważnym zadaniem, jesteśmy zbyt zmęczeni, a nasze umiejętności poznawcze są zbyt osłabione, by działać z pełną wydajnością. Dobra wiadomość jest taka, że z każdym z tych nawyków można coś zrobić. Możemy nauczyć się zarządzać naszą energią. Sekret tkwi w zachowaniu spokoju.

SPOKÓJ: KLUCZ DO ZARZĄDZANIA ENERGIĄ

Gdy jesteśmy zmęczeni z przyczyn czysto fizycznych (na przykład biegniemy w maratonie), zmęczenie zazwyczaj trwa, dopóki nasze ciało się nie zregeneruje. Rozwiązanie jest proste – odpoczynek. Jednak gdy przyczyna wyczerpania jest psychologiczna, wypoczynek nie zawsze zadziała. Musimy zająć się tymi czynnikami psychologicznymi na poziomie umysłu. Ale jak? Jak widzieliśmy w rozdziale drugim, trudno jest kontrolować myśli i uczucia. Co więcej, podczas gdy badania pokazują, że negatywne myśli wyczerpują energię[34], to usiłowanie kontrolowania tych myśli prowadzi do jeszcze większego zmęczenia[35]. W tym właśnie miejscu na scenę wkracza spokój.

Podczas II wojny światowej brytyjski rząd stworzył plakaty, które miały służyć podniesieniu morale obywateli. Jeden z nich głosił: „*Keep Calm and Carry On*". Plakat miał być użyty w razie inwazji niemieckiej na Wielką Brytanię. Ostatnimi czasy ten plakat i jego humorystyczne odmiany zostały spopularyzowane na koszulkach, kubkach do kawy, torbach i internetowych memach. W tym mądrym sloganie stworzonym przez brytyjską służbę cywilną w latach czterdziestych jest jednak coś więcej. Wyniki badań naukowych wydają się wskazywać na to, że spokój pomaga zachować energię psychiczną, która pozwala ci bez wysiłku ćwiczyć samokontrolę i osłabia negatywne myśli, gwarantując poczucie dystansu.

JAK SPOKÓJ POZWALA ZACHOWAĆ ENERGIĘ

Na Zachodzie bardzo sobie cenimy intensywne emocje. Tak naprawdę wybieramy nisko intensywne pozytywne emocje, takie jak spokój, tylko wtedy, gdy traktujemy je jako antidotum na stres i zamartwianie się. Uczymy się technik relaksacyjnych, by pozbyć się tremy, bierzemy ciepłą kąpiel, aby odprężyć się po ciężkim tygodniu w pracy, lub umawiamy się na masaż, by dojść do siebie po zakończeniu szczególnie stresującego projektu. Zazwyczaj nie łączymy jednak mało intensywnych emocji, takich jak spokój, z sukcesem. Może się nawet wydawać, że spokój zmniejsza nasze szanse na sukces. Jesteśmy spokojni, gdy jesteśmy na wakacjach, na plaży lub gdy leżymy na macie pod koniec sesji jogi. A nie wtedy – jak sądzimy – gdy pracujemy nad kontraktem, kończymy duży projekt w terminie czy wygłaszamy seminarium. Spokój niesie ze sobą skojarzenia z pasywnością, lenistwem, letargiem czy niekompetencją.

Bycie spokojnym nie powoduje jednak, że stajesz się mniej produktywny czy bardziej pasywny. Zamiast tego spokój pozwala ci wykonać zadanie bez utraty takiej ilości energii co zazwyczaj. Ponieważ jest to emocja mało intensywna, spokój nie wyczerpuje fizycznie. Serce nie bije szybciej niż zwykle, wnętrza dłoni się nie pocą, a oddech pozostaje równomierny. Ciało jest rozluźnione. W rezultacie zamiast zużywać całą energię w ciągu dnia i na koniec doświadczyć gwałtownego wyczerpania, zachowujesz energię i lokujesz ją tam, gdzie chcesz.

Możesz uważać, że naprawdę lubisz tego „kopa", którego daje ci niepokój i ekscytacja związane ze zbliżającym się terminem. Popycha cię on do działania. Stres i podekscytowanie dodają energii. Energetyki są tak popularne dlatego, że kofeina podwyższa poziom adrenaliny, która normalnie wydzielana jest w odpowiedzi na stres. Jak jednak opisałam wcześniej, tak jak po kilku godzinach od wypicia energetyka odczuwamy gwałtowny spadek energii, tak samo szybko się męczymy po doświadczeniu bardzo intensywnych stanów emocjonalnych.

Nie sugeruję oczywiście, że nie powinno się nigdy odczuwać ekscytacji czy innych intensywnych pozytywnych emocji – w końcu przynoszą nam radość. Jednak zrozumienie fizjologicznego wpływu zarówno pozytywnych, jak i negatywnych intensywnych emocji umożliwi ci bardziej umiejętnie zarządzać emocjami. Wykorzystywanie „kopa", którego dają intensywne emocje, gdy uważamy to za stosowne, to jedno, ale postępowanie tak przez cały czas jest kiepskim wykorzystaniem energii. Wykorzystuj intensywne emocje w taki sam sposób, w jaki korzystasz z narzędzi – sięgaj po nie wtedy, gdy ich potrzebujesz. Są sytuacje – być może podczas prowadzenia spotkania zespołu – w których możesz chcieć zainspirować innych i być bardzo entuzjastyczny i podekscytowany. W innych zaś – gdy na przykład załatwiasz korespondencję elektroniczną – możesz chcieć uniknąć nadmiernego pobudzenia wobec tak monotonnego zadania.

Selektywne wykorzystanie intensywnych emocji i pozostawanie spokojnym przez pozostały czas pozwala ci zachować energię na dłużej.

Czy na przykład wkładasz całego siebie w każde zadanie, które wykonujesz? Czy jesteś perfekcjonistą, który po prostu musi mieć wszystko zrobione, zrobione dobrze i to już? Czy rzeczywiście wszystko musi być absolutnie doskonałe, czy też niektóre zadania będą wykonane dobrze, a inne wystarczająco dobrze z nieco mniejszą uwagą i wysiłkiem? Oczywiście perfekcjonizm jest wartościowy i potrafi wydobyć z ciebie to, co najlepsze, ma jednak swoje mroczne oblicze, ponieważ prowadzi do nierealnie wysokich standardów i zamartwiania się, co z kolei może skutkować wypaleniem[36]. Perfekcjonizm w miejscu pracy (odwrotnie niż w sporcie i edukacji) niesie ze sobą jeszcze większe ryzyko wypalenia[37]. Z powodu zbyt wysokich standardów perfekcjoniści żyją w ciągłym stresie. Nie jest zaskoczeniem, że perfekcjonizm jest łączony z myślami samobójczymi[38], niepokojem, depresją[39] i słabą wydajnością[40]. Pozostawanie spokojnym pozwala obiektywnie podejść do pracy i właściwie zarządzać energią. W wielu przypadkach satysfakcjonujące wykonanie wystarczy. Satysfakcjonująco oznacza zaakceptowanie, że dobrze to wystarczająco dobrze[41]. Możesz poświęcić całą swoją energię na jeden projekt w pracy, ale tylko wtedy, gdy zdajesz sobie sprawę z tego, że będziesz wyczerpany, wykonując kolejne obowiązki. Nie sugeruję, żeby efekty twojej pracy były niedopracowane, tylko żebyś nie oczekiwał perfekcji w każdym szczególe każdego projektu. Niektóre projekty nie będą wymagały takiej uwagi jak inne. Spokój da ci perspektywę, której potrzebujesz, i pomoże ci określić, kiedy dobrze to wystarczająco dobrze.

Możesz myśleć, że bycie spokojnym nie pozwoli ci na wywarcie takiego wrażenia, o jakim marzyłeś. Bycie spokojnym nie przeszkadza jednak w przedstawieniu swojego stanowiska w przekonujący sposób. Kiedyś na przykład pomagałam jako wolontariuszka w zorganizowaniu dużej konferencji z udziałem wielu mówców. Miało w niej wziąć udział tysiąc osób. Nasza przywódczyni – Tanuja Limaye – uosobienie spokoju, praktykowała medytację od wielu lat. Była zawsze ze wszystkim na bieżąco i inspirowała wszystkich do wydajnej pracy, pozostając jednak przy tym całkowicie spokojną. W pewnym momencie musiała udzielić reprymendy jednej osobie z zespołu, która popełniła błąd. Byłam świadkiem, jak podnosi głos i wygląda na sfrustrowaną. Jednak w pewnym sensie wiedziałam, że wewnątrz wcale tak się nie czuła. Gdy ktoś jest naprawdę zły, zazwyczaj to czujesz. Być może taka osoba czerwienieje na twarzy i możesz praktycznie wyczuć, jak przyśpiesza jej rytm serca. Tanuja była na zewnątrz surowa i jasno komunikowała swoje rozczarowanie. Osoba, której udzielała nagany, z pewnością zrozumiała, co zrobiła źle. Gdybyś jednak przypatrzył się bliżej, zauważyłbyś, że Tanuja zachowała całkowity spokój wewnątrz. Gdy zwracała się do członka zespołu, komunikowała się w bardzo zdecydowany sposób, ale bez goryczy. Nie była zraniona czy bardzo zasmucona. Dwie minuty później Tanuja z tą samą osobą z grupy zaśmiewały się z jakiegoś żartu. Poszła dalej. Robota wykonana, ale bez marnowania energii.

DLACZEGO SPOKÓJ JEST KLUCZOWY W NATURALNEJ SAMOKONTROLI

Ćwiczymy samokontrolę w nieskończoność w ciągu typowego dnia w pracy (i wieczorami także!) i to nas wyczerpuje. Gdy doświadczamy intensywnych emocji, jak ekscytacja czy stres, potrzebujemy dodatkowej samokontroli, ponieważ fizjologiczne pobudzenie dokłada nam dodatkowy element wymagający kontroli. Gdy na przykład twoje serce bije mocniej z niepokoju w związku z prezentacją, którą musisz zrobić, to wtedy musisz kontrolować nie tylko swoje słowa, gdy przekazujesz to, co masz do powiedzenia, ale także swoje ciało, tak abyś się nie jąkał czy nie zgubił wątku.

Stan spokoju jest kluczowy w samokontroli pozbawionej wysiłku. Bycie spokojnym pomaga ci się skupić na wykonywanym zadaniu i sprawia, że łatwiej uniknąć rozproszeń. Skupienie uwagi następuje naturalnie, bez potrzeby samokontroli.

Intuicyjnie rozumiemy, że jeśli pozostajemy spokojni, łatwiej nam będzie się skupić. W eksperymencie, który przeprowadziłam, zaprosiliśmy do laboratorium dwóch uczestników. Pierwszy został poproszony o podążanie za instrukcjami drugiego uczestnika w rozwiązywaniu zagadki. Pierwszy uczestnik musiał zatem bardzo uważnie słuchać instrukcji swojego partnera. Gdy zapytałam pierwszego uczestnika z każdej pary poddanej badaniu, jak chciałby się czuć podczas ćwiczenia, wyrażał on potrzebę bycia spokojnym[42]. Na pewno spotkała cię kiedyś sytuacja, kiedy twoje myśli przestały galopować jak oszalałe, gdy byłeś zrelaksowany i spokojny. Badanie potwierdza, że gdy jesteś spokojny, świadomość otaczających cię rzeczy staje się szersza, obejmuje więcej, jest bardziej wyrazista[43]. Jesteś w stanie więcej przyswoić.

Innym powodem, dla którego zachowanie spokoju prowadzi do samokontroli pozbawionej wysiłku, jest to, że zachowujesz energię, a zatem jesteś mniej zmęczony. Jak zaś wiemy z badań Baumeistera, właśnie wtedy, gdy jesteśmy zmęczeni i pozbawieni energii, samokontrola nas zawodzi.

JAK SPOKÓJ REDUKUJE NEGATYWNY WPŁYW MYŚLI

Kiedy odczuwasz spokój, jesteś w stanie lepiej kontrolować swoje myśli i uczucia. Jako niemowlęta byliśmy skupieni na świecie wewnętrznym, odczuwając głód lub pragnienie, senność lub przerażenie. W miarę dorastania nasz wewnętrzny świat, gdy zaczęliśmy przedkładać ponad niego świat zewnętrzny, stawał się nam coraz bardziej obcy i odległy. Jako dorośli skupiamy się przeważnie na świecie zewnętrznym, zwracając uwagę na rzeczy, które angażują nasze zmysły: dzwoniące telefony, współpracownicy wchodzący do biura, żeby porozmawiać, pilne wiadomości e-mail, ekrany komputerów, artykuły w prasie i smakowite zapachy. Jako dorośli często zwracamy się ku naszej wewnętrznej świadomości – naszym myślom i emocjom – tylko wtedy, gdy nas alarmują lub zaskakują, jak wtedy, gdy doświadczamy przyjemności („Jakie to pyszne!") lub bólu („Auć!"). Być może nagle zauważymy, że od wielogodzinnego siedzenia przed komputerem bolą nas plecy lub szyja, albo uświadomimy sobie nasze galopujące ze strachu myśli lub poczujemy, jak zalewa nas złość, dławi smutek czy miękną nam kolana z miłości.

Mimo że nie poświęcamy zbyt wiele uwagi samoświadomości, jest ona bardzo ważna – z czego większość ludzi nie zdaje sobie sprawy. Biorąc pod uwagę, jaki wpływ na poziom naszej energii mają negatywne myśli i przekonania o tym, co nas męczy, niezwykle ważne jest, abyśmy rozpoznawali moment, w którym się pojawiają – zamiast pozwolić im się wodzić za nos.

W twoim mózgu jest ścieżka neuronowa przeznaczona dla samoświadomości[44]. Jednak gdy jesteś fizjologicznie pobudzony intensywnymi emocjami, może być ona trudniej dostępna, ponieważ inne obszary mózgu są w stanie gotowości. Niezależnie od tego, czy odczuwasz wysoki poziom kofeiny, trzęsiesz się ze strachu czy też jesteś tak podekscytowany, że czujesz, jakbyś miał świat u swoich stóp, twoje myśli prawdopodobnie pędzą jak oszalałe. Jesteś zależny od stanu umysłu, a twoje słowa i decyzje bezpośrednio odzwierciedlają napięcie panujące w twoim organizmie. W rezultacie proces myślowy nie jest tak jasny i racjonalny, jak mógłby być, i bardziej prawdopodobne jest, że będziesz działał impulsywnie, mówiąc i robiąc rzeczy, których możesz później żałować.

Jeśli jednak jesteś spokojny, łatwiej zrobić ci użytek ze swojej samoświadomości i obserwować aktywność umysłu. Możesz zauważyć, kiedy dopadają cię niespokojne i szalone myśli, a wtedy świadomie zdecydujesz, że się im nie poddasz i że nie będziesz ich podsycał. W zamian za to możesz obserwować swoje myśli, jakbyś siedział na widowni i oglądał je na ekranie. Zamiast na przykład myśleć: „Martwię się, że mój szef powie to i to na mojej ocenie rocznej", nieustannie krążąc wokół czarnych scenariuszy na temat tego, co mógłby powiedzieć twój szef, możesz po prostu stwierdzić: „Pojawiło się nagle mnóstwo niepokoju", bez dolewania oliwy do ognia. Zamiast myśleć: „Jeśli nie wykonam dobrej pracy podczas prelekcji, spalę się ze wstydu", zauważ: „Znowu mam czarne myśli". Gdy jesteś spokojny, masz większą kontrolę nad swoim umysłem i zamiast angażować się w tego rodzaju myśli i uczucia, podejmujesz decyzję, aby nie wchodzić z nimi w interakcję. Nie warto się im opierać, bo jak już wiemy, powstrzymywanie myśli sprawia tylko, że stają się silniejsze. Po prostu akceptujemy, że są, ale się z nimi nie identyfikujemy. Niech uczucia tobą nie kierują. Zamiast być niewolnikiem impulsywnych myśli, świadomie decydujesz, co powiesz lub zrobisz. Negatywne, stresujące myśli już cię nie wyczerpują; zachowujesz energię.

Kultury Wschodu już od dawna utrzymują, że spokój jest źródłem wielkiej siły i mocy. Chiński termin *wuwei*, czyli „niedziałanie", jest określany jako klucz do życia w taoizmie* i opisywany w jego sztandarowym dziele *Księga Drogi i Cnoty***. Tekst ten zaleca *wuwei*, działanie bez działania. Brzmi to jak zagadka, ale jest to zagadka pełna mądrości. Jedna z interpretacji tego wyrażenia głosi, że zachowanie spokoju to „niedziałanie" w „działaniu". Możesz być w połowie niezwykle ważnego spotkania z klientem albo negocjować interes życia, ale wewnątrz pozostajesz spokojny i stabilny emocjonalnie. W rezultacie jesteś bardziej czujny, lepiej słuchasz, umiejętniej się komunikujesz i podejmujesz lepsze decyzje. Niezależnie, czy wygrasz, czy przegrasz, czy odniesiesz sukces, czy poniesiesz klęskę – i tak zawsze będziesz górą. Pozostaniesz zrównoważony i swobodny.

Gdy jesteś spokojny, panujesz nad wszystkim. Koncentracja przychodzi ci naturalnie, ponieważ twój umysł jest obecny. Spokój jest stanem, w którym nie potrzebujesz samokontroli – już ją masz.

Dlaczego? Ponieważ twoja wola decyduje o stanie umysłu. Jak powiedziała mi Sarah Severn[15], starszy dyrektor do spraw systemów innowacji, zrównoważonego biznesu i innowacji w firmie Nike: „Masz wybór odnośnie do tego, jak reagujesz w różnych sytuacjach, w których się znajdujesz. Mogę zareagować na coś z radością albo z przygnębieniem lub mogę czuć się jak ofiara – albo mogę spojrzeć na to w bardziej neutralny

* Chiński system religijny i filozoficzny (przyp. tłum.).

** *Daodejing* lub *Tao Te Ching*, wielokrotnie tłumaczona na język polski i wydana m.in. jako *Tao te king, czyli Księga Drogi*, Wydawnictwo Sic!, Warszawa 2010 (przyp. tłum.).

sposób i czerpać z tego naukę. Największy wpływ będziesz wywierać, gdy posłuchasz swojego serca i najwyższych intencji, zamiast pozwalać, by twój umysł biegał w kółko. Jeśli potrafisz to zrobić, ego przestanie grać pierwsze skrzypce, a ty będziesz miał pozytywny wpływ na ludzi wokół". Gdy jesteś spokojny, nie robisz rzeczy, których potem żałujesz, ponieważ – zamiast po prostu reagować na świat wokół – decydujesz o swoich działaniach. Są one przemyślane i pochodzą z jasnego i obiektywnego stanu umysłu. Pracujesz z łatwością, a nie z wysiłkiem; jesteś zrelaksowany, a nie spięty, i co najważniejsze – zarządzasz swoją energią i nie wypalasz się.

JAK DOSKONALIĆ WEWNĘTRZNY SPOKÓJ

Nadejdą takie dni, gdy uspokojenie umysłu okaże się dużym wyzwaniem, zwłaszcza w emocjonalnie obciążających sytuacjach lub wobec napiętych terminów. Jak można wypracować w sobie spokojne podejście, tak by stało się ono twoją drugą naturą? Jednym z najlepszych sposobów jest medytacja.

Medytacja – czasem nazywana uważnością – zyskała w ostatniej dekadzie ogromną popularność. Dzięki rosnącej liczbie badań wskazujących na jej korzyści stała się przedmiotem wielu artykułów prasowych, bloków programowych w telewizji i niezliczonych książek. W rezultacie osoby osiągające ogromne sukcesy – takie jak na przykład gwiazda telewizji Oprah Winfrey czy dyrektor zarządzający Skoll Global Threats Fund* Larry Brilliant albo ikona przemysłu muzycznego

---

* Organizacja zajmująca się rozwiązywaniem problemu globalnych zagrożeń, takich jak np. zmiana klimatu, brak dostępu do wody, pandemie itp., założona przez Jeffreya Skolla – kanadyjskiego miliardera (przyp. tłum.).

Russell Simmons czy Bill Ford, prezes wykonawczy koncernu motoryzacyjnego Ford – uczyniły medytację częścią swojego życia i uznają ją za niezbędną praktykę, wychwalając wszem wobec płynące z niej korzyści.

Jedno z badań wykazało, że medytacja może rzeczywiście ochronić przed męczącym efektem samokontroli[46]. Naukowcy powtórzyli w tym celu klasyczny eksperyment Baumeistera: uczestnicy wykonali polecenie, które wyczerpało ich samokontrolę, a następnie pracowali nad kolejnym wymagającym zadaniem. Jeśli ich samokontrola wyczerpała się przy pierwszym zadaniu, to powinni wypaść gorzej przy kolejnym lub łatwiej się poddać. W tym badaniu różnica polegała na tym, że część uczestników medytowała pomiędzy zadaniami, a pozostali nie. Naukowcy stwierdzili, że medytujący uczestnicy wypadli tak samo dobrze przy drugim zadaniu jak uczestnicy, którzy nie podchodzili do pierwszego zadania. Medytacja wydaje się zatem użytecznym narzędziem pozwalającym naładować baterie i zapobiec wyczerpaniu po trudnym zadaniu wymagającym samokontroli. Medytacja jest również związana ze zmniejszeniem stresu i niepokoju, a także lepszym panowaniem nad emocjami, co przekłada się na dalsze zachowanie energii[47].

Jeśli nigdy nie próbowałeś medytacji, możesz czuć się onieśmielony. W rzeczywistości jednak jest to jedno z najprostszych ćwiczeń, jakie możesz zrobić. Pierwszy krok to po prostu zamknięcie oczu i skierowanie uwagi do wewnątrz. Innymi słowy, zamiast skupiać się na świecie wokół ciebie – dźwiękach, widokach, zapachach i tak dalej – skupiasz się na tym, co dzieje się wewnątrz twojego ciała i umysłu. To nie musi być nic bardzo skomplikowanego. Prosty fakt zwrócenia się do wewnątrz, choćby tylko na kilka minut, może mieć bardzo regenerujące działanie. Zacznij od pięciu minut za każdym razem. Po pierwsze, bądź świadomy odczuć fizycznych: wszelkich fizycznych odczuć płynących z ciała, poruszeń oddechu, bicia serca, podłogi lub krzesła pod tobą, ubrania, które masz na sobie, czy biżuterii lub pierścionków, które nosisz. Następnie skieruj świadomość na swoje myśli i uczucia: zauważ je bez angażowania się w nie, tak jakby pojawiały się na kinowym ekranie. Stopniowo wydłużaj czas medytacji, w miarę jak nabierzesz pewności siebie. Jeszcze prostszym rodzajem medytacji jest skupianie się na oddechu, po jednym na raz. Może się wydawać, że ćwiczenie to jest tak nudne, że doprowadza do szaleństwa, ale z czasem zauważysz, że w rezultacie twój umysł staje się znacznie spokojniejszy. Istnieje mnóstwo kursów, książek i płyt CD dotyczących medytacji, które oferują rady na jej temat i przedstawiają różne techniki, które mogą ci odpowiadać. Jest również na rynku sporo aplikacji, takich jak Sattva czy Headspace, które oferują medytacje dla początkujących.

Jeśli nie czujesz się gotowy na medytację, po prostu wybierz postawę, która sprawia, że czujesz się spokojniejszy. Jak zobaczyliśmy w rozdziale drugim, zmiana fizjologiczna może dramatycznie zmienić to, jak się czujemy. Fascynujące pole badań nazywane ucieleśnionym poznaniem pokazało, że zmieniając jedynie pozycję ciała, pomożemy wpłynąć na stan naszego umysłu. W wyrażeniach typu „może najpierw usiądziesz", zanim usłyszysz złe wieści, czy „prześpij się z tym", gdy mamy do czynienia z trudnym problemem, tkwi głęboka mądrość. Powiedzmy na przykład, że odczuwasz silny niepokój lub złość na coś i nie możesz znaleźć sposobu, by się uspokoić. Badanie z wykorzystaniem neuroobrazowania przeprowadzone przez Teksański Uniwersytet A&M pokazuje, jak prosty fakt położenia się może złagodzić uczucia gniewu i wrogości[48]. Ćwiczenia fizyczne oraz ćwiczenia oddechowe opisane w rozdziale drugim są innymi oczywistymi sposobami zmiany fizjologicznej prowadzącej do uspokojenia ciała i umysłu. Możesz także rozważyć pójście na delikatne, poprawiające samoświadomość zajęcia jogi czy tai chi albo na ćwiczenia rozciągające.

Dołącz te praktyki do swojego codziennego grafiku, aż samoświadomość i spokój staną się twoją drugą naturą. Badania sugerują, że korzyści z praktyk medytacyjnych narastają i kumulują się z czasem. Im więcej medytujesz, tym większe osiągasz korzyści[49], a stan spokoju staje się łatwo osiągalny.

JAK ODZYSKAĆ ENERGIĘ UMYSŁU

Zachowanie spokoju pomaga w zarządzaniu energią, powodując, że nie wyczerpuje się ona tak szybko. Pojawią się jednak takie momenty, kiedy poczujesz wyczerpanie i będziesz potrzebował odzyskać energię umysłu. Zarządzanie tym rodzajem energii oznacza, że wiesz, kiedy potrzebujesz się zregenerować (bez użycia kofeiny czy intensywnych emocji). Poniżej kilka empirycznie zweryfikowanych sposobów na odzyskanie energii w chwili wyczerpania.

ZRÓB COŚ, CO SPOWODUJE, ŻE POCZUJESZ SIĘ POZYTYWNIE NASTAWIONY

Uczestnicy jednego z badań[50], którzy obejrzeli zabawny filmik lub otrzymali niespodziewany prezent, nie zdradzali oznak zmęczenia po wytężaniu samokontroli. Inny eksperyment[51] wykazał, że osobom religijnym modlitwa pomogła uchronić się od wyczerpania. Odkładając badania na bok, sam najlepiej wiesz, jakie rodzaje aktywności podnoszą cię na duchu. Stwórz listę i miej ją pod ręką, tak abyś nie musiał zastanawiać się, co zrobić, gdy jesteś wyczerpany psychicznie. Jeśli na przykład jesteś w pracy, możesz odnowić swoją energię, idąc na spacer, robiąc sobie przerwę, oglądając zabawny filmik na YouTubie, patrząc na zdjęcia tych, których kochasz, medytując czy robiąc coś miłego dla współpracowników.

ZMIEŃ TO, CO ROBISZ, W COŚ, CO CHCIAŁBYŚ ROBIĆ

Jest mnóstwo aktywności, które wymagają wysiłku, ale cię nie męczą. Dlaczego? Bo je uwielbiasz! Elliot Berkman przypomina nam, że „Nawet jeśli czujesz się zmęczony, ale w tym, co robisz, jest coś, co daje ci frajdę, to nagle łapiesz drugi oddech". Berkman, który, jak sam przyznaje, jest wielkim łasuchem, powiedział, że gdy czasem wraca wyczerpany do domu po długim dniu, ma wielki apetyt na lody. Jeśli nie ma ich w zamrażarce, to znajduje energię, żeby pójść po nie do sklepu – nawet jeśli oznacza to włożenie zimowej kurtki i śniegowców, odśnieżenie podjazdu i rozgrzanie samochodu, aby pojechać do sklepu odległego o dwadzieścia minut jazdy. Ludzie mają mnóstwo energii na rzeczy, które chcą zrobić.

Jest głęboka prawda w stwierdzeniu przypisywanemu Konfucjuszowi: „Wybierz pracę, którą kochasz, a nie będziesz musiał pracować nawet przez jeden dzień w swoim życiu". Problem jednak w tym, że nie zawsze możemy robić to, co kochamy – zarówno w życiu zawodowym, jak i osobistym. Możemy jednak wybrać, jak podchodzimy do naszej pracy, tak aby bardziej się nią cieszyć. Zamiast myśleć o pracy jak o harówce, zmień swoje podejście do niej, skupiając się na tym, co w niej kochasz. Łatwo się mówi? Poniżej kilka propozycji popartych badaniami.

ZACHOWAJ SZERSZĄ PERSPEKTYWĘ

Myśląc o zadaniu do wykonania lub o pracy, skup się na tym, dlaczego to robisz, a nie na tym, jak się do tego zabrać. Jeśli na przykład pracujesz nad doktoratem lub zakładasz start-up i czujesz, że straciłeś motywację i energię, przypomnij sobie, dlaczego to robisz. Piszesz doktorat, bo pasjonujesz się tym tematem i chciałbyś zostać profesorem, by dzielić się tą pasją, ucząc innych. Twój start-up zrewolucjonizuje branżę i zupełnie zmieni sposób, w jaki ludzie robią daną rzecz.

Zrozumienie, jak twoja praca łączy się z tym, o co się troszczysz, i z twoimi wartościami, odnowi twoją energię. Jeśli na przykład twoja firma sprzedaje jakieś urządzenie czy produkt, a ty cenisz zmienianie życia ludzi na lepsze, możesz myśleć, jak to urządzenie czy produkt pomaga ludziom zaspokoić ich potrzeby. Psycholog organizacji Adam Grant, profesor zarządzania w Szkole Biznesu Whartona*, zbadał ten efekt[52]. Grant przyjrzał się uniwersyteckiemu call center, którego pracownicy zbierali środki na fundusze stypendialne.

* Wharton School of Business – pierwsza szkoła biznesu na świecie założona przy Uniwersytecie Pensylwanii przez amerykańskiego przedsiębiorcę Josepha Whartona (przyp. tłum.).

Po tym, jak Grant przyprowadził studenta, który opowiedział, jak bardzo otrzymane stypendium socjalne zmieniło jego życie, nastąpił gwałtowny wzrost produktywności pracowników. Dlaczego? Ponieważ pracownicy call center byli osobiście poruszeni, gdy zobaczyli, jakie znaczenie ma ich praca. Stała się ona misją z celem.

A co, jeśli harujesz przy biurku, wykonując pracę, którą niezbyt lubisz i która nie jest związana z twoją pasją do wędrówek i twoją rodziną? W takim wypadku pomyśl, jak pośrednio łączy się to z twoimi pasjami. Być może na przykład pracujesz do późna i bierzesz dodatkowe zmiany, ponieważ zapewni ci to fundusze na następną wyprawę w góry. Albo twoja praca może zapewnić dziecku czesne na studia lub wspaniałe rodzinne wakacje na koniec roku. Pamiętanie, w jaki sposób twoja praca pozwala ci realizować pasje, pozwoli ci spojrzeć na nią z szerszej perspektywy. Znowu będziesz doceniał swoją pracę, zamiast postrzegać ją jako ciężar.

Gdy zachowujesz szerszą perspektywę, przypominasz sobie, dlaczego zależy ci na tej pracy. W rezultacie zaczynasz *chcieć* robić to, co robisz, zamiast myśleć, że *musisz* to zrobić. To jest różnica pomiędzy tym, co psycholodzy nazywają *wewnętrzną* motywacją (byciem motywowanym od wewnątrz – przykładowo, ponieważ wiesz, że to zmieni świat, i to kochasz), a *zewnętrzną* motywacją (bycie motywowanym przez zewnętrzne czynniki, jak szef, który wisi ci nad głową, lub koniecznością zarobienia na chleb)[53]. Badania wykazały, że gdy ludzie motywowani są od wewnątrz, ponieważ kochają to, co robią (na przykład koszykarz, który uwielbia grać w kosza), wykonują swoją pracę bez polecenia czy nacisku. Pójście do pracy staje się przywilejem i radością.

Gdy pamiętasz, dlaczego *chcesz* wykonywać swoją pracę, nie potrzebujesz samokontroli do jej wykonywania. Innymi słowy, nie tracisz energii na samokontrolę.

PRAKTYKUJ WDZIĘCZNOŚĆ

Badania wykazały[54], że uczucie wdzięczności pomaga ci odzyskać energię, gdy wykonujesz męczące zadania. Powiedzmy, że nie lubisz swojej pracy. Jednak nawet wtedy zawsze są rzeczy, za które możesz być wdzięczny. Masz pracę, gdy tak wiele osób jej nie ma. Może towarzystwo współpracowników sprawia ci radość. Może są z nią związane bonusy i korzyści. Berkman wskazuje, że powodem, dla którego wdzięczność ma tak regenerujący efekt, jest to, że jej odczuwanie zwiększa pozytywne emocje i pozwala ci zachować szerszą perspektywę.

ODERWIJ SIĘ OD PRACY, GDY JEJ NIE WYKONUJESZ

Wiele osób zabiera pracę do domu na wieczór lub wykonuje ją w wolnym czasie. W rezultacie stres odczuwany w ciągu dnia przelewa się na wieczory i urlopy i pochłania czas przeznaczony na regenerację. Sabine Sonnentag, profesor na Uniwersytecie w Mannheim w Niemczech, stwierdziła, że osoby, które nie potrafią oderwać się od pracy w wolnym czasie, doświadczają większego wyczerpania w ciągu roku i są mniej odporne na stresujące warunki pracy[55].

Sherron Lumley[56] jest producentem wiadomości telewizyjnych transmitujących relacje z Białego Domu i wiadomości z ostatniej chwili dla ponad czterdziestu milionów widzów z całego świata. Mimo że jej życie zawodowe jest związane ze stolicą Stanów Zjednoczonych, Lumley wybrała życie w Oregonie. Podczas produkcji wiadomości z ostatniej chwili w Waszyngtonie jej praca była bardzo intensywna. Jednak gdy wracała do domu w Oregonie, celowo była nieosiągalna, ciesząc się towarzystwem swojej rodziny, wędrując po górach, uprawiając kajakarstwo i odnawiając swój dom z epoki wiktoriańskiej. Nie sprawdzała wiadomości aż do chwili, gdy dotarła na lotnisko tuż przed powrotem na Wschodnie Wybrzeże. „Czas, który spędzam w domu, odpręża mnie i przypomina mi o tym, kim jestem" – powiedziała mi Lumley. „Gdy wracam do Waszyngtonu, z wdziękiem radzę sobie z presją i tempem pracy, dając z siebie wszystko w zespole wiadomości".

Sabine Sonnentag zauważyła, że psychiczne oderwanie się od pracy jest szczególnie trudne, gdy ilość pracy i presja czasowa są duże[57]. Podkreśliła też, jak istotne jest nauczenie się świadomego oderwania od pracy, gdy jest ona bardzo wymagająca. Sonnentag stwierdziła, że psychiczny dystans do pracy to najszybsza ścieżka do regeneracji, która prowadzi także – co może się wydawać zaskakujące – do większej produktywności. „Z naszego badania można wnioskować, że warto zaplanować czas na regenerację i wykorzystać go w optymalny sposób". Aktywności, których skuteczność potwierdziło badanie Sonnentag, to ćwiczenia[58], spacery na łonie natury[59] i całkowite oddanie się hobby, które nie jest związane z pracą[60]. Pozytywne myślenie o pracy, wtedy gdy nie pracujesz, również sprzyja regeneracji.

W naszym zapracowanym i przeładowanym różnymi bodźcami społeczeństwie często jesteśmy nakłaniani do lepszego zarządzania czasem. Zarządzaniu czasem poświęcone są liczne aplikacje, blogi, warsztaty. Wierzymy, że gdybyśmy tylko potrafili zarządzać naszym czasem, robilibyśmy więcej i bylibyśmy szczęśliwsi. Doba ma jednak określoną liczbę godzin, niezależnie od tego, jak sprytnie i wspaniale jesteśmy zorganizowani. Niewiele osób zdaje sobie sprawę, że znacznie lepiej skupić się na zarządzaniu energią.

Jak wykorzystujesz energię, którą dysponujesz każdego dnia? Większość ludzi spala ją niepotrzebnie na bardzo intensywne emocje, samokontrolę i destrukcyjne myślenie. Najlepszym sposobem na zarządzanie energią jest dbanie o swój wewnętrzny spokój. Rezultat? Mniej stresu, jaśniejszy umysł i lepsze skupienie na wykonywanych zadaniach. Pracujesz tyle samo, ale cieszysz się tym, co robisz, i pozostajesz zrównoważony. Wykonujesz o wiele lepszą robotę, ponieważ możesz myśleć inaczej. Najlepsze jest oczywiście to, że nie odczuwasz takiego zmęczenia, poziom twojej energii pozostaje wysoki, a w rezultacie jesteś szczęśliwszy i odnosisz sukcesy.

ROZDZIAŁ 4

RÓB WIĘCEJ, NIE ROBIĄC NIC

SEKRET KREATYWNOŚCI

Nie bagatelizuj wartości Niczego. Robić Nic to ważna sprawa, bo można chodzić sobie i przysłuchiwać się wszystkiemu, co można usłyszeć, i o nic się nie martwić.

Kubuś Puchatek w *Małym poradniku Kubusia Puchatka**

Telefon o tym, że został wybrany na laureata Nagrody Nobla z ekonomii, nie zastała Myrona Scholesa[1], emerytowanego profesora Szkoły Biznesu Uniwersytetu Stanforda, w biurze zajętego równaniami czy czytającego dokumentację badawczą. Profesor przygotowywał się do całodniowej partii golfa po porannym wykładzie.

Wielu opisuje Scholesa jako czystego geniusza. Zyskał on sławę, rozwijając innowacyjne i przełomowe teorie ekonomiczne; między innymi technikę wyceny opcji

* Joan Powers, *Pooh's Little Instruction Book*, wydanie polskie: Rebis, Poznań 1999 (przyp. tłum.).

Blacka-Scholesa*, która pomogła stworzyć rynek instrumentów pochodnych** i za którą w 1997 roku otrzymał Nagrodę Nobla. Pytany, jak wpadł na nowatorskie pomysły, swoją kreatywność przypisuje czasowi, który spędza, nie pracując, na przykład podczas codziennej medytacji czy spacerów. Scholes przeczy stereotypowi akademika zgłębiającego wyłącznie swoją wąską dziedzinę badań. Czyta wiele pozycji spoza swojego obszaru badawczego i zawsze chętnie podyskutuje o ostatnio przeczytanej książce. Jest pełen werwy, ciekawy świata i przenikliwy. Na przekór wiekowi posiada młodzieńcze i żywe usposobienie. Zawsze po rozmowie z nim czuję lekkość i jestem pełna inspiracji.

Jak Scholes to robi? W jaki sposób jest zarazem produktywny, wnikliwy i radosny?

Wydaje nam się, że ludzie sukcesu są całkowicie oddani swojej dziedzinie i skupiają się wyłącznie na niej. Starają się być na bieżąco z każdą książką, artykułem, wpisem na blogu czy badaniem naukowym związanym z ich dziedziną. Nieustannie myślą też o swojej pracy. Podchodzą do niej z głęboką koncentracją i uwagą, nie przegapiając najmniejszego szczegółu, gdy stają przed problemem do rozwiązania. W skrócie: są skupieni.

Łatwo zauważyć, dlaczego większość z nas wierzy w mit, że skupienie tylko na jednej sprawie jest kluczowe do osiągnięcia sukcesu. Ostatecznie koncentracja – umiejętność całkowitego zanurzenia się w wykonywanym zadaniu z pełną

---

* Model matematyczny pozwalający na wycenę instrumentów finansowych (przyp. tłum.).

** Specyficzny rodzaj instrumentów finansowych niebędących papierami wartościowymi (przyp. tłum.).

uwagą – jest ceniona już od podstawówki („Uważaj! Nie myśl o niebieskich migdałach!"), a także w życiu zawodowym. Nasza zdolność do skupienia na wykonywanym zadaniu jest nie tylko nagradzana i chwalona, ale też absolutnie niezbędna, aby się rozwijać i dobrze sobie radzić, a przynajmniej tak się nam wmawia.

Malcolm Gladwell, autor bestsellerowej książki *Poza schematem. Sekrety ludzi sukcesu**, rozpowszechnił pogląd, że każdy może mistrzowsko opanować daną umiejętność czy sztukę, jeśli włoży w nią dziesięć tysięcy godzin skupionej praktyki. Mimo że badania stojące za tym pomysłem zostały zakwestionowane[2], to przeniknął on do świadomości społecznej. Dlaczego? Ponieważ pasuje do naszej teorii, że wszystko, czego potrzebujemy, aby osiągnąć wielkość, to determinacja i skupiona uwaga. Praktyka czyni mistrza, prawda?

Nie da się zaprzeczyć, że skupienie i koncentracja są ważne. Im lepiej potrafisz się skupić, tym szybciej przyswajasz informacje – niezależnie, czy uczysz się technicznej umiejętności, takiej jak gra na instrumencie muzycznym lub obsługa programu komputerowego, czy intelektualnej, takiej jak umiejętność zwięzłej syntezy koncepcji z wielu artykułów.

Sądzimy, że należy unikać tego, co nie jest związane ze skupieniem – marzenia na jawie, obijania się, bujania w obłokach. Gorzej jeszcze: problem ze skupieniem jest odbierany jako przeszkoda do pokonania lub nawet patologia. Uskarżamy się na to, że nie możemy skupić się przez długi czas. Gazety nieustannie piszą o ADHD. Poradniki i blogerzy zajmujący się produktywnością podpowiadają rozmaite

* Wydanie polskie: Znak, Kraków 2009 (przyp. tłum.).

sztuczki, aby pomóc nam skupić się na wykonywanym zadaniu. Gdy nie udaje się nam osiągnąć zakładanych rezultatów, zadręczamy się pytaniem, dlaczego po prostu nie pracowaliśmy wystarczająco ciężko lub nie koncentrowaliśmy się, jak należy. Gdybyśmy tylko mogli utrzymać koncentrację przez cały czas, gdy pracujemy nad tym czy tamtym projektem, raportem bądź prezentacją, wtedy moglibyśmy zrobić o wiele więcej.

Zaczęliśmy traktować skupienie i bycie w gotowości jako „dobre", a bezczynność – zwłaszcza jeśli trwa zbyt długo – za „złą" i bezproduktywną. Czujemy się winni, gdy spędzamy zbyt dużo czasu na bezczynności. Angielskie powiedzenie „Bezczynne ręce są warsztatem diabła"* zdradza nasze przekonanie, że „nicnierobienie" w sposób nieunikniony prowadzi do wszelkiego zła. Koncepcja, że bezczynność jest czymś złym, jest tak silnie zakorzeniona w naszej świadomości, że wiele osób (na przykład 84 procent kadry zarządzającej) odwołuje wakacje, by pracować[3].

Myśląc w ten sposób, popełniamy fundamentalny błąd. Prawdziwi ludzie sukcesu, tacy jak Scholes, nie wpadają na wspaniałe pomysły jedynie dzięki koncentracji. Osiągają sukcesy, ponieważ znajdują czas na niekoncentrowanie się i zaangażowanie w szerokie spektrum aktywności, takich jak gra w golfa. W rezultacie ich myślenie jest odkrywcze i bardzo kreatywne; rozwijają innowacyjne rozwiązania problemów i w genialny sposób kojarzą fakty.

* W oryginale: „*Idle hands are the devil's workshop*" – powiedzenie wywodzące się prawdopodobnie z pism św. Hieronima ze Strydonu (przyp. tłum.).

Dwight Eisenhower spędził więcej godzin na polu golfowym niż jakikolwiek inny prezydent Stanów Zjednoczonych, a jednak jest uważany za jednego z najlepszych prezydentów w historii[4]. Na polu golfowym wyznawał zasadę: z wyjątkiem sytuacji nadzwyczajnych nie rozmawia się o polityce. Wyjaśniając potencjalnemu kandydatowi na prezydenta powody takiego postępowania, powiedział: „Pozwól, że ci coś powiem, młody człowieku. Masz zamiar pracować przez czternaście godzin dziennie, siedem dni w tygodniu dla rządu i uważasz, że w ten sposób wykonasz swoją pracę? Chcę, żebyś wiedział, że w ten sposób w żadnym wypadku nie będziesz w stanie jej wykonać”[5].

MOC KREATYWNOŚCI

Zgodnie z badaniem IBM 2010[6] przeprowadzonym wśród 1500 dyrektorów zarządzających z sześćdziesięciu krajów i trzydziestu trzech gałęzi gospodarki, wierzą oni, że najważniejszą umiejętnością potrzebną do poruszania się we współczesnym skomplikowanym świecie biznesu jest kreatywność. Cenili ją wyżej nawet niż rygor, zarządzanie, dyscyplinę, wizję i uczciwość. Niezależnie, czy jesteś stewardesą łączącą życie rodzinne z podróżami, inżynierem informatyki pracującym nad nową aplikacją, czy też matką próbującą skłonić dzieci do jedzenia warzyw, kreatywność jest najważniejszym elementem twojego sukcesu. Kreatywność pomaga znaleźć lepsze sposoby na wykonanie pracy i wymyślenie nowych sposobów, które pozwolą ci być lepszym w tym, co robisz.

Niektóre z najbardziej kreatywnych osób w naszym społeczeństwie utrzymują, że ich najbardziej błyskotliwe i zmieniające świat pomysły pojawiły się podczas marzenia na jawie lub bezmyślnych czynności niezwiązanych z pracą. W 1881 roku słynny wynalazca Nikola Tesla ciężko zachorował podczas podróży do Budapesztu. Kolega ze studiów, Anthony Szigeti, zabierał go w okresie rekonwalescencji na spacery, by pomóc mu szybciej powrócić do zdrowia. Kiedy podczas jednego z takich spacerów podziwiali zachód słońca, Tesla nagle wpadł na pomysł (wirujących pól magnetycznych), który doprowadził do rozwinięcia współczesnego mechanizmu elektrycznego wykorzystującego prąd przemienny[7].

Podobnie Friedrich August Kekulé, jeden z najbardziej znanych chemików organicznych dziewiętnastowiecznej Europy, odkrył strukturę o kształcie pierścienia w benzenie, związku organicznym, gdy myślał o słynnym kolistym symbolu węża zjadającego swój własny ogon. Znane jest powiedzenie kompozytora Ludwiga van Beethovena, że muzyka sama do niego przychodzi: „Dźwięki rozbrzmiewają, ryczą, burzą się, dopóki nie staną przede mną w postaci nut". Nawet Albert Einstein przypisywał swoje błyskotliwe idee czemuś poza myśleniem linearnym i czystą logiką. Często sięgał po muzykę (zwłaszcza Mozarta), gdy borykał się ze złożonymi problemami i potrzebował inspiracji[8]. Zwykł mówić, że „Wszystkie wielkie osiągnięcia muszą mieć swój początek w wiedzy intuicyjnej. Wierzę w intuicję i inspirację... Wyobraźnia jest ważniejsza niż wiedza"[9].

Nie tak dawno Woody Allen stwierdził, że w czasie brania prysznica „odblokowują się pomysły"[10]. Z kolei Elizabeth Gilbert, autorka bestsellera *Jedz, módl się, kochaj*, w prezentacji

TED* opisuje domniemaną muzę czy kreatywnego geniusza, który wydaje się niespodziewanie nawiedzać pisarzy, autorów piosenek bądź poetów, gdy zajmują się czymś niezwiązanym ze sztuką[11].

W dzisiejszych czasach, gdy wszyscy jesteśmy nadmiernie skupieni, a nasze harmonogramy zadań wypełnione są po brzegi, kreatywność jest coraz bardziej ceniona – jest kluczem do efektywności i sukcesu, zarówno w życiu osobistym, jak i w biznesie. Może też być niekończącym się źródłem radości i szczęścia.

W JAKI SPOSÓB BEZCZYNNOŚĆ PROWADZI DO KREATYWNOŚCI?

Badania wykazują, że istnieją dwa główne tryby myślenia – intensywne skupienie na teraźniejszości, nakierowane na osiągnięcie bieżących celów, i czas spoczynku, kiedy możemy śnić na jawie, pozwolić umysłowi wędrować i wpadać na nowe pomysły. Podczas gdy poświęcamy mnóstwo uwagi temu pierwszemu trybowi, to właśnie ten drugi okazuje się sekretem kreatywności.

W rozdziale pierwszym omawiałam znaczenie bycia obecnym w tym, co robimy, i unikania błądzenia umysłem *podczas* działań takich jak praca czy interakcje z innymi. W tym rozdziale zajmiemy się rozważaniami na temat istotności innego rodzaju wędrówki myśli: celowego wędrowania

* Marka serii konferencji poświęconych technologii, nauce, kulturze i innym dziedzinom życia człowieka (przyp. tłum.).

umysłu – czyli przeznaczania czasu na bezczynność i pozwalania umysłowi się zdekoncentrować.

Scott Barry Kaufman[12], dyrektor naukowy Instytutu Wyobraźni na Uniwersytecie Pensylwanii i autor książek *Ungifted** oraz *Wired to Create***, wyjaśnia, że bezczynność i pozwolenie umysłowi na swobodną wędrówkę tworzą optymalny stan dla odkrywczych myśli i nowych perspektyw.

Kaufman wskazuje, że dwa rodzaje myślenia – linearny i kreatywny – powiązane są z różnymi sieciami neuronowymi w mózgu. Pierwsza związana jest ze świadomym skupieniem na wykonywanym działaniu, podczas gdy ta druga (czasem nazywana siecią domyślną, ponieważ jest aktywowana podczas relaksu) związana jest z myślami, fantazjami, marzeniami na jawie i wspomnieniami, które pojawiają się, gdy nie jesteśmy skupieni na konkretnym zadaniu. Według Kaufmana żaden z systemów neuronalnych nie powinien być nadaktywny kosztem drugiego. Idealnie byłoby móc przełączać się elastycznie między jednym a drugim w zależności od okoliczności.

Inne badania potwierdzają tę koncepcję. Eksperyment[13] przeprowadzony przez Jonathana Schoolera i jego współpracowników z Uniwersytetu Kalifornijskiego w kampusie w Santa Barbara udowodnił, że jesteś bardziej kreatywny po tym, jak śniłeś na jawie lub pozwoliłeś umysłowi wędrować. Badanie wykazało, że gdy ludzie próbują przyswoić skomplikowane zadanie, lepiej sobie radzą, jeśli najpierw pracują

* *Ungifted: Intelligence Redefined*, Basic Books, 2013 (przyp. tłum.).

** *Wired to Create: Unraveling the Mysteries of the Creative Mind*, TarcherPerigee, 2015 (przyp. tłum.).

nad prostym elementem skłaniającym umysł do wędrowania, a potem wracają do trudniejszego. Ponownie chodzi o zrównoważenie obu rodzajów aktywności (bezczynności i skupienia) i przełączanie się między nimi w celu uzyskania optymalnego rezultatu.

Potrzebujemy równowagi skupienia i odpoczynku, ponieważ jeśli nasze umysły bezustannie przetwarzają informacje (co może być spowodowane wypełnionym po brzegi kalendarzem i wymaganiami stawianymi przez technologię), nigdy nie mamy szansy, by pozwolić wędrować naszym myślom i wyobraźni. Jeśli nie damy umysłowi odpocząć, to nie będzie mógł przejść w tryb bezczynności, który prowadzi do kreatywnej inspiracji.

Eksperyment[14] przeprowadzony przez Marieke Wieth i Rose Zacks potwierdza, że odpoczynek jest niezbędny do kreatywnego myślenia. Naukowcy stwierdzili, że skowronki są najbardziej kreatywne wieczorami, a sowy zazwyczaj doświadczają największych przełomów rankiem. Może nie jest to intuicyjne, ale ma sens. Umysł może wreszcie wędrować, gdy mózg przechodzi w senny, zrelaksowany tryb fali alfa.

Salvador Dalí słynął z tego, że praktykował „zasypianie z kluczem". Polegało to na tym, że ucinał sobie drzemkę z kluczem między palcami i metalową płytą poniżej. Gdy zasypiał, klucz spadał na ziemię z głośnym brzękiem, budząc go. Uważał, że te chwile pomiędzy jawą a snem – stan, który nazywał o m a m a m i h i p n a g o g i c z n y m i – rozniecały jego kreatywność[15].

Badania te wskazują na to, że stajemy się bardziej pomysłowi i wizjonerscy, gdy znajdujemy czas dla siebie: oddając się bezcelowym lub jałowym rozrywkom, dając sobie przestrzeń na milczenie i bezruch czy znajdując czas na zabawę. Te trzy aktywności pomagają nam wprawić umysł w stan zrelaksowanego wędrowania, bez martwienia się o pilne zadania do wykonania. Możesz wykonywać czynności niewymagające znacznego wkładu intelektualnego, jak na przykład spacer, stemplowanie kopert czy nawet zmywanie, a w rzeczywistości stwarzasz w ten sposób wewnętrzną ciszę i przestrzeń dla myśli. W rezultacie mogą pojawiać się wtedy niezwykłe pomysły.

„Najwspanialsze kreatywne pomysły nie pojawiają się w wyniku obsesyjnego skupiania się na problemie przez siedem dni w tygodniu" – mówi Kaufman. „Kierownicy i pracownicy muszą zrozumieć, że kreatywne pomysły nie pochodzą z takich świadomych rozważań, ale z połączenia z bardziej swobodnymi koncepcjami i emocjami, które pojawiają się podczas wypoczynku, marzenia na jawie, wspominania i innych form kontaktu ze swoim wewnętrznym światem"[16].

DLACZEGO TWOJA KREATYWNOŚĆ ZAGINĘŁA W AKCJI

Dla wielu osób stan bezczynności opisywany przez Kaufmana może wydawać się nieosiągalny. Mimo że w s z y s c y mamy kreatywny potencjał, który możemy wykorzystać, większość z nas po prostu zapomniała, jak to zrobić, ponieważ nasza edukacja i zabiegany styl życia nadmiernie akcentują myślenie linearne.

JAK EDUKACJA ZABIJA NATURALNĄ KREATYWNOŚĆ

Dzieci są bez wątpienia najbardziej kreatywnymi jednostkami naszego społeczeństwa. Zamieniają salon w fortecę, wymyślają skomplikowane opowieści o bohaterach i złoczyńcach z udziałem wypchanych zwierzątek i rozmawiają z wymyślonymi przyjaciółmi. Dzieci mogą zmienić każdą sytuację w okazję do fantazjowania i zabawy - niezależnie, czy siedzą w poczekalni, czy idą do szkoły. Zabawa wyłania się z dowolnych narzędzi czy rzeczy, które mają do dyspozycji - przepływającej rzeki, kijka lub przedmiotów codziennego użytku, długopisu, papierowej lalki czy podskakującej piłki. Tak naprawdę to dzieci wynalazły tak rozmaite rzeczy, jak lody na patyku, trampoliny czy nauszniki[17].

Myśli i pomysły dzieci płyną swobodnie, nie są bowiem ograniczone żądaniami, którymi obarczają się dorośli. Gdy na przykład czekają na autobus, mogą udawać, że kije, które znalazły, to miecze, wyobrażać sobie królestwa w stertach liści lub dostrzegać zwierzęta w kształtach chmur. Podczas gdy my, dorośli, sprawdzamy pocztę elektroniczną, modyfikujemy listę zadań do wykonania, wysyłamy SMS, wspominamy w myślach zdarzenie z pracy czy planujemy kolejny dzień. Jak powiedział Pablo Picasso: „Wszystkie dzieci są artystami. Rzecz w tym, by pozostać artystą, gdy się dorośnie"[18]. Jeśli wszyscy mamy zdolności do bycia mistrzami kreatywności jako dzieci, to nasz kreatywny geniusz musi być czymś wrodzonym. Gdzie się zatem podział? Został pogrzebany przez edukację.

Straciliśmy kontakt z naszym wrodzonym dziecięcym umysłem, ponieważ zarówno edukacja, jak i profesjonalne wykształcenie narzuca naszemu myśleniu granice, dyscyplinę i rygor. Nasze umysły uczą się działać w linearny sposób i rozumować logicznie – to oczywiście wspaniałe umiejętności, ale gdy są nadmiernie akcentowane, ograniczają one naszą kreatywność ze szkodą dla naszej wyobraźni i wynalazczości.

Badania nad myśleniem dywergencyjnym (naukowy termin na określenie kreatywności) podkreślają wpływ edukacji na naszą kreatywność. Myślenie dywergencyjne odnosi się do zdolności formułowania różnych rozwiązań danego problemu. Ujmując najprościej, jest to strumień świadomości, burza mózgu. Niektóre rozwiązania, które przychodzą ci do głowy, nie pomagają rozwiązać problemu, ale pośrednio prowadzą do innowacyjnego rozwiązania. Myślenie konwergencyjne z kolei jest dobrze nam znanym procesem dochodzenia do rozwiązania przez logiczne i linearne rozumowanie.

Czego uczymy się w szkole? George Land, autor książki *Grow or Die**, sugeruje, że ten rodzaj treningu dramatycznie obniża naszą naturalną kreatywność. Zbadał on grupę 1600 dzieci w różnym wieku z wykorzystaniem testów myślenia dywergencyjnego, które stworzył dla NASA. Ustalił, że pomiędzy trzecim a piątym rokiem życia 98 procent dzieci mieściło się w kategorii „geniusze myślenia dywergencyjnego". Pomiędzy ósmym a dziesiątym rokiem życia ta liczba spadła do 32 procent, a od piętnastego do osiemnastego do 10 procent. Gdy Land zbadał grupę dwudziestu tysięcy dwudziestopięciolatków, okazało się, że jedynie dwa procent z nich potrafiło myśleć dywergencyjnie. Land wnioskuje, że podczas

* *Grow or Die: The Unifying Principle of Transformation*, Leadership 2000 Inc, 1997 (przyp. tłum.).

gdy kreatywność jest czymś naturalnym w młodym wieku, to w procesie edukacji oduczamy się jej[19].

Badanie Landa nie zostało jeszcze opublikowane, jednak inne recenzowane i wydane już badania wykorzystujące odmienne testy kreatywności potwierdzają tę tezę. W lipcu 2010 roku doktor Kyung-Hee Kim, profesor College'u Wilhelma i Marii*, wezwała do międzynarodowego dialogu na temat kryzysu kreatywności oraz istotności kreatywności w edukacji i biznesie. Opublikowała ona alarmujące statystyki obrazujące spadek kreatywności wśród współczesnej młodzieży. Stwierdziła, że kreatywność pozostaje na stałym poziomie lub spada po szóstej klasie i że od 1990 roku obserwuje stały spadek wyników testów kreatywności przy wzroście IQ[20]. Kim wnioskuje, że „ludzie mają ogólną tendencję do stawania się mniej zdolnymi do kreatywnego myślenia i są mniej tolerancyjni wobec kreatywności i osób kreatywnych. Zwłaszcza młodsze dzieci są mniej zdolne do kreatywnego myślenia".

Co ciekawe, Kim stwierdziła, że współzależność pomiędzy kreatywnością a testami IQ jest pomijalna[21]. Innymi słowy, nawet jeśli doskonalimy umiejętności, które pozwalają nam lepiej wypaść w testach na inteligencję – zdolności myślenia linearnego, których uczymy się w szkole, takie jak pamięć czy wnioskowanie – to umiejętności te niekoniecznie gwarantują, że będziemy w stanie dokonywać przełomowych odkryć. Myślenie liniowe jest bez wątpienia umiejętnością,

---

* College of William & Mary, amerykański uniwersytet specjalizujący się w badaniach naukowych ufundowany przez parę królewską Wilhelma III Orańskiego i Marię II Stuart (przyp. tłum.).

której wszyscy potrzebują, ale nie powinno być doskonalone kosztem kreatywności, która również jest niezbędna do osiągnięcia sukcesu.

NIE MA CZASU NA NIELINEARNE MYŚLENIE

Poza szkołami i miejscami pracy, które cenią jedynie myślenie linearne, nasz sposób życia pozostawia tak niewiele miejsca dla myślenia nielinearnego, że nawet gdy chwile bezczynności stwarzają okazję do kreatywności, nie udaje nam się z nich skorzystać.

Gdy nie jesteśmy skupieni na rzeczach „ważnych", wymaganiach związanych z karierą czy rodziną, w dalszym ciągu istnieje wiele rzeczy, które pochłaniają naszą uwagę. Jesteśmy nieustannie bombardowani bodźcami zewnętrznymi przez wytwory technologii, które stanowią znaczne obciążenie dla naszej uwagi. W rezultacie wiele osób spędza każdą chwilę w stanie s k u p i e n i a. Wszyscy wokół – przełożony w pracy, przyjaciele i rodzina – oczekują od nas, że będziemy osiągalni przez cały czas za pośrednictwem urządzeń elektronicznych. Bezczynną kontemplację zakłócają nam dzwonki przychodzących rozmów, powiadomienia o SMS-ach czy komunikatory wysyłane przez rozmaite urządzenia, z których korzystamy.

Co gorsza, nasze umysły zostały wytrenowane do nieustannego sprawdzania tych urządzeń czy poczty elektronicznej. Ten nawyk stał się tak podstępny, że czasem nawet sami sobie przerywamy bez impulsu z zewnątrz. Możesz zauważyć, że automatycznie przełączasz się między aplikacjami na komputerze, by co jakiś czas sprawdzić e-mail; to samo dotyczy twojego telefonu. Nielinearne myślenie wymaga swobody w błądzeniu myślami i zadumy. Nasze wewnętrzne „alarmy", by sprawdzić pocztę elektroniczną czy telefon, niepotrzebnie zakłócają ten proces. Podczas gdy w przeszłości mogliśmy fantazjować w czasie dojazdów do pracy komunikacją publiczną czy stojąc w kolejce do sklepu spożywczego, teraz nałogowo sprawdzamy pocztę, tak na wszelki wypadek, lub bez szczególnego powodu zaglądamy na Facebooka. W rezultacie jesteśmy skupieni przez cały dzień.

Co więcej, nasze dni są wypełnione po brzegi. Nasze listy zadań do wykonania są dłuższe niż kiedykolwiek, a nasze rozkłady dnia wypchane po brzegi spotkaniami służbowymi i aktywnością pozazawodową – od chodzenia do siłowni po wolontariat, kluby książki i odbieranie dzieci ze świetlicy. Próbujemy produktywnie spędzić każdą godzinę w ciągu doby, starając się „nie stracić" cennego czasu i być na bieżąco z listą zadań.

Nawet gdy harmonogram zadań, praca i oczekiwania towarzyskie zostawiają przestrzeń na czas wolny służący myśleniu nielinearnemu, to pojęcie wolnego czasu stało się nam tak obce, że gdy już mamy wolną chwilę, nudzimy się lub czujemy się niekomfortowo. Stajemy się niespokojni lub podenerwowani, gdy „nie mamy nic do roboty". Sięgamy więc zaraz po nasze urządzenia, technologię czy rozrywki, takie jak telewizja czy gry wideo, by wypełnić czymś czas wolny, zamiast spędzić go na refleksji, odpoczynku lub fantazjowaniu. Niezależnie od tego, czy stoimy w kolejce do odprawy na lotnisku czy w poczekalni do lekarza, mamy tendencję do przeglądania gazet, spoglądania na wszechobecne ekrany telewizorów, rozmawiania przez telefon czy wysyłania wiadomości albo surfowania po internecie na naszych urządzeniach.

Profesor Timothy Wilson z Uniwersytetu Virginia zaczął obserwować dyskomfort odczuwany przez ludzi pozostawionych samym sobie i w roku 2014 zdecydował się przeprowadzić kilka badań[22], aby sprawdzić, jak czują się ludzie pozostawieni sam na sam ze swoimi myślami. Uczestnikom zaoferował możliwość spędzenia od sześciu do piętnastu minut sam na sam ze swoimi myślami lub wykonanie nudnego codziennego zadania. Okazało się, że zdecydowana większość osób preferowała nudne zadanie niż samotność. Co bardziej znamienne, w jednym z badań zaoferował uczestnikom możliwość samodzielnego poddania się elektrowstrząsom – na zasadzie dobrowolności – w fazie eksperymentu związanej z myśleniem. Naukowcy stwierdzili, że duża liczba uczestników – nawet tych, którzy uznali elektrowstrząsy za bardzo nieprzyjemne i byli skłonni zapłacić, by więcej ich nie doświadczać – wolała poddać się elektrowstrząsom, niż zostać w pokoju sam na sam ze swoimi myślami! Naukowcy doszli do wniosku, że „większość ludzi woli robić cokolwiek niż nic, nawet jeśli to coś jest nieprzyjemne".

Chcąc zmaksymalizować produktywność i starając się być skupionym i aktywnym przez cały dzień, nie zostawiliśmy miejsca dla tej jednej rzeczy, która mogłaby pomóc nam odnieść sukces i być naprawdę produktywnym – dla myślenia nielinearnego i kreatywności.

Geniusze natomiast wiedzą, że światłe pomysły i wynalazki potrzebują wędrującego umysłu niespętanego logiką. Kreatywny proces wymaga otwartości umysłu nieograniczonej przez sztywne ramy, nieskrępowanej zasadami lub innymi psychicznymi ograniczeniami. Mimo naszej wiary, że sukces wywodzi się z bycia skupionym i produktywnym przez cały czas, bez straty nawet jednej cennej minuty, prawda jest taka, że sukces zależy w znacznej części od bycia zdekoncentrowanym, zrelaksowanym i od znalezienia czasu na bezczynność – stworzenia w życiu przestrzeni, której nasz umysł potrzebuje, by być kreatywnym.

Jak możemy to zrobić?

TRZY DROGI DO KREATYWNEJ BEZCZYNNOŚCI

Pozwalanie sobie na celową bezczynność stanowi dla większości z nas duże wyzwanie, ponieważ nawet gdy mamy czas wolny, naszemu umysłowi trudno jest wyciszyć myśli związane z pracą, zmartwieniami i tym podobnymi. Niektórzy boją się, że bycie bezczynnym zmieni ich w leni, lub też czują, że przeszkodzi im to w realizowaniu wyznaczonych zadań. Jesteśmy tak przyzwyczajeni do myślenia linearnego, że gdy tylko mamy czas dla siebie, zaczynamy sporządzać listę zadań do wykonania, listę zakupów lub inny plan działania. Pomimo łatwości, z jaką przychodziło nam jako dzieciom osiągnięcie stanu umysłu, który nie jest ciągle zajęty „czymś pożytecznym", dla nas dorosłych może to być wyzwaniem. W skrócie: musimy się ponownie nauczyć, jak spędzać czas bezczynnie.

Praktycznie rzecz biorąc, są trzy sposoby na to, żeby uzyskać dostęp do naszej kreatywności: możemy nauczyć się dekoncentrować poprzez urozmaicenie, znajdować czas na spokój i ciszę oraz z powrotem radować się naszym życiem.

DEKONCENTRACJA PRZEZ UROZMAICENIE

Eksperci sugerują, że kluczem do bycia bezczynnym lub do dekoncentracji jest zróżniowanie naszych działań zamiast skupiania się wyłącznie na jednym. Żeby spojrzeć na coś z innej perspektywy, potrzebujemy się na moment od tego uwolnić. Możemy wprowadzić urozmaicenie na dwa sposoby: poprzez zadania niewymagające myślenia lub poprzez szerszą gamę doświadczeń.

UROZMAICENIE Z WYKORZYSTANIEM ZADAŃ NIEWYMAGAJĄCYCH MYŚLENIA

Kaufman zaleca, aby podczas przyswajania informacji lub pracy nad zadaniem robić piętnastominutowe lub dłuższe przerwy na bardziej bezmyślne lub wymagające mniejszego skupienia zadania: prysznic bądź krótki spacer (bez skupiania swojej uwagi na telefonie) albo porozciąganie się. Kaufman wyjaśnia: „Dzięki robieniu piętnastominutowych przerw na fantazjowanie i bezmyślność koncentracja zostaje poszerzona i umysł jest w stanie dokonywać bardziej kreatywnych asocjacji pomiędzy ideami. Nie może się to wydarzyć, gdy jesteśmy nadmiernie skupieni na problemie”[23].

Zwłaszcza spacer wydaje się zwiększać kreatywność. W badaniu o jakże trafnej nazwie „Postaw swoje pomysły na nogi”[24] * naukowcy ustalili, że zarówno podczas spaceru, jak i wkrótce po nim ludzie wypadali lepiej w kilku różnych testach sprawdzających kreatywność.

Kaufman wyjaśnia, że nie powinniśmy przez cały czas skupiać się na problemie, nad którym pracujemy, czy na

* W oryginale: *Give Your Ideas Some Legs* (przyp. tłum.).

rozwiązaniu, którego szukamy, i zachęca nas raczej do znalezienia czasu na pozbawioną skupienia bezczynność, na przerwy pomiędzy okresami skupionej uwagi. Ostatecznie błyskotliwe pomysły wolą przychodzić do głów, które są na nie przygotowane. Kaufman wyjaśnia, że badacze zajmujący się kreatywnością tradycyjnie wyróżniają trzy stadia kreatywnego rozwiązywania problemu:

- mistrzostwo, gdy uczymy się informacji i szlifujemy umiejętności;
- inspirację, gdy przerzucamy się na zadanie niewymagające myślenia lub cieszymy się czasem wolnym;
- doskonalenie, gdy powtórnie skupiamy się na pierwotnym zagadnieniu i za pomocą linearnego myślenia poprawiamy rozwiązanie.

Dla przykładu, kiedy pracowałam nad tym rozdziałem, mistrzostwo pomogło mi zagłębić się w studia nad kreatywnością, rozmawiać z ekspertami w tej dziedzinie i przeprowadzać wywiady z bardzo kreatywnymi osobami. Inspiracja płynęła z wędrówek w terenie, podczas których logika, płynność i kolejność zagadnień w rozdziale pojawiły się samoistnie. Doskonalenie wiązało się ze staranną edycją rozdziału, aby był on dla czytelnika tak klarowny, jak to tylko możliwe.

Eksperci zarządzania, Kimberly Elsbach i Andrew Hargadon[25] z Uniwersytetu Kalifornijskiego w kampusie w Davis, wskazują na to, że – dla maksymalnej kreatywności – powinno się tak zaplanować swój dzień pracy, aby na przemian wykonywać wymagające i pełne skupienia zadania i takie, które nie wymagają zbyt wiele myślenia. Daj sobie i tym, którzy cię otaczają, więcej przestrzeni na oddech i bardziej zróżnicowane zadania w pracy, które uwzględnią naprzemienność zajęć niewymagających skupienia (wpisywanie danych, formatowanie prezentacji, sprzątanie biurka) i zadań wymagających dużego skupienia (pisanie artykułu, przygotowywanie prezentacji PowerPoint, prowadzenie spotkania).

Adam Grant, profesor Szkoły Biznesu Whartona, ostrzega nas, żebyśmy nie mylili zadań, które są intelektualnie mniej wymagające, z czynnościami, które wykonujemy w wolnym czasie[26]. Możemy na przykład myśleć, że przeglądanie Facebooka i czytanie gazet to czynności, które relaksują nasz mózg i pozwalają nam wejść w „stan odpoczynku", podczas gdy w rzeczywistości wymagają one znacznej koncentracji. „To, o co nam chodzi, to częściowo skupiona uwaga" – wyjaśnia Grant. „Na przykład dla pracownika umysłowego, jeśli może on przynajmniej przez część dnia zająć się wpisywaniem danych do arkusza kalkulacyjnego czy podobnym zadaniem, które jest powtarzalne i wprawia go w rytm i podczas którego jest tylko częściowo skupiony, bardziej prawdopodobne jest, że będzie później myślał jaśniej i stanie się bardziej innowacyjny"[27].

Robienie czegoś nudnego, aby myśleć bardziej kreatywnie, nie jest czymś, co przychodzi nam do głowy, ale działa. Gdy umysł jest tylko częściowo zaangażowany, jego zasoby nie są nadmiernie wykorzystywane. Ma wystarczająco swobody, by tworzyć nieoczekiwane, interesujące asocjacje i pozwolić, by intrygujące pomysły wypływały na powierzchnię.

UROZMAICENIE PRZEZ POSZERZENIE HORYZONTÓW

Urozmaicenie może także oznaczać poszerzenie nieco horyzontów intelektu i doświadczenia. Według Kaufmana wszystko, co zakłóca oczekiwania dotyczące tego, jak działa świat, pomaga naszej kreatywności. Może być to na przykład semestr spędzony na studiach za granicą. Dlaczego? Nowe doświadczenia mogą zmienić nasz zwykły sposób życia i, pokazując nam inną perspektywę, sprawić, że będziemy bardziej elastyczni czy kreatywni.

Myron Scholes – którego historia rozpoczęła ten rozdział – jest zagorzałym zwolennikiem stosowania urozmaicenia[28]. Mimo że z wykształcenia jest ekonomistą, Scholes nie spędza dni i nocy na rozwiązywaniu problemów matematycznych czy śledzeniu analiz rynkowych. Czytając publikacje spoza swojej dziedziny, jest w stanie stosować zasady z innych dyscyplin, takich jak psychologia, filozofia i historia, do swych innowacyjnych analiz ludzkiego zachowania. Sekretem Scholesa jest to, że nie koncentruje się nadmiernie na problemie i nie ogranicza się do badań w jednej dziedzinie nauki, ale spędza czas, ucząc się innych dziedzin i zajmując się aktywnościami, które nie mają nic wspólnego z jego profesją.

„Nie możesz rozmieniać się na drobne, ale bardzo ważne jest poszerzanie kręgu swoich zainteresowań. Oczywiście jeśli będziesz je dywersyfikował całkowicie, do niczego nie dojdziesz. Jeśli jednak będziesz się nadmiernie koncentrował, nie będziesz miał żadnej swobody" – wyjaśnia Scholes. „Potrzebujesz trochę koncentracji i trochę zróżnicowania.

Koncepcje Scholesa na temat potrzeby koncentracji i zróżnicowania mogą wyjaśniać fascynującą dynamikę stojącą za Innocentive*, platformą crowdsourcingową. Innocentive odwołuje się do mądrości tłumu, aby dostarczyć genialne rozwiązania złożonych problemów, z którymi borykają się firmy zajmujące się badaniami i rozwojem – od tworzenia akcesoriów samochodowych, które podniosą komfort jazdy (takie wyzwanie zgłosiła firma Ford), aż po techniki tworzenia „niezależności od Ziemi", dzięki którym ludzie będą w stanie przetrwać dłużej w przestrzeni (to wyzwanie z kolei zgłosiła NASA). Każdy może przesłać rozwiązanie problemu, a każde wyzwanie ma dołączoną etykietkę z ceną. Zwycięzca otrzymuje fantastyczne wynagrodzenie finansowe w przedziale od dziesięciu tysięcy do miliona dolarów.

Badanie przeprowadzone na Uniwersytecie Harvarda, kierowane przez Karim Lakhani[29], wykazało, że istnieje wyższe prawdopodobieństwo, że ktoś, kto rozwiąże problem zgłoszony do Innocentive, n i e j e s t ekspertem w danej dziedzinie, ale pracuje w dziedzinie w niewielkim stopniu lub wcale z nią niezwiązanej. „Im dalej od kompetencji rozwiązującego znajdował się problem" – powiedział Lakhani w wywiadzie dla „New York Timesa" – „tym bardziej było prawdopodobne, że uda mu się go rozwiązać"[30]. W artykule naukowym Lakhani i jego zespół podają przykład ekspertki krystalografii białek, która była w stanie rozwiązać problem zbyt trudny dla toksykologów. Dlaczego? Ponieważ metody, z których korzystała – a które były nieznane

* Amerykańska firma zajmująca się rozwiązywaniem problemów w modelu tzw. otwartej innowacji, gdzie firmy poszukujące rozwiązań swoich problemów otwierają się na pomysły z zewnątrz i zgłaszają wyzwania poprzez specjalne platformy, a osoby i organizacje przesyłają swoje pomysły (przyp. tłum.).

toksykologom – nadawały się do rozpracowania problemu. W rzeczywistości prawdopodobieństwo, że ktoś rozwiąże problem, jeśli jego lub jej doświadczenie jest całkowicie poza dziedziną wyzwania, jest o 10 procent większe.

ZNAJDŹ CZAS NA CISZĘ

Biorąc pod uwagę, jak bardzo zagonione jest nasze współczesne życie, możemy uznać ciszę za kolejną metodę zapewniającą urozmaicenie. Zamiast być w ciągłym ruchu i gonić z miejsca na miejsce – trwamy w bezruchu. Zamiast coś robić – nie robimy nic. Zamiast skupiać się na rzeczach – całkowicie się wyłączamy. Medytacja jest oczywistym przykładem trwania w ciszy.

Pico Iyer[31], autor bestsellerowych powieści i dziennikarz magazynów „New York Times" i „Time", którego prezentację TED obejrzano już ponad dwa miliony razy, uważa, że jest bardziej kreatywny, gdy znajduje w życiu czas na bezruch i introspekcję, i że tylko wtedy, gdy trwa w bezruchu, coś może naprawdę go poruszyć. Napisał nawet książkę na ten temat zatytułowaną *The Art of Stillness*.

„Głębia mojego pisania jest wprost proporcjonalna do głębi mojej ciszy" – powiedział mi Iyer. „Gdy szybko piszę wypełnione informacjami teksty, czytelnicy odpowiadają w ten sam sposób, daje im to frajdę i natychmiast o wszystkim zapominają. Gdy piszę «cichym» sposobem, który ma w sobie więcej ciszy i kontemplacji, czytelnicy także wchodzą w stan bliższy ciszy i kontemplacji, a słowa i zdania mają przestrzeń, w której mogą wybrzmieć". Aby w świadomy sposób stworzyć przestrzeń dla ciszy w swoim życiu i pracy, Iyer był w ciągu ostatnich dwudziestu czterech lat osiemdziesiąt razy na odosobnieniu w benedyktyńskiej pustelni. „Nie jestem szczególnie religijny" – mówi. „Nie praktykuję żadnej oficjalnej medytacji religijnej – trwanie w milczeniu i poczucie przestrzeni są tym, czego potrzebujemy".

Badania dotyczące ciszy pomagają zrozumieć, co czyni ją tak pełną mocy i w jaki sposób cisza pomaga Iyerowi wejść w kontakt z wrodzoną kreatywnością. W roku 2006 Luciano Bernardi[32] badał wpływ muzyki na fizjologię. Ku swojemu zaskoczeniu stwierdził, że muzyka, owszem, wpływała na fizjologię uczestników (wolniejsza muzyka spowalniała puls i oddech oraz obniżała ciśnienie krwi), ale tak samo działała cisza – którą uwzględnił jedynie ze względów porównawczych.

Bernardi stwierdził, że tak naprawdę cisza, która trwała pomiędzy poszczególnymi utworami muzycznymi, była znacznie bardziej relaksująca niż utwory skomponowane w celu ułatwienia odpoczynku czy okresy ciszy bez muzyki pomiędzy nimi. Pod względem fizjologicznym robienie sobie „przerwy na ciszę" miało najgłębszy efekt odprężający i uspokajający. Inne badania wykazały, że cisza – mimo braku treści – może pomóc w rozwoju nowych komórek mózgu[33].

Może zaskakiwać, że cisza, tak jak aktywność, pomaga naszemu mózgowi w rozwoju, jednak Iyer stwierdził, że wycofywanie się z rozpędzonego społeczeństwa jest kluczowe dla myślenia innowacyjnego (i przypomnienia sobie, co jest naprawdę ważne). Rozmaite wysuwane wobec nas oczekiwania – że będziemy dostępni dwadzieścia cztery godziny na dobę, siedem dni w tygodniu – i ciągłe rozproszenia wynikające z używanej na co dzień technologii, które okradają nas z czasu wolnego, nie znikną same z siebie. Dla Iyera rozwiązanie leży nie w zmianie tych oczekiwań (czego większość z nas nie może zrobić), ale poprzez zmianę naszego stosunku do nich – co jest całkowicie wewnętrznym procesem.

„Możemy wybrać, że wycofamy się z gwarnego rynku miejskiego, który nieustannie szumi nam w głowach. Większość ludzi zauważa, że się w nim pogrążyli. Próbują wtedy znaleźć sposób na powrót do ciszy: przez wędrowanie, żeglowanie, medytację czy powstrzymanie się od korzystania z internetu" – wyjaśnia Iyer.

Iyer uważa, że najlepiej pracuje mu się wtedy, gdy słyszy coś głębszego niż tylko jazgot świata. „Gdy stoisz kilka centymetrów od wspaniałego dzieła sztuki, którym jest nasz świat i nasze życie – dokładnie tak samo jak wtedy, gdy stoisz zbyt blisko obrazu – nie możesz uchwycić w nim większego wzoru, znaczenia" – wyjaśnia. „Gdy udaję się do klasztoru w Big Sur, spędzam mnóstwo czasu, nic nie robiąc – chodzę na spacery, leżę w łóżku i jestem przekonany, że tylko w takim otoczeniu mogę dojść do czegoś, co jest świeższe i bardziej interesujące niż moje codzienne pomysły".

Cisza pozwala mu również przestać postrzegać czas przez pryzmat zegarka i doświadczać upływu czasu bardziej przestrzennie, co ma ogromne znaczenie dla niego jako pisarza. „Tak długo, jak pozostaję w ciszy, mogę słyszeć swój wewnętrzny głos, wszystko to, co jest niesłyszalne, gdy jestem w ciągłym ruchu".

Pisarze tacy jak Iyer nie są jedynymi, którzy korzystają z ciszy, by wejść w kontakt ze swoją wewnętrzną kreatywnością. Nie spodziewałbyś się raczej, że uzdolniony naukowiec, ekonomista i matematyk czerpie ze swoich pokładów kreatywności dzięki ciszy. Jednak Scholes robi to poprzez codzienne ćwiczenia oddechowe i medytację, jak również spacery na łonie natury i grę w golfa. Przypisuje on znaczną część swojego kreatywnego sukcesu temu, że problemy, którymi się zajmuje, otacza atmosferą ciszy i spokoju. Dzięki temu nowe perspektywy pojawiają się bez trudu. „Pozwala to umysłowi zebrać dodatkowe dane i rzucić wyzwanie własnej metodologii badawczej" – wyjaśnia Scholes. „Umożliwia spojrzenie na problem z innej perspektywy, pozwala pomysłom buzować, stanowi wyzwanie dla twoich poglądów i pomaga zebrać dodatkowe dane. Zaczynasz rozumieć, jak pozornie niezwiązane ze sobą rzeczy do siebie pasują".

Aby zacząć inaczej myśleć o rzeczach lub o tym, jak coś robić, pomysły muszą buzować, jak to określa Scholes. Przeznaczenie czasu na ciszę, niezakłócaną przez inne bodźce, informacje czy rozproszenia, jest sposobem na optymalne wsparcie procesu kreatywnego.

Cisza oczywiście może być niewygodna. Gdy umysł wędruje, mogą pojawiać się myśli i uczucia, które nie są zbyt przyjemne. Bycie samemu, bycie bezczynnym czy trwanie w milczeniu jest w stanie otworzyć drzwi kłopotliwym myślom czy nawet niepokojom. Możesz czuć, że „utknąłeś" w nich, ponieważ umysł ma tendencję do skupiania się na rzeczach negatywnych. Jeśli jednak przesiedzisz lub przespacerujesz przez nie (jeśli twoją praktyką ciszy jest wędrówka czy spacer), zobaczysz, że w końcu przeminą, pozostawiając miejsce na swobodnie płynące myśli i fantazje. Jak każde inne ćwiczenie, czas bezczynności stanie się tym bardziej naturalny i zacznie sprawiać ci tym większą radość, im bardziej się w niego zaangażujesz.

ZAPROŚ Z POWROTEM ZABAWĘ (I SZCZĘŚCIE) DO SWOJEGO ŻYCIA

Jedną z najbardziej czarujących cech Scholesa i Iyera jest ich urzekająca osobowość. Obaj są skorzy do uśmiechu i mają świetne poczucie humoru. W ich ciekawości i entuzjazmie jest coś z wesołego, dziecięcego (nie mylić z dziecinnym) podejścia do świata. Nie powinno to dziwić. Innym sposobem na skorzystanie z naszej wrodzonej kreatywności jest zabawa.

Znalezienie wolnego czasu na zabawę i gry jest naturalnym elementem życia dzieci. Pomimo że zabawa dla samej zabawy występuje powszechnie w królestwie zwierząt (co może potwierdzić każdy, kto ma w domu zwierzaka), jest całkowicie lekceważona w świecie dorosłych. Jesteśmy jedynymi dorosłymi ssakami, które nie znajdują czasu na zabawę poza bardzo usystematyzowanymi okazjami, jak na przykład sąsiedzki mecz piłki nożnej w niedzielę czy czas zabawy z dzieckiem.

Przytłoczeni codziennymi obowiązkami, powagą spraw tego świata i ciągle wydłużającą się listą spraw do załatwienia często zapominamy o zabawie, uważamy, że nie mamy na nią czasu, albo wydaje nam się to już niestosowne.

Na Stanfordzie pomagałam stworzyć pierwszy kurs psychologii szczęścia i prowadziłam sesję o naukowych podstawach zabawy. Zdecydowałam się zilustrować wpływ zabawy na nasze emocje, zapraszając do gry znanej z czasów podstawówki. Staliśmy w kółku i ten, kto w danej chwili był „tym jednym", stał w środku. Uczestnicy puszczali do siebie oczko, sygnalizując sobie zamianę miejsc w kole. Podczas próby takiej zamiany osoba pośrodku starała się zająć miejsce jednego z nich. Mimo że studenci z początku rzucali sobie nawzajem dość zdziwione spojrzenia, szybko z entuzjazmem i śmiechem wciągnęli się w grę.

Gdy poprosiłam o podzielenie się wrażeniami, studenci mówili o „uczuciu szczęścia", „zapomnieniu o zmartwieniach" i „trwaniu całkowicie w chwili obecnej". Jedna ze studentek, zachwycona grą, powiedziała: „Myślałam, że już nie wypada nam się bawić". Miała siedemnaście lat.

Na Stanfordzie wielu studentów stawia sobie cele naukowe powodujące, że czują się jak chomik na karuzeli – zawsze w biegu i pościgu za sukcesem. W rezultacie zabawy schodzą na dalszy plan. Jako dorośli odrzucamy ten rodzaj aktywności, traktując ją jako dziecinadę i marnowanie czasu. Ma ona jednak ogromny potencjał, jeśli chodzi o pobudzanie naszej kreatywności i odkrywczego myślenia, nie wspominając już o naszym dobrym samopoczuciu! Ostatecznie słowo „rekreacja" pochodzi od re-kreacji – „odprężenia się dzięki rozrywce"[34].

Znane jest powiedzenie Alberta Einsteina: „Aby pobudzić kreatywność, powinno się wyrobić w sobie skłonność do zabawy, która jest właściwa dzieciom". Chociaż my, dorośli, utraciliśmy może umiejętność podejścia do zabawy z prostodusznością jak u dziecka, możemy ją łatwo odzyskać. W jednym z eksperymentów[35] biorący w nim udział studenci przed wykonaniem zadania wymagającego kreatywności zostali podzieleni na dwie grupy. Członków jednej z grup poproszono o wyobrażenie sobie, że zajęcia zostały odwołane, i o sporządzenie listy rzeczy, które zrobiliby w czasie wolnym. W innej grupie uczestnicy otrzymali to samo polecenie, ale poproszono ich, aby wyobrazili sobie, że mają siedem lat. Druga grupa podawała znacznie bardziej kreatywne przykłady. Badanie to pokazuje, że kreatywny potencjał nie jest tak głęboko ukryty, jak nam się wydaje. Można do niego łatwo sięgnąć, robiąc użytek z wyobraźni.

Firmy kreatywne w wielu gałęziach przemysłu, od technologii po przemysł odzieżowy, rozumieją, jak ważna dla kreatywności pracowników jest zabawa. Biura Google na całym świecie są zbudowane tak, by wspierać radosną kreatywność. Na przykład w biurze w Zurychu zamiast korzystać z przejść, możesz z piętra na piętro zjechać rurą strażacką lub zjeżdżalnią. Facebook oferuje miksery dla DJ-ów, stoły do bilardu czy rozmaite gry. Niezależna firma odzieżowa Comvert w Mediolanie zmieniła stary teatr w przestrzeń biurową, a dawną widownię w rampę deskorolkową dla pracowników[36].

Zabawa ma pozytywny wpływ na kreatywność, ponieważ – poza pomaganiem nam w wędrowaniu naszych myśli i wprowadzaniu urozmaicenia – stymuluje pozytywne emocje, co, jak wykazują badania, prowadzi do lepszego rozwiązywania problemów. Barbara Fredrickson z Uniwersytetu Karoliny Północnej w Chapel Hill stwierdziła[37], że pozytywne emocje zwiększają nasze możliwości poznawcze przez pogłębienie wizualnej świadomości. Gdy dobrze się czujemy, zyskujemy umiejętność zwracania uwagi na szerszą gamę doświadczeń. Patrzymy całościowo, zamiast brnąć w detale. Innymi słowy, jeśli czujemy, że utknęliśmy w rutynie, nie potrafimy wymyślić rozwiązania problemu albo nie widzimy wyjścia z sytuacji, zabawa może być sposobem na wyjście z impasu i sformułowanie nowatorskich pomysłów.

Lolly Daskal[38] jest coachem pomagającym firmom z listy Fortune 500. Pewnego razu została zatrudniona do wzięcia udziału w sesji strategicznej – aby pomóc światowej kadrze przywódczej sformułować misję, wizję i wartości swojej firmy. Daskal poczyniła przygotowania, by uczestnicy sesji opuścili na chwilę swoje zamknięte biura, i poprowadziła kurs w pięknej przestrzeni z mnóstwem okien i z widokiem na przyrodę. Miało to na celu stymulację kreatywnej wyobraźni. Jednak mimo nowej lokalizacji dyskusja była trudna, mało kreatywna i ekstremalnie linearna. Zespół czuł, że utknął. Daskal obserwowała ich, gdy rozmawiali w grupach i nie potrafili znaleźć rozwiązania. Wtedy zdecydowała się oczyścić atmosferę. Poprosiła, żeby przestali pracować, myśleć i próbować znaleźć rozwiązanie.

Zabrała ich na zewnątrz, gdzie przygotowała dla nich strefy z różnymi grami i zabawami. W jednej były tarcze do gry w rzutki, w innej pufy worki, a w kolejnej rakietki do badmintona i minibaseball. Poprosiła członków zespołu, by dobrali się w pary, zapomnieli o problemie i rozerwali się. Wszyscy się ucieszyli z oderwania od pracy i w niedługim czasie zaczęli się świetnie bawić. Można było usłyszeć swobodę w ich rozmowach i radość z uwolnienia od powagi tamtego dnia.

Po jakiejś godzinie Daskal zaprosiła ich z powrotem do sali, do której wrócili z nową energią. Byli nie tylko bardziej odprężeni, ale także gotowi na powrót do pracy. Tym razem, gdy Daskal zapytała: „O co tak naprawdę chodzi w tej firmie?", pojawiły się odpowiedzi, a wszyscy byli podekscytowani i chętni do uczestniczenia w dyskusji. Problem został rozwiązany szybko i sprawnie. Pozwalając uczestnikom się odprężyć i rozerwać poprzez zabawę, Daskal pomogła im w sformułowaniu rozwiązania.

Radość i zabawa może sprawić, że będziesz bardziej kreatywny, a kreatywność z kolei może poprawić twoje samopoczucie. Im bardziej kreatywny się stajesz, tym więcej radości wprowadzasz do swojego życia. Nikola Tesla pisał: „Nie wydaje mi się, aby przez ludzkie serce przechodził dreszcz podobny do tego, który czuje wynalazca, gdy widzi, że wytwór mózgu przeistacza się w sukces... Takie emocje powodują, że zapomina się o jedzeniu, śnie, przyjaciołach, miłości, o wszystkim". Odwołując się do swojej wewnętrznej kreatywności, nawiązujesz powtórnie kontakt z radością, którą odczuwałeś, bawiąc się jako dziecko. Zachodzi tu pozytywne sprzężenie zwrotne, które napełnia cię radością i kreatywnością oraz sprawia, że dorosłe życie wypełniają zachwyt i pomysłowość.

Na to właśnie wskazują badania: szczęście jest kluczem do kreatywności. Upewnij się, że w twoim życiu jest miejsce na bezczynność, i ciesz się nią. Traktuj ją jako czas wolny, przeznaczony dla siebie czas na relaks i rozrywkę. Nie oczekuj natychmiastowych wyników. Oczekiwanie, że z zajęć bez dokładnego planu wyłoni się błyskotliwość, zmienia te działania w jak najbardziej celowe. Umysł wraca do stanu skupienia i niepewnego oczekiwania. Nie myśl na przykład, idąc do domu po spacerze z psem: „Rany, przez cały spacer nie wpadł mi do głowy żaden kreatywny pomysł na to, w jaki sposób poprawić moją prezentację, i przepadła mi okazja, by zadzwonić do banku i wykłócić się o tę opłatę". Stwierdzisz być może, że kreatywne pomysły pojawiają się tylko w pewnych okolicznościach. Tak czy inaczej, taki czas na integrację i odpoczynek przyniesie ci więcej korzyści, niż się spodziewasz.

PRZEZNACZ CZAS NA BEZCZYNNOŚĆ

Być może uważasz, że nie masz czasu na bezczynność czy życie bez planu. Prawda jest jednak taka, że wszyscy go mamy. Nie zawsze oznacza to konieczność zmiany rozkładu dnia. Czasem wymaga tylko zmiany sposobu działania. Poniżej kilka przykładów na to, w jaki sposób możemy urozmaicić to, co robimy, oraz stworzyć czas na ciszę i na zabawę.

ZRÓŻNICUJ SWOJE DZIAŁANIA

- Jak wskazuje Adam Grant[39], mamy tendencję do tego, by każdy moment wolny od pracy i niewymagający skupienia wypełnić jakimś rodzajem działania, które wymaga skupienia. W czasie przerwy w pracy zaglądamy do Google News, czytamy ostatnie plotki o celebrytach, sprawdzamy konta na portalach społecznościowych, czytamy ulubione blogi albo wysyłamy wiadomości tekstowe. Zamiast tego wybierz aktywność wymagającą mniejszego skupienia, taką jak rozciąganie się, słuchanie muzyki, szybki spacer albo posprzątanie biurka.
- W pracy zorganizuj swoje działania w taki sposób, by wykonywać naprzemiennie działania wymagające dużego skupienia (na przykład pisanie wniosku) z zadaniami, które nie są tak bardzo twórcze (jak wpisywanie danych). W każdym zawodzie bez trudu znajdziesz zadania, które są mniejszym lub większym wyzwaniem.
- Jeśli twoja praca jest przeważnie pracą umysłową, możesz nauczyć się kilku pożytecznych umiejętności, które pozwolą ci zrelaksować umysł: naucz się zmieniać olej w samochodzie, gotować danie z kuchni tajskiej, grać na instrumencie czy robić masaż. Jeśli twoja praca jest pracą

manualną lub spędzasz dużo czasu wśród ludzi, wprowadzenie urozmaicenia może oznaczać uczenie się nowego języka, grę w szachy bądź czytanie poezji.

- Spróbuj poszerzyć zakres swoich zainteresowań. Czy przeważnie czytasz książki i blogi związane ze swoją dziedziną? Jeśli tak, to postaraj się przestawić na zupełnie inny rodzaj lektury: zabawne książki, klasykę albo magazyny o tematyce ogólnej. Oglądaj programy w telewizji lub filmy dokumentalne niemające nic wspólnego z dziedziną, w której pracujesz. Jeśli jesteś towarzyski, dołącz do grup w serwisie Meetup*, związanych z aktywnościami, których nigdy jeszcze nie próbowałeś, takimi jak AcroYoga** czy jazda na rowerze. Prowadzisz mało aktywny styl życia i większość czasu spędzasz w biurze i samochodzie? Wybierz ćwiczenia na świeżym powietrzu zamiast w klubie fitness– pływaj, wędruj, uprawiaj narciarstwo.

PRZEZNACZ CZAS NA CISZĘ

- Czasem potrzebujemy zorganizowanego środowiska, by się wyłączyć. Może udasz się na odosobnienie? Istnieje wiele rodzajów odosobnień: z medytacją, jogą, wędrówkami, wspinaczkami czy zdrowotnych. Zacznij powoli, jeśli nigdy wcześniej tego nie robiłeś. Wypróbuj jednodniowe lub weekendowe warsztaty.

---

* Portal społecznościowy pomagający spotykać się ludziom o wspólnych zainteresowaniach (przyp. tłum.).

** Ćwiczenia fizyczne łączące elementy jogi oraz akrobatyki (przyp. tłum.).

- Jeśli nie odpowiada ci koncepcja odosobnienia czy medytacji, możesz poszukać ciszy na swój własny sposób. Jedną z okazji do ciszy, którą cały czas mamy pod ręką, jest przebywanie na łonie natury. Bez względu na to, czy mieszkasz w mieście, czy na przedmieściach, możesz zrobić sobie przerwę w pracy i wybrać się na przechadzkę. Nawet na gęsto zabudowanym Manhattanie rosną drzewa i krzewy, latają dookoła ptaki i owady. Natura jest wszędzie wokół, chociaż być może rzadko zwracamy na nią uwagę. Gdy jesteś na spacerze, spójrz na drzewa i na niebo, zamiast sprawdzać wiadomości. Najlepiej wcale nie bierz ze sobą telefonu.
- Medytacja jest ciszą. Są różne formy medytacji, niektóre z nich wymagają znacznego skupienia i koncentracji. Jeśli twój zawód wymaga intensywnego skupienia, być może będziesz wolał wybrać medytację, która nie wymaga skupienia. Medytacja otwartej świadomości i *sahaj samadhi* są przykładami technik niewymagających intensywnego skupienia. Wybierz rodzaj, który ci odpowiada. Wiele organizacji docenia korzyści tego rodzaju aktywności i oferuje zajęcia jogi i medytacji, na które możesz uczęszczać.
- Możesz wprowadzić ciszę do monotonnych zadań. Wybierz ciszę zamiast słuchania radia w drodze do pracy, jedz posiłki przy wyłączonym komputerze, składaj pranie bez oglądania telewizji albo rozmawiania jednocześnie przez telefon.

ANGAŻUJ SIĘ W ZABAWĘ

- Przypomnij sobie, co wywołuje twój śmiech, czy jest to występ kabaretu, oglądanie komedii slapstickowej, czy dowcipy. Możesz nawet pójść na zajęcia jogi śmiechu, czyli na warsztaty poświęcone śmiechowi.

- Dołącz do drużyny sportowej (jest to co prawda ustrukturalizowana działalność, ale lepsze to niż nic!) lub zapisz się na zabawne zajęcia, takie jak taniec na rurze, zajęcia na trampolinie czy trapezie.
- Zajmij się grami, które sprawiają ci radość. Mogą to być planszówki czy gry karciane, krzyżówki albo strzałki. Może lubisz sklejać modele samochodów albo budować z klocków lego? Rozważ kupienie stołu do tenisa stołowego czy bilardu... i pamiętaj, by nie przekształcić go w kolejne miejsce rywalizacji i nadmiernego skupienia.
- Znajdź partnera do gry. Zwierzęta i dzieci są zawsze skore do zabawy i śmiechu. Przeznacz czas na zabawę z dziećmi czy zwierzakami, swoimi lub przyjaciół i rodziny.

Znalezienie czasu na takie aktywności może wydawać się niemożliwe, biorąc pod uwagę, jak bardzo jesteśmy zajęci. Trzeba zdawać sobie sprawę, że może to wymagać kompromisu z twojej strony. Być może nie będziesz zawsze na bieżąco z listą zadań do wykonania, być może będziesz musiał powiedzieć „nie" tym, którzy wymagają od ciebie całkowitej dyspozycyjności. Przyczyni się to jednak znacznie do twojego osobistego i zawodowego sukcesu, więc warto się postarać.

Kreatywność i sukces, do których prowadzi zabawa, nie pochodzą z ciągłego skupienia na „celowych" działaniach. Pochodzą one z bezczynności, rozrywki, ciszy, spokoju i odpoczynku. Prawdopodobnie wyda ci się dziwne, że pójście na spacer, zrelaksowanie się na werandzie, przeczytanie powieści zamiast artykułu branżowego lub robienie czegoś dla rozrywki, jak rozegranie partyjki golfa, może pomóc ci wpaść na lepsze pomysły czy rozwiązania problemów. Jednak to właśnie dzięki takim przejawom troski o siebie i dzięki radości życia pojawiają się najbardziej błyskotliwe pomysły. Wysoki poziom dobrego samopoczucia psychicznego pochodzący z bezczynności, urozmaicenia działań oraz znajdowania czasu na ciszę i zabawę może znacząco przyczynić się do twojego sukcesu.

ROZDZIAŁ 5

CIESZ SIĘ UDANĄ RELACJĄ... Z SAMYM SOBĄ

TO, JAK TRAKTUJESZ SIEBIE, MA WPŁYW NA TWÓJ POTENCJAŁ

Kiedy odpuszczę to, kim jestem, stanę się tym, kim mogę być.

Laozi

Moja przyjaciółka Laura wydawała się mieć wszystko, była piękną wysportowaną blondynką, błyskotliwą i pełną wdzięku; była jedną z tych nielicznych studentek, które miały same najwyższe noty na Uniwersytecie Yale. Wydawała się uosobieniem sukcesu. W gronie tak uzdolnionych studentów zawsze górowała nad innymi.

Po dwóch latach, mimo wszystkich osiągnięć, Laura rzuciła studia.

Laura miała wystarczające zdolności i motywację, by świetnie radzić sobie na Yale, jednak sposób, w jaki postrzegała siebie, stanął jej na drodze do sukcesu. Odkąd sięgała pamięcią, Laura zawsze była piątkową studentką. Uważała, że musi osiągnąć doskonałość, i panicznie obawiała się porażki, wybierała więc wyłącznie zajęcia, z których miała szansę uzyskać dobre oceny. Gdy nie wypadła dobrze lub gdy uzyskanie najwyższych ocen ze wszystkich przedmiotów sprawiało jej trudności – co jest nieuniknione na studiach – była dla siebie bardzo surowa, starając się zmotywować do większego wysiłku i koncentracji. Laura w ten sposób napędzała się do działania, uzyskiwała najwyższe oceny i była okropnie nieszczęśliwa. Pewnego dnia powiedziała mi: „Pamiętam, że byłam dla siebie bardzo wymagająca i krytyczna przez cały czas". W rezultacie cierpiała na tak silną depresję i stany lękowe, że nie była w stanie poradzić sobie z dalszymi studiami.

Co odróżnia tych, którzy rozkwitają w obliczu życiowych trudności i profesjonalnych wyzwań, od tych, którzy w takiej sytuacji tracą morale? Ich stosunek do siebie samych. A zwłaszcza ich przekonania na swój temat i sposób, w jaki siebie traktują.

Prawdą jest, że w naszym dążeniu do sukcesu większość z nas nie jest dla siebie miła. Nauczono nas, że aby osiągnąć sukces, powinniśmy „grać na swoich mocnych stronach", więc lepiej, żebyśmy ustalili, w czym jesteśmy dobrzy, i tego się trzymali, ponieważ raczej nie pokonamy swoich słabości. Jeśli jestem kiepska z matematyki, prawdopodobnie nie powinnam zajmować się księgowością czy inżynierią. Jeśli nie jestem dobra w kontaktach międzyludzkich, to powinnam trzymać się z dala od sprzedaży. A gdy już przychodzi nam zmierzyć się z naszymi słabościami, uważamy, że *musimy być wobec siebie krytyczni*. Samokrytyka pozwoli nam na szczerość wobec naszych niedociągnięć i zapewni, że będziemy zmotywowani, by nadal wspinać się na szczyt. Wciąż wymagając od siebie więcej, dajemy z siebie wszystko.

Niedawne badania naukowe sugerują, że te przekonania to mit. Nie ma wątpliwości, że znajomość swoich mocnych i słabych stron to dobry pomysł. Jednak sposób, w jaki do nich podchodzisz, może zadecydować o twoim sukcesie lub porażce. Sposób, w jaki siebie postrzegasz (czy wierzysz, że twoje silne strony są z góry ustalone?), i sposób, w jaki reagujesz na porażki (czy jesteś swoim najsurowszym krytykiem, czy potrafisz potraktować siebie tak, jak potraktowałbyś przyjaciela?), ma ogromny wpływ na twoje życie zawodowe i osobiste.

Uświadomienie sobie, że możesz zyskać nowe mocne strony, zamiast ograniczać się do tych, które twoim zdaniem masz, i bycie wobec siebie współczującym zamiast samokrytycznym pomoże ci stać się odpornym psychicznie wobec porażek, uczyć się i doskonalić na swoich błędach, a także odkrywać swoje możliwości, których inaczej nigdy byś nie dostrzegł. W rezultacie odczujesz wdzięczność, staniesz się o wiele szczęśliwszy, a twoje szanse na sukces wielokrotnie wzrosną.

ZAGROŻENIA PŁYNĄCE ZE SKUPIANIA SIĘ TYLKO NA MOCNYCH STRONACH

Zazwyczaj zakładamy, że to, co odróżnia niezwykłych ludzi, takich jak gwiazdy estrady, autorów bestsellerów, sławnych aktorów filmowych czy miliarderów zawdzięczających wszystko sobie, od reszty z nas to ich szczególna m o c n a s t r o n a. Uważamy, że ci ludzie mają wyjątkowy dar. Mogą mieć smykałkę do biznesu, talent artystyczny lub jakąś inną „właściwość". Myślimy, że to wrodzone mocne strony wyróżniają ich i umożliwiają sukces. I odwrotnie, jeśli reszta z nas nie sięga na ich wyżyny, to wynika to z braku takich talentów. Albo „to" masz – czymkolwiek „to" jest – albo nie, i niewiele możesz z tym zrobić.

O swoich mocnych stronach myślimy podobnie. Możesz na przykład uważać siebie za osobę uzdolnioną matematycznie lub nie, osobę towarzyską lub nie, osobę kreatywną lub kreatywności pozbawioną. Ostatecznie wierzysz, że twój sukces jest zdeterminowany przez naturalne zdolności i talenty, którymi za sprawą zrządzenia losu dysponujesz. Po prostu grasz kartami, które ci przypadły.

Jednak to przekonanie, że urodziliśmy się z pewnymi wrodzonymi mocnymi stronami, które określają, co możemy, a czego nie możemy osiągnąć, wychodzi nam bokiem – zwłaszcza wobec porażek lub wyzwań. Carol Dweck, psycholog rozwojowy z Uniwersytetu Stanforda, prowadziła przez dziesięciolecia badania dotyczące sposobu, w jaki dzieci i dorośli postrzegają siebie. Już na początku swojej pracy naukowej Dweck zauważyła, że gdy dzieci w wieku szkolnym ponoszą klęskę, rozwiązując zadanie matematyczne, mogą zareagować na dwa całkowicie odmienne sposoby. Albo tracą motywację i się poddają – nie ucząc się w ten sposób niczego nowego, albo próbują dalej z większym entuzjazmem i w ten sposób zdobywają nową umiejętność. Co determinuje ich reakcję? Jeśli wierzą we wrodzone mocne strony – czyli wyznają fałszywą teorię sukcesu, o której wcześniej wspomniałam – i nie są w stanie rozwiązać zadania, stwierdzają, że po prostu nie mają do tego smykałki, i się poddają. Nie tylko nie uczą się tego, co dane zadanie matematyczne miało pomóc im opanować, ale również czują się gorzej, jeśli chodzi o ocenę swoich umiejętności matematycznych i siebie samych.

Przez dziesiątki lat badań nad różnymi scenariuszami porażek Dweck wykazała, że fenomen psychologiczny, który zaobserwowała u dzieci, jest wszechobecny i tak samo destrukcyjny, niezależnie od wieku. Gdy stajesz wobec wyzwania lub porażki – związanych z nowym zestawem umiejętności, relacją czy pracą – możesz po prostu założyć, że nie masz do tego talentu. Gdy poniesiesz porażkę, poddajesz się i cierpi na tym twój stan emocjonalny. Dlaczego tak się dzieje?

Wiara w mocne strony prowadzi do następującego rodzaju logiki: „Jeśli nie uda mi się zbudować modelu finansowego, to okaże się, że finanse nie są moją mocną stroną. Pewnie nie powinienem pracować w finansach”. Szufladkujesz się jako „słaby” w konkretnym zadaniu, w którym ci się nie udało, czujesz się beznadziejny, jeśli chodzi o twoje zdolności w tym zakresie, co nie pozwala ci uczyć się na błędach i rozwinąć nowych umiejętności. Jeśli będziesz odpuszczał wszystko poza dziedzinami, w których jesteś dobry, po prostu nie będziesz w stanie rozwijać swojej sfery wiedzy i kompetencji.

Ten system przekonań może być szczególnie destruktywny na poziomie osobistym, jeśli na przykład pracujesz w dziedzinie, która nieustannie się zmienia i ewoluuje – co dotyczy wielu z nas. Jeśli, załóżmy, twój sektor wkracza do Chin czy Japonii, chciałbyś nauczyć się tych języków. Jeżeli jednak uważasz, że języki obce nie są twoją mocną stroną, nawet nie spróbujesz. Twoje przekonania stają się samospełniającą się przepowiednią. Twoja wiedza i umiejętności prawdopodobnie już zawsze pozostaną ograniczone do obszarów, które uważasz za swoje mocne strony.

Oczywiście nie mówię, aby n i e angażować się w te rodzaje pracy, które przychodzą nam z łatwością albo odpowiadają naturalnym skłonnościom. Jednak badania przekonująco dowodzą, że nie powinieneś wierzyć w to, że jesteś o g r a n i c z o n y do bycia dobrym w tym, co przychodzi ci z łatwością. Możesz mieć niezwykły potencjał, który czeka, żeby go odkryć.

Gdyby Rowland Hussey Macy* zakładał, że nie jest stworzony do biznesu po tym, jak upadło pięć sklepów, które założył, nigdy nie stworzyłby osiągającej wielkie powodzenie sieci sklepów Macy's. Gdyby Bill Gates zakładał, że start-upy to coś nie dla niego, po tym jak jego pierwsza firma Traf-O-Data zbankrutowała, nigdy nie stworzyłby firmy Microsoft. Gdyby Theodor Seuss Geisel, znany też jako Dr. Seuss, poczytny autor literatury dziecięcej, doszedł do wniosku, że nie jest dobrym pisarzem, po tym jak jego manuskrypt został odrzucony ponad dwadzieścia razy, nigdy nie zrewolucjonizowałby literatury dziecięcej.

Co chyba ważniejsze, gdy wierzysz tylko w swoje mocne strony i nie odnosisz sukcesu – nie dostajesz się na uniwersytet, na który chciałeś się dostać, nie otrzymujesz pracy, o którą się starałeś, nie uzyskujesz awansu, na który twoim zdaniem zasłużyłeś, nie jesteś w dobrym związku – popadasz w rozpacz. Tracisz nadzieję, ponieważ zakładasz, że nie potrafisz rozwijać się w tych obszarach. Nic więc dziwnego, że

---

* Założyciel R. H. Macy & Co., obecnie Macy's – jednej z większych sieci handlowych w Stanach Zjednoczonych (przyp. tłum.).

badania wykazują, iż wiara w mocne strony jest związana z poważniejszymi stanami depresyjnymi[1], prawdopodobnie po części dlatego, że prowadzi do nadmiernego samokrytycyzmu.

ZAGROŻENIA PŁYNĄCE Z OSTREJ SAMOKRYTYKI

Może się wydawać oczywiste, że ostra samokrytyka bywa destrukcyjna, jednak bardzo często mamy do niej skłonność, wierząc, że dobrze nam robi. „Jestem leniwy", „Zbyt łatwo się poddaję", „Nie jestem dość mądry". Często jesteśmy naszymi najsurowszymi krytykami. Wierzymy także, że samokrytyka zachęca nas do większego starania się i sprostania wyższym standardom. Ostatecznie jeśli sami nie będziemy się trzymać w ryzach, to kto zrobi to za nas? Niektórzy nawet szczycą się tym, jacy są surowi i zawzięci. Poczytują sobie za punkt honoru fakt, iż nie pozwalają sobie ani na odrobinę luzu. Większość z nas, podobnie jak Laura, nawet się nie zatrzyma, by zakwestionować nawykowy samokrytycyzm. Możemy go wręcz nie zauważać. A jeżeli już zauważamy, to nie zadajemy sobie trudu, by zapytać, jaki efekt na nas wywiera.

Badania pokazują jednak, że gdy jesteś wobec siebie nadmiernie krytyczny, niweczysz zarówno swój psychiczny dobrostan, jak i szanse na odniesienie sukcesu. Kristin Neff, adiunkt w katedrze rozwoju społecznego na Uniwersytecie Teksaskim, wskazuje, że samokrytycyzm jest zapowiedzią stanów lękowych i depresji[2] i zamiast motywować, tak naprawdę uniemożliwia kolejne podejście do zadania, w którym ponieśliśmy klęskę ze strachu przed kolejną porażką.

Nasze mózgi posiadają rywalizujące ze sobą systemy: jeden, który pożąda nagród, i drugi, który obawia się porażki[3]. Strach przed porażką, gdy jest nadmierny, staje nam na drodze do sukcesu:

- **Wpływa negatywnie na nasze wyniki.** Badania przeprowadzone na sportowcach pokazują, że, podobnie jak w przypadku samospełniającej się przepowiedni, strach przed porażką powoduje u nich „dławienie się" – porażkę w krytycznym momencie, jak na przykład u biegacza, który potyka się w czasie wyścigu, do którego przygotowywał się miesiącami[4].
- **Powoduje, że się poddajesz.** Strach przed popełnieniem błędu czy porażką może sprawić, że będziemy czuli tak wielki niepokój i niepewność, że szybko się poddamy w obliczu wyzwań. Przecież jeśli nam się nie powiedzie, zaleje nas fala ostrego samokrytycyzmu[5].
- **Prowadzi do podejmowania nie najlepszych decyzji.** Badania pokazują, że ze strachu przed porażką możemy nie być zainteresowani uczeniem się i być bardziej skłonni pójść na skróty, na przykład oszukując[6]. Badanie przeprowadzone z udziałem przedsiębiorców udowodniło, że ci, którzy boją się porażki, są bardziej skłonni przymknąć oko na nieetyczne zachowania potencjalnych inwestorów i pomimo tego rozpocząć z nimi współpracę[7].
- **Powoduje, że tracisz kontakt z tym, czego naprawdę chcesz.** Strach przed porażką może nawet prowadzić do utraty kontaktu ze ścieżką kariery, którą chciałeś podążać. Moja przyjaciółka Laura powiedziała mi, że skupiając się bardziej na wynikach, a mniej na własnych

zainteresowaniach i wybierając przedmioty, z których mogła dostać dobre oceny, a nie te, które ją cieszyły, straciła kontakt ze swoimi rzeczywistymi preferencjami. „To spowodowało, że rozpoczęcie pracy było dla mnie trudne, bo nie wiedziałam, czym się właściwie interesuję" – wyjaśnia Laura. „Okazało się także, że w pracy nie otrzymuję regularnie karty ocen. Osiągnięcie jakiejkolwiek zawodowej satysfakcji zajęło mi ponad pięć lat i wymagało wielu nieudanych podejść".

Samokrytycyzm nie tylko zwiększa strach przed porażką. Bycie swoim najsurowszym krytykiem sprawia, że skupiamy się na tym, co jest z nami nie tak. Stanowi to dla nas wielkie obciążenie psychiczne. Jak to opisałam we wcześniejszym rozdziale, znacznie łatwiej skupiać się nam na aspektach negatywnych: badania udowadniają, że mózg wykazuje skłonność do negatywizmu. Nasza perspektywa grawituje w stronę negatywną; jeśli chodzi o nasze umysły, to zło jest w nich silniejsze od dobra. Badanie przeprowadzone przez Roya Baumeistera[8] i innych sugeruje, że ta tendencja do przywiązywania większej wagi do aspektów negatywnych mogła pomagać naszemu gatunkowi przetrwać, ponieważ uwydatniała potencjalne niebezpieczeństwa. Jednak obecnie nasza skłonność do negatywizmu, odnosząca się zarówno do naszego otoczenia, jak i samooceny, jest szkodliwa.

Skłonność do wyróżniania negatywnych myśli jest tak silna, że nasza wizja rzeczywistości jest skrzywiona. Jak sugerują analizy[9] przeprowadzone przez Shelley Gable i Jonathana Haidta, mimo że mamy trzy razy więcej doświadczeń pozytywnych niż negatywnych, bardziej skupiamy się na tych drugich. Badanie to sugeruje, że gdybyśmy byli w stanie widzieć rzeczy takie, jakimi są, mielibyśmy tak naprawdę tendencję do pozytywnego myślenia, ponieważ 75 procent naszego życia układa się relatywnie dobrze. Jednak idziemy przez życie tak bardzo skupieni na tym, co negatywne, że często nie potrafimy zauważyć, a co dopiero cieszyć się tym, co mamy.

Ludzie mają podobną skłonność, jeśli chodzi o postrzeganie samych siebie. Twoja relacja z samym sobą jest samokrytyczna, ponieważ skupiasz się na swoich błędach i słabościach. Gdy zbliża się ocena roczna, możesz zauważyć, że pamiętasz projekt, który spartaczyłeś, raporty, które słabo wyszły, lub moment niefortunnej rozmowy z szefem. Jeśli ku twojemu zaskoczeniu kierownik pochwali cię za długą listę rzeczy, które zrobiłeś dobrze w minionym roku, ale wspomni jedną czy dwie, które jego zdaniem powinny być zrobione inaczej, prawdopodobnie nadal będziesz się skupiał na negatywnej informacji zwrotnej.

Inną tendencją, która wspiera nasze negatywne uprzedzenia, jest traktowanie osiągnięć jako oczywistych. Jeśli twoim celem było zostanie wybitnym badaczem, pisarzem czy szefem kuchni, mogłeś pracować na ten sukces latami. Jednak gdy osiągasz swój cel, może się okazać, że jesteś niezadowolony. Dlaczego? Ponieważ poza skupianiem się na aspektach negatywnych przyzwyczailiśmy się do dobrych rzeczy w naszym życiu i zaczynamy je traktować jako coś oczywistego – fenomen nazywany habituacją. Możesz poczuć przypływ szczęścia dzięki zasłużonemu awansowi czy uznaniu społecznemu jak wyróżnienie w swojej dziedzinie, jednak z czasem te zdarzenia tracą moc przynoszenia radości, ponieważ się do nich przyzwyczaiłeś.

Biorąc pod uwagę naszą skłonność do negatywizmu, nawyk samokrytycyzmu tylko ją wzmacnia, wykrzywiając nasz obraz samych siebie i stanowiąc dalsze zagrożenie dla naszego sukcesu i szczęścia. Nie mówię, że powinieneś zignorować swoje niedociągnięcia i unikać samokrytycyzmu. Jeśli masz na przykład tendencję do prokrastynacji, która prowadzi do niedotrzymywania ważnych terminów, obniża jakość twojej pracy, zwiększa stres, to być może będziesz chciał zastanowić się, co z tym nawykiem zrobić. Jest różnica między samoświadomością – rozumieniem swoich słabości – i ostrym samokrytycyzmem, który tylko wywiera większą presję w i tak już stresującej sytuacji i nie pozwala osiągnąć tego, na co cię stać.

Jeśli z jednej strony wiara, że sukces zależy od naszych mocnych stron, a z drugiej nasza tendencja do samokrytycyzmu sabotują nasze szanse na sukces, to jak możesz zmienić swoje przekonania tak, by odgrywały efektywniejszą rolę? Badania sugerują, że powinieneś przekuć wiarę w mocne strony w wiarę w wytężoną pracę, a samokrytycyzm we współczucie wobec samego siebie.

UWIERZ W WYTĘŻONĄ PRACĘ, A NIE WE WRODZONE TALENTY

Mimo że Alberta Einsteina określano mianem geniusza, nie wierzył w koncepcję mocnych stron. Często mawiał: „Porażka to sukces w budowie". Einstein właściwie rozumiał, że mocne strony nie przydarzają się same z siebie, ale muszą być rozwijane.

Dobrze, że Einstein wyznawał takie poglądy. Jako dziecko powoli uczył się mówić i pisać i jego rodzina podejrzewała, że może być upośledzony umysłowo. Później został wyrzucony ze szkoły i udało mu się dostać na politechnikę w Zurychu. Gdy ostatecznie ukończył studia, był jedyną osobą w swojej grupie, która nie otrzymała propozycji nauczania. Gdyby Einstein wierzył w teorię mocnych stron, mógłby założyć, że nie ma tego czegoś, czego potrzebuje, by zostać naukowcem. Jednak ponieważ wierzył, że te umiejętności można rozwinąć, nie pozwolił, by porażki go powstrzymały, i w rezultacie zrewolucjonizował fizykę i otrzymał Nagrodę Nobla[10].

Dane neuronaukowe jasno pokazują, że nasze mózgi w ciągu całego życia nieprzerwanie wykształcają nowe ścieżki neuronowe. Mózg jest zbudowany tak, by się rozwijać i uczyć nowych rzeczy. Mimo że niektóre z nich mogą przychodzić łatwiej, to jesteśmy stworzeni do angażowania się, rozwoju i wzrostu w dowolnym obszarze – od gry na skrzypcach, jazdy samochodem z ręczną skrzynią biegów, kaligrafii chińskiej, aż po zdanie z powodzeniem egzaminu CPA*.

Co więc determinuje, czy nauczymy się nowej umiejętności? W dużej mierze są to nasze przekonania. Badania psycholog Dweck pokazują, że znaczącą różnicą między tymi, którzy nie ustępują wobec porażek, i tymi, którzy się poddają, jest wiara w to, że mogą rozwinąć mocne strony (zamiast

* Certified Public Accountant. Egzamin na Biegłego Licencjonowanego Księgowego jest uznawany za trudny do zdania i jest popularnym kierunkiem rozwoju zawodowego wśród księgowych w Stanach Zjednoczonych i kilku innych krajach anglojęzycznych (przyp. tłum.).

się z nimi urodzić). Rozumieją, że dzięki wytrwałości mogą poprawić się w każdej dziedzinie. W rezultacie uczą się na swoich błędach, są emocjonalnie odporni w obliczu porażki, osiągają więcej i są bardziej pewni siebie[11]. Nie pozwalają, aby wyzwania, problemy i błędy, z którymi się mierzą, ich określały, ale traktują je raczej jak ekscytującą przygodę, wspaniałą okazję do nauki i rozwoju. Gdy byłam doktorantką na Stanfordzie, Dweck podzieliła się z nami słowami chłopca, któremu nie udało się rozwiązać trudnego problemu matematycznego podczas badania prowadzonego przez Dweck, ale który z entuzjazmem wrócił do pracy nad problemem, mówiąc „Uwielbiam wyzwania!".

Jack Ma urodził się w biednej rodzinie w Hangzhou, w chińskiej prowincji Zhejiang. Dwukrotnie oblał egzaminy wstępne na uniwersytet, zanim został przyjęty do Instytutu Pedagogiki w Hangzhou*. Po ukończeniu studiów ubiegał się o wiele posad i spotkał się z kategoryczną odmową. Ostatecznie został nauczycielem angielskiego ze skromną pensją dwunastu dolarów miesięcznie. W ramach pracy tłumacza pojechał do Stanów Zjednoczonych i tam odkrył istnienie internetu. Natchniony stworzył dwa start-upy, które zakończyły się fiaskiem. Nie poddawał się i założył Grupę Alibaba**. Dzisiaj jest najbogatszą osobą w Chinach[12], a jego majątek szacowany jest na 25 miliardów dolarów[13]. Jest prezesem wykonawczym firmy Alibaba i niedawno został nominowany

* Hangzhou Teachers' Institute, obecnie Hangzhou Normal University (przyp. tłum.).

** Jedna z największych firm internetowych na świecie, znana m.in. z portalu Alibaba.com (przyp. tłum.).

przez „Time" jako jeden z „najbardziej wpływowych ludzi w roku 2009"[14].

Gdyby Ma trzymał się teorii mocnych stron, poprzestałby na tym, na czym znał się najlepiej - na uczeniu angielskiego. Mężczyzna nie napisał nawet linijki kodu ani nie sprzedał niczego żadnemu klientowi, zanim podjął decyzję o założeniu komercyjnego portalu internetowego. Jego entuzjazm wynikał z przekonania, że jeśli mu się nie powiedzie, to nauczy się czegoś nowego. „Niezależnie, co się robi, czy ponosi się klęskę, czy odnosi sukces, doświadczenie samo w sobie jest już rodzajem sukcesu. Musisz próbować i jeśli to nie zadziała, zawsze możesz wrócić do tego, co robiłeś wcześniej" - mówi Ma[15].

Jak pokazuje jego historia, twoje podejście do siebie ma moc determinującą twoje ogólne samopoczucie, pewność siebie i sukces. Jest przepowiednią mówiącą, czy się podniesiesz i będziesz rozkwitał w obliczu nieuniknionej porażki. Wyrokuje także, czy podejmiesz wyzwanie i dostrzeżesz nowe możliwości, a przy okazji rozwiniesz nowe umiejętności.

W tych nowych przedsięwzięciach z pewnością będziemy doświadczali kolejnych niepowodzeń. Gdy one nadejdą, powstrzymanie się od samokrytycyzmu i zaangażowanie w bardziej pozytywny rodzaj relacji z sobą samym tym bardziej zwiększy nasze szanse na sukces.

MOC WSPÓŁCZUCIA WOBEC SIEBIE SAMEGO

Laura uświadomiła sobie, że powinna zmienić swój stosunek do siebie i skonfrontować się ze swoim nadmiernie samokrytycznym zachowaniem pomimo presji społecznej, by to przetrzymać. Powiedziała mi wtedy: „Muszę odejść, żebym mogła się nauczyć, jak sobie odpuszczać". Wielu z nas nigdy nie dochodzi do tak mądrych spostrzeżeń, do których ona doszła w tak młodym wieku. Zamiast tego staramy się jeszcze bardziej wziąć się do galopu, myśląc, że powinniśmy wymagać od siebie więcej i więcej.

Po autodestrukcyjnym etapie w swoim życiu Laura postanowiła zatrzymać nadmiernie samokrytyczne oczekiwania wobec siebie. Stała się dla siebie bardziej łagodna, co oznaczało życie w przyjaźni z samą sobą, większą wyrozumiałość wobec swoich niedociągnięć i patrzenie na siebie z szerszej, uważniejszej perspektywy. Podsumowując, stała się osobą, która „współczuje samej sobie" – jak to określają badacze.

Zamiast kierowania się jedynie zewnętrznymi motywacjami, skupiania swojej uwagi i energii wyłącznie na zewnętrznych celach sportowych czy akademickich, rozwinęła świadomość swoich potrzeb i była życzliwa wobec siebie, gdy spotykały ją niepowodzenia. Szybko na jej twarz wrócił promienny uśmiech. Nadal chciała się wyróżniać, ale już nie kosztem swojego dobrego samopoczucia.

Naukowe dowody potwierdzają to, co Laura odkryła poprzez swoją intuicję – współczucie wobec samego siebie jest jednym z fundamentalnych wyznaczników odporności psychicznej i sukcesu. Samokrytycyzm nas osłabia i prowadzi do załamania, podczas gdy współczucie wobec siebie stanowi źródło naszej siły.

Czym właściwie jest współczucie wobec siebie? Polega ono na traktowaniu siebie w taki sposób, w jaki potraktowalibyśmy kolegę czy przyjaciela, który poniósł porażkę. Zamiast strofować go i osądzać, zwiększając w ten sposób tylko jego desperację, słuchasz go ze zrozumieniem. Zachęcasz przyjaciela, by pamiętał, że błędy są czymś normalnym. Pionierskie badanie Neff[16] dotyczące współczucia wobec siebie ukazało jego trzy składowe:

- **Bycie życzliwym dla samego siebie.** Współczucie wobec siebie oznacza między innymi traktowanie siebie ze zrozumieniem i cierpliwością, a nie zawstydzanie, krytykowanie czy udzielanie ostrych reprymend. Obejmuje również angażowanie się w pozytywny i wspierający dialog z samym sobą. Neff sugeruje frazy tego typu: „Nie ma nic złego w porażce; nie oznacza to, że jesteś do niczego albo kiepski w tym, co robisz", „Wierzę w ciebie i masz moje wsparcie. Wiem, że możesz to zrobić", „Chcę, żebyś spróbował zmiany, która spowoduje, że będziesz szczęśliwszy".
- **Uświadomienie sobie, że jesteś człowiekiem, że wszyscy popełniamy błędy.** „Błądzić jest rzeczą ludzką" – napisał Alexander Pope. Wiedza o tym, że wszyscy prędzej czy później ponosimy porażki, pomaga w byciu mniej krytycznym i zmartwionym w momencie, gdy przychodzi kolej na ciebie. Przyjmujesz porażkę jako coś normalnego i w ten sposób mniej się nią przejmujesz. Przypominasz sobie, że to „może się zdarzyć każdemu" i „każdy czasem

zawodzi", a „człowiek uczy się na błędach". Uświadamiasz sobie, że są obszary twojego życia zawodowego i osobistego, które wciąż wymagają rozwoju i rozszerzenia umiejętności, i odnawiasz swoje postanowienie, by coś z tą słabością zrobić.

- **Uważność.** Uważność oznacza bycie świadomym i akceptowanie swoich myśli i uczuć, ale obserwowanie ich z dystansem i z odpowiedniej perspektywy, bez zbytecznego identyfikowania się z nimi. Zamiast poddawać się zalewowi emocji, włączając w to złość na samego siebie, po prostu obserwujesz swoje myśli i uczucia, które się pojawiają, tak jak obserwowałbyś burzę za oknem. Uważność nie oznacza tłumienia lub zaprzeczania tym uczuciom, ale raczej akceptowanie ich. Neff sugeruje następujące przykłady uważnego podejścia do myśli i uczuć: „To jest naprawdę bardzo trudne", „Przykro mi, że tak się z tym zmagasz" albo „To minie".

Jako kierownik naukowy Stanfordzkiego Centrum Edukacji i Badań nad Współczuciem i Altruizmem* doskonale wiem, że pojęcia związane ze słowem „współczucie" mogą na pierwszy rzut oka kojarzyć się ze słabością i idealizmem. Jednak współczucie wobec samego siebie zdecydowanie nie jest słabością – jest przejawem mądrości. Pozwala ci odnieść sukces bez sabotowania siebie.

Współczucie wobec samego siebie nie oznacza przykładowo wymigiwania się od odpowiedzialności, kiedy ponosisz

* Stanford's Center for Compassion and Altruism Research and Education (przyp. tłum.).

klęskę lub popełniasz błąd. Oznacza po prostu, że podchodzisz do tych niepowodzeń w bardziej konstruktywny sposób, wyciągając z nich wnioski, zamiast karać się z ich powodu. Współczucie wobec samego siebie nie oznacza, że nie jesteś świadomy swoich słabości. W jednym z badań Neff stwierdziła, że gdy mamy do czynienia z sytuacją zagrożenia – rozmową o pracę, podczas której mamy opisać naszą „największą słabość" – ludzie o większym współczuciu wobec samych siebie używali tyle samo negatywnych określeń siebie jak ci o mniejszym współczuciu. Jednak osoby współczujące wobec samych siebie doświadczały w związku z tym zadaniem o wiele mniejszego niepokoju[17]. Neff wykazała w innych studiach na ten temat, że współczucie wobec samego siebie sprawia, iż jesteś odporny niezależnie od tego, czy spotykasz się z pochwałą, czy krytyką[18]. Innymi słowy, ponieważ czujesz się dobrze, zarówno jeśli chodzi o twoje pozytywne, jak i negatywne cechy, opinie innych ludzi nie wpływają na ciebie tak mocno i nie czujesz się wobec nich bezbronny.

Badania Neff pokazują, że dzięki współczuciu wobec samych siebie dajemy z siebie to, co najlepsze. Ono, w przeciwieństwie do samokrytycyzmu, pomaga ludziom rozkwitać[19] i jest kojarzone z wieloma korzyściami, takimi jak:

- lepsze samopoczucie psychiczne;
- mniejszy niepokój, depresja i stres[20];
- większe szczęście, optymizm, ciekawość, kreatywność i pozytywne emocje[21];
- poprawa zdrowia;

- zmniejszenie wewnątrzkomórkowych stanów zapalnych w odpowiedzi na stres[22];
- mniejszy poziom kortyzolu (hormonu związanego ze stresem)[23];
- zwiększona zmienność rytmu zatokowego (fizjologiczny wskaźnik kojarzony ze zdolnością do szybszej regeneracji po sytuacjach stresowych)[24];
- poprawa zdolności zawodowych i osobistych;
- silniejsza motywacja[25];
- lepsze relacje z innymi[26];
- zmniejszony strach przed porażką i większa gotowość, by spróbować jeszcze raz[27];
- poprawa siły woli[28];
- większy dystans i zmniejszona skłonność do poczucia przytłoczenia podczas zmagań[29].

Mimo że dalsze badania dotyczące fizjologii współczucia wobec samego siebie w odniesieniu do nadmiernego samokrytycyzmu są jeszcze przed nami, badacze współczucia tacy jak Paul Gilbert utworzyli prosty model hipotetyczny. Ostra samokrytyka aktywuje współczulny układ nerwowy (tryb walki lub ucieczki) i podnosi poziom hormonów stresu, takich jak kortyzol. Gdy jesteśmy pod jego wpływem, nie możemy uczyć się ani mieć dostępu do słusznych aspektów zawartych w tej krytyce, które mogłyby nam się przydać. Z kolei współczucie wobec samego siebie uruchamia występujący u ssaków system opiekuńczy oraz wyzwala hormony przynależności i miłości, takie jak oksytocyna. Oksytocyna zwana również „hormonem przytulania" jest wyzwalana podczas tulenia się, seksu i karmienia dzieci przez matki.

Łączona jest z dobrym samopoczuciem[30]. Możemy wtedy przyjąć informację zwrotną, którą otrzymujemy, i wyciągnąć z niej wnioski, nie będąc przez nią przytłoczonym.

Najtrudniejsze we współczuciu wobec samego siebie jest przeciwdziałanie naszej skłonności do skupiania się na aspektach negatywnych. Skłonność do negatywizmu i habituacja* sprawiają, że znacznie łatwiej jest być samokrytycznym. Jest jednak jeden nawyk, który pomaga nie ulegać tej tendencji: wdzięczność. Równoważy ona naszą skłonność do negatywizmu, czyniąc nas bardziej świadomymi pozytywnych doświadczeń w życiu i pomagając nam skupiać się na naszych pozytywnych aspektach. Wdzięczność pomaga nam przyjmować bardziej zrównoważony pogląd i wspiera nasze szczęście i sukces.

Kongresmen Tim Ryan z Ohio jest najmłodszym politykiem, jaki kiedykolwiek został wybrany do Kongresu[31]. Postawa mężczyzny, wybranego na urząd w roku 2003 – w wieku dwudziestu dziewięciu lat – jest idealnym ucieleśnieniem ścieżki szczęścia prowadzącej do sukcesu, którą opisuję w niniejszej książce. Ryan żyje zgodnie z wyznawanymi wartościami i z pasją wspiera sprawy, w które wierzy, nawet jeśli nie pomaga mu to w karierze politycznej. Gdy go spotykasz, widzisz człowieka, który nie tylko osiąga sukcesy, ale także jest głęboko spełniony, zadowolony i pełen radości.

Jednak codzienność kongresmena nie jest pozbawiona wyzwań. „Świat może być – jeśli tak na niego patrzysz – negatywnym miejscem. W jaki sposób udaje ci się nie zostać

---

* Osłabianie się wrażliwości na powtarzające się bodźce, które nie niosą istotnych informacji (przyp. tłum.).

przytłoczonym, gdy funkcjonujesz w świecie zewnętrznym (czy to w polityce w Waszyngtonie, czy w polityce biurowej), a ludzie są nieprzyjemni i próbują cię skrzywdzić?". Jakąkolwiek decyzję podejmuje Ryan, w Kongresie w sposób nieunikniony sprowadza ona na niego ostrą krytykę i ataki oponentów.

„Biorąc pod uwagę negatywne nastawienie, z jakim się spotykasz – a czasem jest naprawdę ciężko – musisz potrafić zatrzymać się i odetchnąć. Ważne jest, by działać z perspektywy wdzięczności i doceniania tego, co się ma". Zamiast poczucia klęski, samokrytyki czy złości wobec ataków kongresmen Ryan potrafi obrócić negatywne nastawienie, z którym się spotyka, we wdzięczność. W obliczu takiej wrogości wdzięczność jest wyrazem najwyższego współczucia wobec samego siebie. Pozwala mu zachować trzeźwy umysł i spokój, by działać dalej i rozwiązywać problematyczne sytuacje w odpowiedni sposób. Wdzięczność staje się źródłem ogromnej siły.

Badania potwierdzają teorię, że wdzięczność przynosi ogromne korzyści, nie tylko poprawia samopoczucie, ale również znacząco poprawia umiejętności zawodowe.

Lepsze zdrowie psychiczne i samopoczucie:

- wywołuje pozytywne emocje[32];
- powoduje, że dłużej odczuwamy pozytywne emocje[33];
- chroni przed stresem i negatywizmem[34];
- zmniejsza niepokój i depresję[35];
- zmniejsza nastawienie materialistyczne[36] (a materializm łączony jest ze złym samopoczuciem[37]);

- poprawia jakość i długość snu i sprawia, że w twoich myślach przed zaśnięciem więcej jest wdzięczności[38].

Lepsze umiejętności zawodowe:

- wyższa inteligencja społeczna[39];
- lepsze relacje z innymi[40];
- bycie lubianym (wdzięczność powoduje, że jesteś życzliwszą, bardziej altruistyczną, moralną i etyczną osobą)[41];
- większa siła woli[42];
- podejmowanie lepszych decyzji długoterminowych[43];
- większy pozytywny wpływ na innych, którzy zachowują się bardziej etycznie i działają z większą uczciwością[44] i życzliwością[45].

Pomimo tych korzyści w społeczeństwie amerykańskim bardzo brakuje nawyku wdzięczności. Jedynie 52 procent kobiet i 44 procent mężczyzn regularnie okazuje wdzięczność wobec innych[46]. W związku z tym należy się zastanowić, jak często okazujemy wdzieczność w o b e c s i e b i e s a m y c h? Każdego dnia możemy dokonać wyboru, jak będziemy przyjmowali nasze życie. Możemy się skupić na tym, czego pragniemy, a czego jeszcze nie mamy (na przykład lepsze nawyki związane z pracą), ale ten wybór tylko nas przygnębi. Możemy też skupić się na tym, co mamy (na przykład lojalności i uczciwości). Każdy z nas wymieniłby pewnie przynajmniej jeden taki aspekt (a prawdopodobnie znacznie więcej!), za który może być wdzięczny. Gdy zwracamy uwagę na nasze pozytywne cechy i jesteśmy za nie wdzięczni, stajemy się bardziej współczujący wobec siebie – nie wspominając, że zaczynamy postrzegać siebie w znacznie bardziej realistyczny sposób i w bardziej pozytywnym świetle.

Niektórym ludziom wdzięczność przychodzi z trudem, ponieważ są tak wycieńczeni trudnościami i wyzwaniami, którym muszą sprostać. Interesujące badanie[47] pokazało, że to, czy czerpiesz poczucie szczęścia ze zwykłych codziennych zdarzeń, czy jedynie z wyjątkowych, zależy od twojego postrzegania czasu, który ci jeszcze pozostał. Im mniej go, jak sądzisz, masz, tym bardziej cieszysz się z najprostszych rzeczy. Analogiczne badanie z osobami starszymi i studentami ostatniego semestru (obie grupy stoją wobec zakończenia jakiegoś etapu w życiu) wykazało, że oni również są bardziej skłonni doceniać zwykłe zdarzenia.

Większość z nas żyje, jakbyśmy mieli nieskończoną liczbę dni przed sobą. Dopóki nie zachorujemy albo nie odejdzie ktoś nam bliski, nie zdajemy sobie sprawy z nietrwałości życia. Poczucie ostateczności przysparza słodko-gorzkiej wyrazistości chwili obecnej, ponieważ nigdy więcej się ona nie powtórzy. Mimo że dla wielu ta świadomość jest depresyjna, w rzeczywistości jest wezwaniem do czynu. Możemy postanowić celebrować nasze życie i cieszyć się sobą. Niezależnie od tego, jakie wyzwania staną nam na drodze, to od nas zależy, czy przyjmiemy dary, jakie przynosi z sobą życie i jakie my mamy do zaofiarowania światu, czy też będziemy na nie ślepi. Nasza zdolność do odczuwania wdzięczności za chwilę obecną nie tylko uczyni nas szczęśliwszymi, ale też przyczyni się do naszego sukcesu.

„Najszczęśliwsze osoby nie muszą być we wszystkim najlepsze, robią bowiem najlepszy użytek z tego, co mają" – mówi przysłowie. Gdy zauważysz, że jesteś wobec siebie bardzo krytyczny i że masz skłonność do negatywizmu, zamknięcie oczu i przypomnienie sobie tych swoich cech, za które czujesz się wdzięczny, pomoże ci spojrzeć na rzeczywistość w obiektywny sposób i nie pozwoli ci na niezadowolenie z siebie; pomoże ci widzieć siebie takiego, jaki naprawdę jesteś. Z kolei praca nad słabościami z perspektywy współczucia wobec siebie pomoże ci się rozwijać. Podobnie pamiętanie o tym, co dobrego dzieje się w twoim życiu, pomoże stawić czoła habituacji, tak abyś mógł celebrować wszystkie szczęśliwe aspekty twojego życia. Oczywiście zawsze będą trudne sytuacje i powody do narzekania. Masz jednak wybór – możesz pozwolić im kontrolować twój umysł i stanowić poważne zagrożenie dla twojego samopoczucia albo możesz wziąć sprawy w swoje ręce. Sytuacja być może się nie zmieni, ale ty tak.

JAK STAĆ SIĘ BARDZIEJ WSPÓŁCZUJĄCYM WOBEC SIEBIE

Współczucie wobec siebie samego może wydawać się wyzwaniem. Nie tylko przyzwyczailiśmy się być wobec siebie krytyczni, ale też wychowano nas tak, abyśmy unikali przechwalania się. Nauczono nas być miłym dla innych, ale pomysł, że moglibyśmy być mili dla samych siebie, wydaje się dziwny, a nawet jak rodem z nurtu New Age. Jednak jak już to omówiliśmy, są solidne naukowe podstawy świadczące o tym, że współczucie wobec samego siebie jest korzystne dla ciebie i twojej kariery. Poniżej kilka sposobów, jak uczynić je nawykiem.

Zwróć uwagę na swój wewnętrzny monolog. Neff sugeruje, że zwrócenie uwagi na swój wewnętrzny monolog w chwili porażki czy wobec wyzwania może pomóc ograniczyć samokrytycyzm i zamienić go na współczucie wobec samego siebie. Na przykład zamiast mówić: „Jak mogłem to zrobić? Jestem takim kretynem!", możesz powiedzieć sobie: „Miałem chwilę bezmyślności i to się zdarza. To mogło się przydarzyć każdemu. To nic takiego".

Napisz do siebie list. Gdy emocje cię przytłaczają, Neff sugeruje napisanie do siebie listu w taki sam sposób, jakbyś pisał go do przyjaciela. Powiedzmy, że popełniłeś kosztowną pomyłkę i jesteś na siebie zły. Możesz na początku czuć się dziwnie i nieswojo, ale mimo to napisz list, taki sam, jaki napisałbyś do bliskiego, który popełnił podobny błąd. Twoje słowa nie powinny atakować, ale przynosić ulgę, ukazując sytuację we właściwych proporcjach, a nie ją rozdmuchując. Wiele badań pokazało, że pisanie o emocjach może pomóc je opanować[48].

Wymyśl własną frazę związaną ze współczuciem wobec siebie. Neff sugeruje znalezienie mantry współczucia wobec siebie czy też frazy, do której możesz się uciec w trudnej sytuacji, tak abyś mógł podejść do niej ze spokojem i wdziękiem. Jej mantra to „Ten moment jest chwilą cierpienia. Cierpienie jest częścią życia. Obym była życzliwa wobec siebie w tej właśnie chwili. Obym obdarzyła siebie współczuciem, jakiego potrzebuję".

Stwórz listę rzeczy, za które jesteś wdzięczny na co dzień. Każdego dnia zapisz pięć rzeczy, za które czujesz się wdzięczny. Mimo że to ćwiczenie wydaje ci się zbyt uproszczone, może przynieść znaczące i długotrwałe rezultaty[49].

Aby pod koniec dnia zwiększyć współczucie wobec samego siebie, zapisz pięć rzeczy, które osiągnąłeś i które napełniają cię dumą, i pięć pozytywnych cech, które w sobie dostrzegasz.

Po ukończeniu Yale moja przyjaciółka Laura wzięła rok wolnego, by nawiązać ze sobą kontakt, zastanowić się nad tym, czego naprawdę chce, i nauczyć odpuszczać nadmierną kontrolę, którą do tej pory stosowała. Wzięła udział w wyprawie w dzicz, pracowała w księgarni specjalizującej się w powieściach detektywistycznych – gatunku, który uwielbiała. Po rocznym urlopie przeniosła się na inny uniwersytet z Ligi Bluszczowej* w swoim rodzinnym mieście, by żyć w pobliżu dającego jej oparcie domu rodzinnego. Gdy ukończyła studia, dwie bardzo elitarne szkoły prawnicze zaoferowały jej stypendia za osiągnięcia. Obecnie pracuje w agencji federalnej w Waszyngtonie i jest szczęśliwą mężatką. Ma nieugięte postanowienie, by nie przekazać córkom fałszywych właściwości sukcesu, które kiedyś zniszczyły jej życie: „Nie chcę, by moje córki czuły to samo dławiące uczucie, które ja czułam, i przyśpieszony oddech, gdy groziła mi inna ocena niż najwyższa".

Czy Laura mogła odnieść sukces na Yale i „przetrzymać to", nadal będąc swoim najsurowszym krytykiem i niezmordowanie dążąc do doskonałości? Być może. Ale za jaką cenę? I jak długo trwałby ten sukces, zanim kompletnie by się wypaliła? Całkowicie zmieniając relację z samą sobą – zarówno to, jak postrzegała swoje siły i słabości, jak i to, jak siebie

---

* Ivy League – grupa ośmiu elitarnych uniwersytetów z północno-wschodniej części Stanów Zjednoczonych (przyp. tłum.).

traktowała – Laura była w stanie odnaleźć swoje dobre samopoczucie i zrównoważoną ścieżkę do sukcesu.

To jest siła współczucia wobec samego siebie oraz wiary w talenty i mocne strony, które możesz rozwijać. Nie tylko budują one twoją wewnętrzną moc, tworząc trwałe i stabilne podstawy na poziomie umysłu, ale także zapewniają, że będziesz rozkwitał przez długi czas.

ROZDZIAŁ 6

ŻYCZLIWOŚĆ POZWALA OSIĄGNĄĆ SUKCES

DLACZEGO WSPÓŁCZUCIE SŁUŻY CI LEPIEJ NIŻ SKUPIENIE NA SOBIE

Dobroć to jedyna inwestycja, na której nie sposób stracić.

Henry David Thoreau[1]

Gdy Drake[2] rozpoczął pracę jako dyrektor zarządzający w Bear Stearns, banku inwestycyjnym z Wall Street, był zaskoczony panującym tam zwyczajem skupienia uwagi tylko na sobie. Bankowość inwestycyjna jest bez wątpienia branżą, w której panuje bezwzględna konkurencja i napięcie. Jednak Drake, który wcześniej pracował w banku inwestycyjnym, gdzie koleżeństwo i współpraca były wysoko cenione, odbierał Bear Stearns jako szczególnie nieprzyjemne miejsce. „To była najgorsza kultura organizacyjna, z jaką kiedykolwiek zetknąłem się na Wall Street" – powiedział do mnie. Bear Stearns „nie dał rady rywalizować na polu rekrutacji z takimi firmami jak Morgan Stanley czy Goldman Sachs, czyli bardziej elitarnymi organizacjami", wyjaśnił Drake, więc kultura tego banku była „kłótliwa, niezależna, agresywna - typowa dla zachowania dzieciaków z biednej dzielnicy".

Drake opowiadał, że w Bear Stearns starano się utrzymywać koszty operacyjne na niskim poziomie i wypłacać wysokie bonusy pracownikom. Jeśli jako dyrektor zarządzający pozyskiwałeś klientów, to dostawałeś znacznie większą wypłatę niż gdziekolwiek indziej. W rezultacie inni dyrektorzy zarządzający tak bardzo ze sobą konkurowali, że często nie witali się ze sobą na korytarzach ani nie przejawiali jakichkolwiek chęci do budowania relacji. Troszczyli się wyłącznie o siebie i pieczołowicie strzegli informacji o swoich klientach; skłonni byli również do przypisywania sobie zasług za transakcje współpracowników.

Sposób postępowania pracowników Bear Sterns może się wydawać szczególnie drapieżny, ale w rzeczywistości to wyolbrzymiona wersja teorii sukcesu, która jest głęboko zakorzeniona w naszym społeczeństwie: aby odnieść sukces, musisz po pierwsze i przede wszystkim dbać o swoje interesy. Uczy się nas, że żyjemy w świecie, w którym człowiek człowiekowi wilkiem, w którym płyniesz lub toniesz i gdzie każdy dba tylko o siebie, by nie zostać prześcigniętym przez konkurencję. W dzieciństwie uczy się nas, że przetrwają najsilniejsi, a ekonomiści, którzy długo przekonywali, że naszą podstawową motywacją jest własny interes, rozpowszechnili pogląd, że wszyscy jesteśmy egoistami. Mówią nam, że zasoby są ograniczone, więc musisz walczyć z konkurencją i pilnować własnego interesu.

Czy możesz prześcignąć kolegów i koleżanki z klasy, by dostać się na lepsze studia? Gdy podejmiesz pracę czy dostaniesz awans – czy dostanie go twój znajomy ze studiów? Czy potrafisz prześcignąć konkurencję w biznesie? Wydaje się oczywiste, że powinieneś być skupiony tylko na sobie. To gra o sumie zerowej – jest jeden wygrany i jeden przegrany, więc lepiej bądź tym pierwszym.

Badania naukowe pokazują jednak, że bycie samolubnym i egocentrycznym może tak naprawdę uniemożliwić osiągnięcie sukcesu, na który cię stać. Ci, którzy uczynili współczucie – a nie skupienie na sobie – priorytetem w relacjach z innymi, znacznie częściej są szczęśliwi i osiągają sukcesy, a także pomagają osiągnąć je innym.

Przekonanie, że przetrwają najsilniejsi – często błędnie przypisywane Karolowi Darwinowi – zostało w rzeczywistości sformułowane przez Herberta Spencera, politologa, który chciał usprawiedliwić obecność hierarchii społecznych i ekonomicznych[3]. W przeciwieństwie do Darwina, który głosił, że „stada, które posiadają największą liczbę jednostek obdarzonych takim uczuciem [sympatii], udoskonalonym w najwyższym stopniu, będą się rozwijać najlepiej i jako uprzywilejowane zdołają się rozmnożyć najliczniej”[4]. Współczucie i życzliwość są rzeczywistą przyczyną naszego przetrwania w ciągu wieków. Zarówno w naturze, jak i w naszym życiu potrzebujemy pomagać innym przetrwać i rozwijać się.

DLACZEGO SKUPIENIE SIĘ NA SOBIE JEST DESTRUKTYWNE?

W roku 2008, gdy załamał się rynek kredytów hipotecznych wysokiego ryzyka, Bear Stearns poszedł na dno wraz z nim. Drake powiedział mi, że jakkolwiek do upadku banku przyczyniły się też inne czynniki, reputacja chciwej i zajętej wyłącznie sobą firmy z pewnością mu nie pomogła. Część problemu stanowił ówczesny dyrektor zarządzający Bear Stearns, James „Jimmy" Cayne – uosobienie egoizmu i agresywnego nastawienia[5].

„Jimmy był arogancki i nie miał zbyt wielu przyjaciół na Wall Street" – tłumaczył Drake. „Gdy w 1998 zbankrutował LTCM*, firma zarządzająca funduszami hedgingowymi, Jimmy i Bear Stearns poinformowali Rezerwę Federalną i innych dyrektorów z Wall Street, że nie zamierzają uczestniczyć w jego dofinansowaniu[6]. Zgadnijcie, co było dalej. Gdy Bear sam potrzebował dofinansowania, nikt nie chciał im pomóc. Co więcej, wszyscy czekali, by położyć łapę na zyskownych zasobach, gdy tylko Rezerwa Federalna pozbędzie się toksycznych kredytów hipotecznych wysokiego ryzyka".

W marcu 2008 roku doszło do tego, że Bank Rezerwy Federalnej udzielił interwencyjnej pożyczki, która miała zapobiec upadkowi banku, pod warunkiem że zostanie sprzedany J. P. Morgan** w ciągu weekendu. Akcje Bear Stearns – wyceniane kiedyś na 171,5 dolara każda[7] – zostały sprzedane J. P. Morgan za 10 dolarów za sztukę.

---

* Long Term Capital Management L.P. (przyp. tłum.).

** Obecnie JPMorgan Chase & Co. – największy bank w Stanach Zjednoczonych (przyp. tłum.).

Jak widać na przykładzie historii Bear Stearns, egoistyczne nastawienie może przynosić rezultaty krótkoterminowo, jednak na dłuższą metę doprowadzi cię do porażki. W ekstremalnych przypadkach może spowodować, że stracisz wszystko. Badania wskazują na to, że skupienie na sobie szkodzi ci na cztery sposoby: prowadzi do zaślepienia, niszczy relacje z innymi, osłabia w sytuacji porażki i szkodzi zdrowiu.

SKUPIENIE NA SOBIE PROWADZI DO ZAŚLEPIENIA

Skupienie na sobie prowadzi do swego rodzaju pychy lub, ujmując rzecz w terminologii psychologicznej, do narcyzmu. Narcyzm według Jean Twenge, profesor na Uniwersytecie Kalifornijskim w San Diego i współautorki *Epidemii narcyzmu**, jest wygórowanym poczuciem wyższości, a także przekonaniem, że coś nam się należy: „To wieloaspektowa cecha, która łączy w sobie próżność, materializm, brak empatii, problemy w relacjach, egotyzm. To obszerny worek pojęciowy, którego istotą jest nadmierne skupienie na sobie". Mimo że wielu z nas nie uważa się za narcystycznych, to badanie przeprowadzone przez Twenge ostrzega, że tendencja jest wzrostowa. Liczba osób narcystycznych wśród studentów wzrosła dramatycznie od roku 1987, co przejawia się tym, że 65 procent dzisiejszych studentów osiąga wyniki wyższe niż ich poprzednicy[8].

---

* Jean Twenge, Keith Campbell: *The Narcissism Epidemic: Living in the Age of Entitlement*, Atria Books, 2010 (przyp. tłum.).

W wywiadzie[9], którego udzieliła mi Twenge, wspomniała, że gdy ukazały się wyniki jej badań, wiele studenckich gazet opublikowało recenzje i artykuły na ich temat. Ku jej zaskoczeniu większość z tych artykułów nie zaprzeczała jej ustaleniom. Ich autorzy przekonywali jednak, że muszą być narcystyczni, by osiągnąć sukces w konkurencyjnym świecie. „Założenie jest takie, że narcyzm pomoże ci w odniesieniu sukcesu" – wyjaśnia Twenge. „Jednak problem polega na tym, że tak się nie stanie".

Jedną z przyczyn, tłumaczy Twenge, dla których narcyz nie osiąga sukcesu, jest to, że podejmuje zbyt wiele ryzykownych działań, ponieważ nie ma jasnej świadomości na temat własnych możliwości. W dłuższej perspektywie czasowej prowadzi to do gorszych wyników. Zwłaszcza w miejscu pracy narcyzm może skutkować znaczącym zaślepieniem, co może powodować, że będziesz postrzegał swoje zdolności przywódcze i zawodowe w znacznie lepszym świetle, niż widzą je twoi przełożeni. Ten rodzaj zbyt wysokiego mniemania o sobie może przyczyniać się do tego, że nie będziesz dostrzegał swoich własnych słabości[10].

Twenge wyjaśnia ponadto, że narcyz zawsze chce być przywódcą, ale gdy już do tego dochodzi, zwykle jest nieefektywny i nielubiany przez zespół. Badaczka zauważa, że zazwyczaj wolimy liderów, którzy są skromni, ujmujący i pełni współczucia. Przyznaje jednak, że jest jeden wyjątek od tej reguły. W wystąpieniach publicznych, czyli w sytuacjach, gdy jesteśmy obserwowani przez innych, osobowości narcystyczne zwykle dobrze sobie radzą, jednak w pozostałych – od biznesu po edukację – wypadają słabo.

SKUPIENIE NA SOBIE NISZCZY RELACJE Z INNYMI

Jak powiedziała Twenge, skupienie na sobie i narcyzm mogą szkodzić relacjom z innymi i działać zniechęcająco. Prawdopodobnie wszyscy znamy współpracowników czy kierowników, którzy są nazbyt zakochani w sobie. Albo jest to wyraźne – wychwalają swoje osiągnięcia, usiłując pozostać w świetle reflektorów – albo bardziej subtelne, gdy manipulują sytuacjami tak, aby przypisać sobie zasługi za pracę innych ludzi. To aż nazbyt częsty scenariusz, na przykład w świecie akademickim, kiedy niektórzy naukowcy i profesorowie rutynowo przypisują sobie zasługi za pracę, która została tak naprawdę wykonana przez ich studentów czy adiunktów.

Prawdopodobnie nie mamy ochoty spędzać czasu z takimi osobami ani, co ważniejsze, nie ufamy im jako współpracownikom czy liderom. Ludzie, którzy przede wszystkim dbają o własne interesy, mogą wepchnąć cię pod autobus, jeśli tylko będzie to leżało w ich interesie.

Nie dziwi zatem, że nadmierny narcyzm i skupienie na sobie może zrujnować relacje z innymi. Osoby narcystyczne są też skłonne do gwałtownych, ostrych zachowań, ponieważ w sytuacji, gdy zagrożona jest ich samoocena, lub gdy uważają, że nie spotkali się z należnym szacunkiem, mają tendencję do reagowania złością i agresją[11]. Badanie przeprowadzone w miejscach pracy, zatytułowane „Narcyzm i destrukcyjne zachowania w pracy: Czy większe ego oznacza większe problemy?", pokazało, że osoby, które osiągają wysokie wyniki w skali narcyzmu, znajdują się w górze stawki, również jeśli chodzi o okazywanie złości i zachowania destrukcyjne w miejscu pracy. Są bardziej skłonne do działań nieetycznych, które szkodzą organizacji, włączając w to agresję interpersonalną, kradzieże, sabotaż, marnowanie czasu, szerzenie plotek i spowalnianie pracy[12]. Osoby narcystyczne mogą mieć uprzedzenia w stosunku do innych, a nawet ich prześladować, by poprawić swoje samopoczucie[13]. Co więcej, społeczna izolacja, która w nieunikniony sposób wokół nich narasta, nasila ich aspołeczne zachowanie, prowadząc do dalszej izolacji[14].

Ta złość i prześladowanie tym bardziej pogarszają ich relacje z innymi. Badania wykazały, że złość i frustracja podkopują lojalność współpracowników i pracowników. Adam Grant[15], profesor Szkoły Biznesu Whartona, wskazuje, że jeśli jesteś dla kogoś niemiły, to najprawdopodobniej spotkasz się z tym samym. Jeśli zwracasz się do swojego współpracownika lub pracownika z gniewem, to ich reakcja może być podobna. „Następnym razem, gdy będziesz musiał polegać na tym pracowniku, może się okazać, że jest on mniej lojalny względem ciebie niż wcześniej" – mówi Grant.

Co więcej, kierownicy, którzy wyrażają negatywne emocje, takie jak złość, są postrzegani jako mniej efektywni[16]. Skupieni na sobie kierownicy z reguły wywierają nadmierną presję na swój zespół – co z kolei wywołuje reakcję stresową, która negatywnie oddziałuje zarówno na zatrudnionych, jak i zatrudnianych. Badanie z udziałem pracowników z różnych organizacji wykazało, że wydatki na opiekę zdrowotną w korporacjach z wysokim poziomem stresu były o 46 procent wyższe niż w tych, gdzie poziom stresu był niższy[17]. Badania pokazują także, że stres w miejscu pracy może prowadzić do wysokich strat, ponieważ pracownicy szukają nowej pracy, odmawiają awansów, a nawet odchodzą z firmy[18].

SKUPIENIE NA SOBIE POWODUJE, ŻE NIE UMIESZ PORADZIĆ SOBIE Z PORAŻKĄ

Zamiast prowadzić cię na szczyt, koncentracja na sobie może sprawić, że będziesz mniej odporny i słabszy wobec wyzwania lub porażki. Mimo że pewność siebie i pozytywne mniemanie o sobie są oczywiście czymś dobrym, to w nadmiarze mogą być szkodliwe, ponieważ zazwyczaj wiążą się z porównywaniem siebie z innymi[19]. Psycholodzy nazywają to efektem ponadprzeciętności, który oznacza, że większość z nas myśli o sobie jako o ponadprzeciętnych[20].

Zwłaszcza w Stanach Zjednoczonych, gdzie dominuje postawa indywidualizmu – bycie bardziej skupionym na sobie niż utożsamianie się z grupą – wyróżnianie się jest wysoko cenione[21]. Bycie zawsze powyżej średniej i ciągłe osiąganie lepszych wyników od innych jest jednak niemożliwe. W pewnym momencie poniesiesz porażkę. Gdy twoje poczucie własnej wartości jest uzależnione od tego, czy osiągasz sukces w obszarach życia, które są dla ciebie ważne, to twój szacunek do siebie może lec w gruzach w obliczu porażki[22] – na przykład gdy czerpiesz dumę z osiągnięć zawodowych, to twoje poczucie własnej wartości jest uzależnione od sukcesów w pracy. Mimo że duże poczucie własnej wartości było przez długi czas uważane za korzystne, jest ono raczej rezultatem, a nie przyczyną osiągnięć[23]. Wygórowane poczucie własnej wartości samo w sobie może spowodować, że będziesz bardzo wrażliwy, w chwili gdy niezbyt dobrze poradzisz sobie w obliczu nieuniknionych wyzwań niesionych przez życie. Jeśli jesteś nadmiernie skupiony na sobie, to niepowodzenie może cię zupełnie sparaliżować.

SKUPIENIE NA SOBIE SZKODZI ZDROWIU I DOBREMU SAMOPOCZUCIU EMOCJONALNEMU

Skupienie na sobie nie tylko szkodzi twojej karierze zawodowej, ale także negatywnie oddziałuje na twoje zdrowie fizyczne i psychiczne. Pewna odkrywcza seria badań wykazała, że skupienie na sobie – mierzone częstotliwością używania określeń takich jak ja, mnie, moje – związane było z wyższym ciśnieniem krwi i nasilonymi zmianami miażdżycowymi tętnic wieńcowych, a także ze zwiększonym ryzykiem chorób kardiologicznych i wyższą śmiertelnością. Badania udowodniły, że w większości przypadków ta prawidłowość utrzymywała się, nawet gdy tradycyjne czynniki ryzyka, takie jak palenie, poziom cholesterolu i wiek, utrzymywały się w normie statystycznej[24].

Od strony psychologicznej skupienie na sobie jest silnie powiązane z negatywnymi emocjami[25], depresją[26], a zwłaszcza z niepokojem[27]. Poziom niepokoju i nasilenie depresji są rzeczywiście skorelowane z aktywnością części mózgu odpowiedzialnej za myślenie o sobie[28]. Innym psychologicznym skutkiem skupienia na sobie jest izolacja społeczna. Kto chciałby spotykać się z osobą, która nieustannie myśli wyłącznie o sobie? Według Twenge skupienie na sobie w dłuższej perspektywie wywołuje u ludzi depresję, ponieważ negatywnie wpływa na ich relacje osobiste i zawodowe.

Z kolei brak więzi społecznych wynikający z silnego skupienia na sobie może prowadzić do poważnych konsekwencji zdrowotnych. W roku 1988 James S. House, profesor Uniwersytetu Michigan, przeprowadził przełomowe badanie dotyczące wpływu relacji międzyludzkich na stan zdrowia. Stwierdził, że brak relacji międzyludzkich „stanowi znaczny czynnik ryzyka dla zdrowia – porównywany z efektem dobrze znanych czynników ryzyka, takich jak palenie tytoniu, ciśnienie krwi, stężenie lipidów we krwi, otyłość czy poziom aktywności fizycznej”[29].

Co więcej, zgodnie z badaniami House’a i dalszymi studiami, izolacja społeczna wydaje się przyspieszać fizjologiczne procesy starzenia[30]. Z reguły jesteśmy świadomi podstaw dotyczących zdrowego stylu życia: wiemy, że mamy jeść warzywa, uprawiać sport i wypoczywać. Jednak często zapominamy o znaczeniu więzi społecznych – poczuciu pozytywnej relacji z innymi. Samotność jest łączona z większym ryzykiem chorób, fizjologicznym starzeniem się i wcześniejszą śmiertelnością. Łączy się ją również ze wspominanym wcześniej ryzykiem dla układu krążenia występującym u osób nadmiernie skupionych na sobie. Samotność łączy się nawet z nasilonymi procesami zapalnymi na poziomie komórkowym i osłabioną reakcją immunologiczną[31]. Negatywnie wpływa także na samopoczucie psychiczne, zwiększając psychiczny niepokój[32].

Podczas gdy skupienie na sobie związane jest ze słabymi wynikami, zarówno na poziomie osobistym, jak i zawodowym, to skupienie na innych – zainteresowanie drugą osobą, a zwłaszcza przejawiane wobec niej współczucie – prowadzi do ogromnych korzyści.

OSIĄGANIE SUKCESU DZIĘKI WSPÓŁCZUCIU

Podczas gdy teoria, że musisz skupiać się na sobie, aby osiągnąć sukces, tak naprawdę bardziej przeszkadza ci, niż pomaga, to twierdzenie odwrotne, że aby osiągnąć sukces, musisz być osobą współczującą – prowadzi do pozytywnych rezultatów popartych naukowo.

Współczucie jest odwrotnością skupienia na sobie. Tak naprawdę polega na głębokim skupieniu się na innych. Zawiera w sobie empatyczne odczuwanie bólu drugiej osoby i próbę niesienia jej jakiejkolwiek pomocy. Empatia jest emocjonalnym i psychologicznym mechanizmem, za pomocą którego jesteśmy w stanie zrozumieć emocje odczuwane przez drugą osobę. Jest uczuciem, które sprawia, że mówimy: „Rozumiem twój ból". Współczucie jest doświadczaniem empatii wobec czyjegoś bólu i chęcią jego zmniejszenia. Obejmuje wrażliwość na cierpienie innych i pragnienie niesienia im pomocy w nieoceniający sposób[33].

Wiele osób uważa, że skupienie na sobie jest wrodzone, ale eksperymenty z udziałem niemowląt i zwierząt pokazują, że tak nie jest. Badania te udowadniają, że współczucie jest tak naprawdę naturalnym instynktem. Nawet szczury wykazują empatię wobec cierpiącego szczura i usiłują pomóc mu w tarapatach[34]. Studia przeprowadzone w prestiżowym Instytucie Maxa Plancka w Niemczech sugerują, że współczucie jest cechą wrodzoną zarówno ludzi, jak i zwierząt. Seria fascynujących eksperymentów pokazała, że zarówno szympansy, jak i niemowlęta, zbyt młode, by nauczyć się reguł uprzejmości, spontanicznie angażowały się w pomoc, gdy miały do czynienia z kimś, kto był w potrzebie – nawet jeśli w tym celu musiały pokonać przeszkody[35].

Często szczycimy się naszą niezależnością i tym, że sami potrafimy poradzić sobie w tarapatach. Jednak w gruncie rzeczy jesteśmy istotami społecznymi. Brené Brown, profesor w Instytucie Pracy Społecznej Uniwersytetu Houston, skupia się w swoich badaniach na więziach społecznych. „Głębokie poczucie miłości i przynależności jest nieodpartą potrzebą wszystkich ludzi" – wyjaśnia. „Jesteśmy biologicznie, poznawczo, fizycznie i duchowo stworzeni, by kochać, być kochanym i przynależeć. Gdy te potrzeby nie są zaspokojone, nie jesteśmy w stanie funkcjonować tak, jak powinniśmy. Załamujemy się. Jesteśmy otępiali. Odczuwamy ból. Ranimy innych. Chorujemy"[36]. Może nam się wydawać, że tym, czego chcemy, są pieniądze, władza, sława, piękno, wieczna młodość lub nowy samochód, ale u podstaw wszystkich tych pragnień leży potrzeba przynależności, akceptacji i więzi z innymi.

Pomyśl, jak bolesne jest doświadczenie przeciwieństwa współczucia: samotności lub co gorsza odrzucenia – czy to na poziomie osobistym, zawodowym czy uczuciowym. Odrzucenie prowadzi do ogromnego bólu[37]. Stres wywołany konfliktami w relacjach (zawodowych czy innych) jest tak niszczący, że powoduje zaostrzenie stanów zapalnych w ciele[38]. Zarówno fizycznie, jak i psychicznie doświadczamy współczującej więzi społecznej jako czegoś wspaniałego, a odrzucenia i osamotnienia jako druzgocącego.

Mimo że nie zawsze nadajemy współczuciu wysoki priorytet, intuicyjnie jesteśmy świadomi, że prowadzi ono do spełnienia. Na Stanfordzie przeprowadziliśmy badanie, w którym zapytaliśmy pięćset osób: „Co przynosi ci spełnienie?". Pomyśl przez kilka chwil, jak ty odpowiedziałbyś na to pytanie. Następnie sformułowaliśmy pytanie inaczej: „Gdybyś miał przed sobą tylko trzy dni życia, jak chciałbyś je przeżyć?". Zanim będziesz czytał dalej, pomyśl, jaka byłaby twoja odpowiedź na to pytanie.

Być może się domyślasz odpowiedzi innych. Na szczycie obu list najpopularniejsze wskazania dotyczyły spędzenia czasu z tymi, których kochamy, i pomagania innym. Mimo że być może na co dzień nie przeżywamy naszego życia w ten sposób, wiemy intuicyjnie, że nasze więzi z innymi są tym elementem naszego życia, który ma największe znaczenie.

Czy kiedykolwiek miałeś zły dzień, kiedy wszystko wydawało się iść nie po twojej myśli, i nagle dzwonił przyjaciel czy ktoś z twojej rodziny, desperacko potrzebując twojej pomocy, a ty skupiałeś się na samopoczuciu tej osoby? Robiłeś wszystko, co tylko mogłeś, by pomóc jej rozwiązać problem. Co stało się z tym okropnym dniem? Zadałam to pytanie wielu uczestnikom moich warsztatów, a oni jednogłośnie udzielali tej samej odpowiedzi: ich dzień zmienił się na lepsze. Nagle czuli się pełni energii, ożywieni, a nawet szczęśliwi. Przeszedłeś od bycia skupionym na sobie do dbania o inną osobę i od złego samopoczucia do bycia pełnym energii i pozytywnie nastawionym. Poprzez współczucie wchodzisz w kontakt ze swoim pełnym potencjałem siły, mocy i witalności. Poprzez współczucie znajdujesz poczucie celu.

Gdy nasze mózgi przechodzą z trybu skupienia na sobie i stresu do nowego stanu troski, dbania o innych i tworzenia więzi, rytm serca przyspiesza, niemiarowość zatokowa – nasza zdolność, by zrelaksować się i powrócić do normy po stresującym wydarzeniu – jest silniejsza i następuje wydzielanie hormonów, takich jak oksytocyna, które są najistotniejsze w nawiązywaniu kontaktu i tworzeniu więzi. W tym nowym stanie czujemy się swobodnie. Nie tylko staliśmy się bardziej współczujący wobec innych, ale też sami czujemy się otoczeni opieką i jesteśmy wewnętrznie pozytywnie nastawieni.

Wszyscy wiemy, ile radości sprawia, kiedy ktoś jest dla nas życzliwy i hojny. Działanie ze współczuciem daje taką samą, jeśli nie większą przyjemność niż otrzymywanie. To powód, dla którego ludzie podejmują starania, by pomóc innym, nawet jeśli jest to sprzeczne z ich interesem. To dlatego 25 procent Amerykanów w 2014 roku poświęciło swój czas na wolontariat charytatywny (odsetek ten pozostaje stały w ostatnich latach)[39]. Dlatego też Amerykanie przekazują średnio trzy procent swoich rocznych dochodów na cele charytatywne, przy czym odsetek ten jest nawet większy[40] wśród osób z klas średniej i niższej. Z tego też powodu ludzie zjeżdżają na pobocze na autostradzie mimo deszczu, by pomóc komuś, komu zepsuło się auto, albo karmią bezdomnego kota.

Badanie z wykorzystaniem neuroobrazowania[41] pokazało, że ośrodki przyjemności w mózgu – obszary mózgu aktywizujące się, gdy doświadczamy przyjemności – są aktywne zarówno wtedy, gdy sami otrzymujemy pieniądze, jak i wtedy, gdy widzimy, że pieniądze trafiają do organizacji charytatywnej. Uczestnicy innego eksperymentu[42] otrzymali pewną sumę pieniędzy i zostali poinstruowani, by wydać te pieniądze na własne potrzeby lub na potrzeby innych. Ci, którzy przeznaczyli pieniądze dla innych, byli szczęśliwsi. Zespół badaczy stwierdził również, że już u dwuletnich dzieci dawanie słodyczy innym daje więcej szczęścia niż ich otrzymywanie[43]. Naukowcy doszli do wniosku, że wyniki są podobne niezależnie od kultury i od tego, czy kraj, w którym mieszkali uczestnicy eksperymentu, jest zamożny czy biedny. Bez wątpienia jesteśmy stworzeni do współczucia – i czyni nas ono szczęśliwszymi i bardziej spełnionymi.

Nauka wykazuje, że skupianie się na innych i współczucie mamy w naturze. Dlaczego więc zawsze słyszymy, że dbanie o własny interes jest podstawową motywacją? W dużej mierze wynika to z faktu, że takie przekonanie jest szerzone przez ekonomistów. Jedno z badań pokazało, że studenci specjalizujący się w ekonomii mają tendencję do częstszego działania z pobudek egoistycznych, ponieważ wielokrotnie spotykali się z tą teorią podczas studiów[44]. Inne badanie sugeruje, że ludzie mają naturalną tendencję do pomagania innym, ale hamują się z powodu „egoistycznej normy" – teorii, że wszyscy działamy z egoistycznych pobudek. Dlaczego? Ponieważ martwią się, że inni będą uważali, że pomagają z pobudek egoistycznych i oczekują czegoś w zamian.

JAK WSPÓŁCZUCIE PROWADZI DO SUKCESU

Drake jest osobą szczęśliwą, hojną i skupioną na innych. Zawsze interesował się tym, jak może pomóc innym. Wraz z żoną wspiera szlachetne cele związane z poprawą warunków życia dzieci na świecie, które są zagrożone otaczającymi je ubóstwem i przemocą. Życzliwość przenika całe jego życie.

Gdy więc Drake rozpoczął pracę w Bear Stearns, był zaszokowany, jak źle inni dyrektorzy zarządzający traktują młodszych bankierów – analityków, partnerów i wiceprezesów. Mieli na względzie tylko swój interes i poniżali młodszy personel – czasem nawet traktując ich obraźliwie. Nalegali na przykład – po powrocie z weekendu w Hamptons* – by ich podwładni przyszli do pracy o 23.00 w niedzielny wieczór i dokończyli prezentację czy raport na poniedziałek rano, nawet jeśli klienci mieli otrzymać je dopiero za kilka dni. Oczekiwano też od pracowników, że będą pracowali przez resztę kolejnego dnia.

Poza rywalizacją o bonusy i klientów dyrektorzy zarządzający w Bear Stearns musieli walczyć o to, do czyjego projektu dołączą najlepsi młodsi bankierzy w firmie. Ci z kolei wiedzieli, że ich życie zamieni się w piekło, niezależnie od tego, dla kogo będą pracować, więc zazwyczaj dołączali do tych dyrektorów zarządzających, którzy mogli się poszczycić historią zawierania bardziej lukratywnych kontraktów, aby mieć szanse na większe bonusy. Gdy Drake rozpoczął pracę w Bear Stearns, młodsi bankierzy nie znali go i nie widzieli powodu, by dołączać do jego zespołu.

Drake był zdeterminowany, by wytrwać przy swoich ideałach pomimo panującej tam kultury skupienia na sobie. Traktował młodszych bankierów ze współczuciem i szacunkiem, a także stwarzał im okazje, o których nawet nie marzyli. Przykładowo młodszy personel był rzadko, jeśli w ogóle, zapraszany na spotkania z klientami. Drake jednak zapraszał nawet personel najniższego szczebla ze swojego zespołu i powierzał im odpowiedzialne zadania.

Przy jednym z kontraktów Drake'owi udało się zachęcić do pracy w swoim zespole tylko jedną analityczkę. Powiedział jej: „Myślę, że mamy spore szanse na zdobycie tego kontraktu. Myślę, że ty i ja możemy tego dokonać razem. Oznacza to,

* Popularne letnisko dla najbogatszych Amerykanów (przyp. tłum.).

że musisz odegrać rolę analityka, partnera i wiceprezesa i że będziesz promowała to IPO*. Dostaniesz miejsce w pierwszym rzędzie i zobaczysz, jak to jest być wiceprezesem najgorętszego IPO roku". Nie tylko zaprosił analityczkę (która w innym wypadku nigdy nie brałaby udziału w spotkaniu z klientem), ale także uczył ją i zaoferował możliwość wystąpienia przed klientem. Gdy ta analityczka aplikowała później do szkoły biznesu, pod względem doświadczenia dalece przewyższała innych analityków.

Gdy okazało się, że był to jeden z osiągających najlepsze wyniki IPO tamtego roku, i inni młodsi bankierzy zobaczyli, jak duże doświadczenie zdobyła tamta analityczka, wiele osób chciało z Drakiem pracować. Pojawił się ktoś, kto traktował ich z szacunkiem, nie wymagał, aby przepracowywali się bez potrzeby, dbał o ich rozwój zawodowy i oferował im niebywałe możliwości i doświadczenie. Drake nadal wygrywał duże kontrakty częściowo dzięki lojalnemu i ciężko pracującemu zespołowi. Niedługo potem inni dyrektorzy zaczęli wypytywać Drake'a: „Co robisz, że tacy zdolni młodsi bankierzy chcą z tobą pracować?".

Drake wyobrażał sobie siebie na miejscu młodszego personelu, rozumiał wyzwania, z którymi się borykają, oraz ich aspiracje i pracował z nimi z czystego pragnienia udzielenia im pomocy w ich rozwoju. W efekcie jego interakcje z innymi były pozytywne, pełne zaufania oraz troski. Drake budował w ten sposób silne więzi międzyludzkie. Współczucie,

* Initial Public Offering – pierwsza oferta publiczna, w ramach której papiery wartościowe są wprowadzane do obrotu giełdowego (przyp. tłum.).

znacznie bardziej efektywne i pełne mocy niż skupienie na sobie, pomogło mu odnieść sukces nawet w toksycznym otoczeniu.

Jak pokazuje jego historia i jak uzasadniają to badania, współczucie poprawia wyniki, wspaniale wpływa na relacje i buduje długoterminową lojalność. Ponadto współczucie znacząco poprawia stan zdrowia.

WSPÓŁCZUCIE POPRAWIA WYNIKI

Kim Cameron[45] wraz ze swoimi kolegami z Uniwersytetu Michigan przestudiował efekt praktykowania współczucia w miejscu pracy. Cameron definiuje te praktyki jako:

- troskę, zainteresowanie i poczucie odpowiedzialności wobec współpracowników, których traktuje się jak przyjaciół;
- zapewnianie wsparcia sobie nawzajem, włącznie z przejawami życzliwości i współczucia wobec osób w tarapatach;
- inspirowanie siebie nawzajem w pracy;
- akcentowanie tego, jakie znaczenie ma wykonywana praca;
- unikanie błędu obwiniania i wybaczania;
- traktowanie siebie nawzajem z szacunkiem, wdzięcznością, zaufaniem i uczciwością.

W artykule opublikowanym w „Journal of Applied Behavioral Science" Cameron wyjaśniał, że gdy organizacje wprowadzają te praktyki, ich wyniki gwałtownie się poprawiają: „Osiągają znacznie wyższy poziom organizacyjnej efektywności – włączając w to wyniki finansowe, satysfakcję klienta i produktywność". Dodaje, że im bardziej współczujące środowisko pracy, „tym większa zyskowność, produktywność, satysfakcja klienta i zaangażowanie pracowników".

Co więcej, badania pokazują, że szczęśliwsi pracownicy przyczyniają się do poprawy atmosfery koleżeństwa i tworzą znacznie milszy nastrój w miejscu pracy[46]. Inne duże badanie dotyczące ochrony zdrowia potwierdziło, że współczująca kultura w miejscu pracy nie tylko poprawia samopoczucie i produktywność pracowników, ale także polepsza stan zdrowia i satysfakcję klienta[47]. Innymi słowy, współczucie jest korzystne dla ciebie, twojego zespołu i klientów, przynosząc lepsze rezultaty we wszystkich aspektach.

WSPÓŁCZUCIE ZWIĘKSZA TWOJĄ POZYCJĘ I WIARYGODNOŚĆ

Dla wielu osób pomysł wprowadzania współczucia do miejsca pracy może wydawać się dziwny. Czy nie jest to coś nazbyt uczuciowego? Czy nie spowoduje, że będziesz wydawał się miękki? Tak naprawdę jest dokładnie odwrotnie. Badania pokazują, że zamiast sprawiać wrażenie mięczaka, przejawy życzliwości i altruizmu podnoszą twoją pozycję w grupie[48]. Zastanów się nad następującym wyborem: biorąc pod uwagę dwie osoby o takich samych talentach i umiejętnościach, kogo bardziej podziwiasz i z kim wolałbyś pracować, kogo wolałbyś awansować lub zaprosić do projektu? Bez wątpienia osobę bardziej współczującą.

Adam Grant, profesor Szkoły Biznesu Whartona, przekonuje, że życzliwość i współczucie oferują nam znacznie większe korzyści niż skupienie na sobie. Mili ludzie wygrywają – wyjaśnia – jeśli tylko nauczą się, jak nie być wykorzystywanym przez innych. W swojej bestsellerowej książce *Give and Take** Grant wyjaśnia, że istotnie, jak wielu z nas podejrzewa, sympatyczne osoby czasem ponoszą porażki. Ludzie, którzy dbają o dobre samopoczucie innych i troszczą się o swoich współpracowników i pracowników – grupa, którą Grant określa jako dawcy – częściej niż przeciętnie występują na dole drabiny sukcesu, spychani w dół przez egoistycznych „biorców". Co jest jednak niespodzianką, Grant stwierdził także, że „dawcy" są również nadreprezentowani na samym szczycie drabiny sukcesu. Jak to możliwe?

Okazuje się, że „dawcy" są bardziej lubiani i doceniani i z tego powodu zyskują większe wpływy. Różnica pomiędzy „dawcami" osiągającymi sukcesy a tymi, którzy ich nie osiągają, najczęściej sprowadza się do reguły: gdy „dawcy" uczą się strategii, które nie pozwalają innym ich wykorzystywać, ich „miłe" cechy pomagają im osiągnąć sukces większy, niż można by oczekiwać. Dlaczego? Częściowo dlatego, że wszyscy uwielbiają z nimi pracować, a także doceniają ich życzliwość i gotowość niesienia pomocy.

Poza byciem uprzejmym i łatwym we współpracy współczucie czyni cię także godnym zaufania. Zaufanie jest niezwykle istotnym aspektem naszego życia, ponieważ sprawia, że czujemy się bezpiecznie. Ponieważ to kierownicy i liderzy determinują zapewne nasze odczucia wobec pracy – nieprzyjemne i stresujące lub przyjemne i pełne radości – jesteśmy szczególnie wrażliwi na to, czy nasi liderzy są godni zaufania. Pracownicy bardziej ufają komuś takiemu jak Drake, ponieważ jest on im życzliwy. Amy Cuddy, profesor Harvardu,

* Wydanie polskie: *Dawaj i bierz*, Wydawnictwo Muza S.A., Warszawa 2014.

stwierdziła[49], że preferujemy liderów, którzy są raczej ciepli, niż tych, którzy sprawiają wrażenie twardych. Twardy szef natomiast wywołuje u nas reakcję stresową. Podczas gdy nasze mózgi dostrajają się do zagrożenia (czy jest to wściekły lew, czy wzburzony szef), to reaktywność stresowa mózgu jest znacznie niższa, gdy obserwujemy życzliwe zachowania. Jak pokazują badania z wykorzystaniem neuroobrazowania[50], gdy relacje społeczne są odczuwane jako bezpieczne, reakcje stresowe są obniżone.

Zaufanie z kolei wspiera ducha innowacyjności. Grant powiedziała mi, że „gdy odpowiadasz frustracją i złością, pracownik nie będzie skłonny podejmować ryzyka w przyszłości, ponieważ będzie się obawiał negatywnych konsekwencji popełnienia błędu. Innymi słowy, niszczysz w ten sposób kulturę eksperymentowania, która jest niezbędna do uczenia się i innowacyjności". Grant powołuje się na badanie przeprowadzone przez Fionę Lee z Uniwersytetu Michigan pokazujące, że promowanie kultury bezpieczeństwa, a nie strachu przed negatywnymi konsekwencjami, wspiera ducha eksperymentowania tak ważnego dla kreatywności[51].

Jak potwierdzają badania, u wielu osób pomysł, by pomagać cierpiącym lub potrzebującym, może budzić onieśmielenie. Mogą się czuć przytłoczeni sytuacją i chcieć się z niej wydostać. W swoich książkach i podczas wystąpień TED Brené Brown[52] ujmuje to doświadczenie jednym terminem: wrażliwość. Stanięcie twarzą w twarz z cierpieniem innej osoby jest trudne. Okazanie jej współczucia może sprawić, że poczujesz się niekomfortowo. Wymaga to bycia głęboko autentycznym, a nie jesteśmy przyzwyczajeni do okazywania wrażliwości w pracy. Mimo wszystko jest to tego warte.

Johann Berlin, dyrektor zarządzający Transformational Leadership for Excellence[53], firmy zajmującej się konsultingiem dotyczącym zdrowia w korporacjach, opowiedział mi[54] o zdarzeniu podczas jednego z warsztatów, które prowadził dla firmy z listy Fortune 100. Uczestnicy należeli do kadry zarządczej wyższego szczebla. Po jednym z ćwiczeń, w którym pary uczestników dzieliły się ze sobą zdarzeniem ze swojego życia, jeden z kierowników zarządzających najwyższego szczebla podszedł do Johanna. Wyraźnie poruszony tym doświadczeniem powiedział: „Pracowałem z moim kolegą przez ponad dwadzieścia pięć lat i nie miałem pojęcia o tych trudnych okresach w jego życiu". Dzięki tej krótkiej chwili autentycznej i pełnej wrażliwości więzi współczucie tego kierownika dla swojego kolegi i jego relacja z nim pogłębiły się w sposób, który nie zaistniał przez dziesięciolecia wspólnej pracy.

WSPÓŁCZUCIE INSPIRUJE DO BYCIA LOJALNYM I ZAANGAŻOWANYM

Gdy widzimy, że ktoś jest zaangażowany w pełne współczucia działanie lub pomoc innej osobie, doświadczamy ciepłego i serdecznego uczucia inspiracji (możesz nawet mieć łzy w oczach albo poczuć dreszcze). Psycholog Jonathan Haidt trafnie nazwał ten stan podniesieniem na duchu – może dlatego, że to, czego przez chwilę doświadczasz, to właśnie uniesienie.

Podnoszenie na duchu w kontekście zawodowym prowadzi do większej lojalności. Gdy Haidt wraz ze współpracownikami przeprowadził swoje badanie nad tym zjawiskiem w otoczeniu biznesowym[55], stwierdził, że gdy liderzy traktują swoich podwładnych uczciwie – czyli są wobec nich uprzejmi, pełni szacunku i wrażliwi na ich potrzeby – lub są skłonni poświęcić swój wolny czas, korzyści czy karierę dla dobra organizacji bądź grupy, wtedy ich podwładni doświadczali podniesienia na duchu. W rezultacie pracownicy czuli większą lojalność i oddanie wobec takiego przełożonego.

Wydaje się ono ponadto przyczyniać do budowania bardziej życzliwego otoczenia wokół ciebie. Z danych, które zgromadził Haidt, wynika, że gdy doświadczasz podniesienia na duchu, widząc pomagających sobie ludzi, jesteś bardziej skłonny do okazania życzliwości drugiej osobie. W kontekście zawodowym pracownicy, których lider podnosił ich na duchu, byli bardziej skłonni do pomocy i przyjacielskich zachowań względem innych pracowników, nawet jeśli nie czerpali z tego żadnej korzyści.

Inne badanie wykazało, że gdy zwierzchnicy grają uczciwie, członkowie ich zespołu częściej zachowują się koleżeńsko i są bardziej produktywni zarówno indywidualnie, jak i zespołowo[56]. Innymi słowy, współczujące zachowanie może tworzyć środowisko pracy bardziej nastawione na współpracę. Naukowcy Nicholas Christakis i James Fowler wykazali, że gdy jesteś życzliwy, to inni wokół ciebie są również bardziej skłonni do okazywania życzliwości. Badanie dotyczące tego, że życzliwość „się zwraca", pokazuje, że gdy pracujesz z osobami, które ci pomagają, ty także jesteś bardziej skłonny pomagać innym (niekoniecznie tylko tym, którzy pomogli tobie)[57]. W skrócie: twoje współczujące zachowanie zaraża innych, potęgując korzyści.

Historia Archany „Archie" Patchirajan[58], inżynier z Bangalore – indyjskiej Doliny Krzemowej – i założycielki internetowego start-upu, pokazuje wpływ współczucia na lojalność i współpracę. Archie, tak jak Drake, nie działała z egoistycznej perspektywy. Skromność jest prawdopodobnie jedną z jej najbardziej rozbrajających cech. Nigdy nie opowiada o swoich osiągnięciach ani nie szuka poklasku, zamiast tego bardzo uważnie słucha. Jest osobą niezwykle hojnie udzielającą rad. Jeśli tylko może ci pomóc – zrobi to. Gdy nie pracuje jako inżynier, poświęca niezliczone godziny na pracę jako wolontariusz w kilku organizacjach non profit. W skrócie: jest osobą niezwykle życzliwą. Dla wszystkich, którzy się z nią zetknęli, stanowi wielką inspirację.

Marzeniem ukochanego brata Archie było stworzenie internetowego start-upu. Gdy zginął tragicznie, Archie postanowiła uczcić jego pamięć, z determinacją próbując spełnić jego marzenie. Jak tysiące innych pełnych nadziei założycieli start-upów w Bangalore zaczęła pracować nad innowacyjnym wynalazkiem technologicznym, zatrudniając zespół inżynierów i pracując niestrudzenie, by zrealizować marzenie brata.

Z czasem jednak start-up zaczął przynosić straty i Archie uświadomiła sobie, że niestety nie może dłużej go utrzymywać. Pewnego dnia wezwała cały personel i zawiadomiła go, że musi pozwolić im odejść, ponieważ start-up jest w krytycznym położeniu i nie jest w stanie dłużej płacić im pensji. Wtedy zdarzyło się coś dziwnego: jej podwładni odmówili odejścia i zadeklarowali, że będą pracować za 50 procent pensji. Pracowali tak ciężko, że po kilku latach Hubbl – firma Archie dostarczająca rozwiązań związanych z reklamą w internecie – został sprzedany w Stanach Zjednoczonych za 14 milionów dolarów.

Gdy zapytałam jednego z pracowników o najdłuższym stażu w firmie Archie, co spowodowało, że zdecydował się zostać w jej firmie, podał kilka przyczyn: „Wszyscy pracujemy jak rodzina, ponieważ tak właśnie traktuje nas Archie". „Archie nigdy nas nie zawiodła". „Archie zna każdą osobę w biurze i z każdym z nas ma osobistą relację". „Archie nie gniewa się, gdy popełniamy błędy, ale daje nam czas na przeanalizowanie i rozwiązanie problemu". Jak potwierdziły to wypowiedzi jej pracownika, relacja Archie z zatrudnionymi jest głębsza od standardowych relacji łączących pracodawcę z pracownikiem. Dlaczego? Ponieważ wchodzi ona w relację z nimi ze współczuciem i traktuje ich jako przede wszystkim istoty ludzkie, a dopiero potem jako pracowników. Troszczy się o nich. W rezultacie są jej oddani na dobre i złe, a także bardzo zaangażowani w pracę.

Jak pokazuje historia Archie, jeśli kierownik jest naprawdę hojny wobec swoich pracowników, to oni prawdopodobnie odpłacą się tym samym, stając się bardziej zaangażowani i lojalni. Być może z własnego doświadczenia wiesz, co to znaczy mieć szefa, który inspiruje i jest mniej skupiony na własnych korzyściach, a bardziej myśli o twoich. Taka osoba może poświęcać swój czas i energię twojemu rozwojowi lub kształceniu bez żadnych korzyści dla siebie. Jeśli taka osoba zadzwoniłaby dzisiaj z prośbą o pomoc, to prawdopodobnie rzuciłbyś wszystko, by ją spełnić. Prawdziwa lojalność wynika z osobistego doświadczenia z kimś, z kim łączy cię nie tylko comiesięczna wypłata. Badania pokazują, że ludzie przedkładają towarzystwo i uznanie nad wysokie zarobki[59].

Lojalność, którą można kupić za pieniądze, nie jest prawdziwą lojalnością. Lojalność, która pochodzi z wewnątrz – z poczucia inspiracji i podniesienia na duchu – jest znacznie silniejsza niż lojalność, którą można zdobyć w zamian za okrągłą sumkę. Jeśli jesteś liderem lub współpracownikiem, który autentycznie troszczy się o dobro innych, ludzie będą ci prawdziwie oddani. Jeśli twoi pracownicy są lojalni i zaangażowani, ponieważ przejawiasz te cechy, to nie zmienią pracy, nawet jeśli ktoś inny zaoferuje im więcej pieniędzy.

WSPÓŁCZUCIE JEST KORZYSTNE DLA ZDROWIA

Nie jest zaskoczeniem, że większe zaufanie i pozytywne relacje z innymi mają dobroczynny wpływ na zdrowie. W przeciwieństwie do skupienia na sobie, współczujące i pozytywne relacje z innymi kojarzone są z:

- zwiększeniem prawdopodobieństwa długowieczności o 50 procent[60];
- ochroną przed negatywnymi konsekwencjami stresu[61];
- zwiększoną odpornością[62];
- zmniejszeniem stanów zapalnych[63];
- mniejszym niepokojem i rzadszymi stanami depresyjnymi[64].

Inną przyczyną, dla której współczucie pomaga naszemu zdrowiu, jest to, że pomaga nam szybciej dojść do siebie w stresujących sytuacjach życiowych. Badanie przeprowadzone w grupie ponad ośmiuset osób wykazało, że wysoki poziom stresu jest zapowiedzią wcześniejszej śmierci – oprócz osób angażujących się w wolontariat[65]. W długookresowym badaniu z udziałem par seniorów naukowcy porównali osoby, które troszczą się o innych, z tymi, którzy sami byli otoczeni opieką. Rezultaty pokazały, że troszczenie się o innych poprawiało stan zdrowia, ale także wydłużało oczekiwaną długość życia[66].

To, czy współczucie pozytywnie oddziałuje na zdrowie i samopoczucie emocjonalne, zależy jednak od tego, jaka motywacja leży u jego podstaw. Osoby, które angażowały się w wolontariat, żyją dłużej niż ich koledzy, którzy tego nie robili, jeśli ich powodem był altruizm, a nie własna korzyść. Akty współczucia i pomoc innym muszą wypływać z czystego pragnienia niesienia pomocy, a nie być przejawem dbania o własne korzyści.

WZMACNIANIE WSPÓŁCZUCIA

Jak wcześniej wspomniałam, współczucie wiąże się ze stawianiem się w sytuacji drugiej osoby, zrozumieniem wyzwań, z którymi się boryka, i autentycznym pragnieniem udzielenia pomocy. Pierwszym krokiem jest empatia – postawienie się w sytuacji drugiej osoby i próba zrozumienia jej uczuć. Drake pojął trudną sytuację swoich młodszych współpracowników. Współczuł im. Czy jest to rozczarowanie twojego szefa, czy radość współpracownika, jeśli jesteś w stanie zrozumieć, czego doświadczają inni ludzie, może to pomóc ci wejść z nimi w interakcję w najbardziej wrażliwy i stosowny sposób. W rezultacie czują się wysłuchani, zrozumiani i szanowani, a wasza relacja poprawia się zarówno w aspekcie osobistym, jak i zawodowym.

Jeśli wsłuchujesz się w to, jak twoje ciało reaguje na innych, zobaczysz, z jaką łatwością przyjdzie ci zrozumienie i odpowiadanie osobom z twojego otoczenia. Gdy pewnego dnia mój przyjaciel wszedł do pokoju, od razu, jeszcze zanim coś powiedział, usłyszałam swój okrzyk: „Co się stało?”. Zaskoczyła mnie ta reakcja, ponieważ świadomie nie zauważyłam, żeby coś było nie w porządku. Mój przyjaciel nie płakał, nie zachowywał się inaczej niż zwykle, ale w jakiś sposób wiedziałam. Poprosił, żeby go przytulić, a potem powiedział, że jeden z jego najlepszych przyjaciół miał właśnie zagrażający życiu wypadek i został ciężko ranny.

Skąd wiedziałam, że coś jest nie w porządku? Wszyscy mamy wbudowany mechanizm empatii, który jest niezwykle wrażliwy. Bywa szybszy i bardziej automatyczny niż nasza umiejętność rozumowania – podobnie jak refleks. Jesteśmy jak czuła płyta rezonansowa lub kamerton. Nawet jeśli nie robimy tego świadomie, emocje czy ból drugiej osoby są w nas fizjologicznie rejestrowane. Jesteśmy stworzeni do empatii. Na przykład zmarszczenie brwi przez kogoś aktywuje nasze mięśnie odpowiedzialne za marszczenie brwi. W ten sposób „odczytujemy” stany umysłu innych osób. To nie jest jednak tylko powierzchowna mimika mięśni, ale także mechanizm psychologiczny. Jedno z badań[67] wykazało, że obserwowanie cudzej emocji aktywuje te same obwody neuronowe, które są odpowiedzialne za tę emocję w naszym mózgu. Przypomnij sobie moment, gdy płakała twoja przyjaciółka, a ty czułeś, jak twoje oczy też napełniają się łzami. Albo gdy się śmiała i sprawiała tym samym, że ty także śmiałeś się do rozpuku. Nasz empatyczny refleks jest powodem, dla którego wzdrygamy się, gdy ktoś potyka się i upada, dlaczego dziecko płacze, gdy słyszy płacz innej osoby, albo dlaczego panika szerzy się w tłumie. Przyczyną jest fakt, że zarówno obserwowanie bólu innej osoby, jak i doświadczanie bólu aktywuje te same regiony w naszym mózgu[68]. Dlatego właśnie wiedziałam, że stało się coś złego, gdy tylko mój przyjaciel wszedł do pokoju, i sama siebie zadziwiłam, zadając pytanie, jeszcze zanim zdałam sobie sprawę z tego, że coś jest nie w porządku.

W jaki sposób możemy zwiększyć swoje współczucie? Ponieważ jesteśmy stworzeni do empatii, dlatego jedyne, co musimy zrobić, to wejść w kontakt z tym instynktem, który w nas drzemie. Poniżej kilka sposobów, jak można się tego nauczyć.

Koncentruj całą swoją uwagę na tym, co mówią inni. Gdy z kimś rozmawiasz, słuchaj i obserwuj całym sobą. Możesz wiele wywnioskować z mimiki i intonacji rozmówcy. Słuchaj słów, które wypowiada druga osoba, i zauważ, w jaki sposób się wyraża. Obserwuj wyraz jej twarzy, a zwłaszcza oczu. Powiedzenie, że „oczy są zwierciadłem duszy", jest prawdą, badania udowadniają, że jesteśmy w stanie odczytać emocje drugiej osoby z jej spojrzenia[69]. Osoby biorące udział w badaniu empatii proszone są o spojrzenie na fotografie, na których znajdują się wyłącznie oczy różnych osób, i określenie, jakich emocji doświadczają. Przechylenie twarzy, kształt brwi czy zmarszczenie skóry z boku oka niezawodnie zdradzają emocje. Słuchając i obserwując drugą osobę, możemy poczuć się w jej skórze i właściwie zareagować, a także zaoferować wsparcie.

Opisuj słowami punkt widzenia drugiej osoby. Innym sposobem, w jaki możesz okazać empatię drugiej osobie, jest werbalizowanie emocji, które u niej zauważasz. Następnym razem, gdy będziesz prowadził trudną rozmowę, spróbuj uznać emocje interlokutora. Jeśli uda ci się taktownie pokazać, że rozumiesz niezadowolenie twojego szefa („Wydaje mi się, że jesteś bardzo sfrustrowany przez [tu wstaw brakujące]") lub smutek twojego współpracownika („Wydaje mi się, że masz dziś kiepski nastrój: daj mi znać, jeśli mogę jakoś pomóc"), może to poprawić twoją relację z tą osobą. Będzie się czuła słyszana i rozumiana. Co więcej, dowie się także, czy rozumiesz ją właściwie. Być może nie jest ani zła, ani smutna, tylko po prostu zmęczona. Jeśli tak, może cię poprawić, pozwalając ci lepiej zrozumieć, co się dzieje.

Weź udział w warsztacie trenującym zdolność współczucia. Tak jak mięsień czy nawyk, zdolność współczucia może zostać wzmocniona. Badania związane z medytacjami współczucia – takimi jak na przykład medytacja miłującej dobroci* – lub dłuższymi warsztatami rozwijającymi zdolność współczucia, jak na przykład składający się z dziewięciu sesji Trening Kultywowania Współczucia** oferowany przez Stanfordzkie Centrum Edukacji i Badań nad Współczuciem i Altruizmem***, wykazały istotne korzyści:

- Obniżają poziom hormonów stresu i łagodzą stany zapalne, poprawiając działanie układu odpornościowego oraz zmniejszając niepokój i depresję[70].
- Zwiększają empatię. Uczestnicy, którzy ukończyli trening współczucia, lepiej interpretowali emocje wyrażane

* Praktyka miłującej dobroci (praktyka metta) – medytacyjna praktyka buddyjska, w której kultywujemy życzliwość w stosunku do siebie i innych osób (przyp. tłum.).

** Compassion Cultivation Training (przyp. tłum.).

*** Stanford's Center for Compassion and Altruism Research and Education (przyp. tłum.).

przez mimikę[71] i wykazywali zmiany w obszarach mózgu związanych z empatią, co moi współpracownicy i ja stwierdziliśmy też w innych badaniach[72].

- Powodują, że jesteśmy bardziej życzliwi wobec innych i samych siebie, a także bardziej skłonni, by wyjść innym naprzeciw i zaoferować pomoc komuś, kto jest w potrzebie[73].
- Zwiększają zdolność do regulacji emocji oraz zwiększają odporność psychiczną wobec cierpienia drugiej osoby[74].
- Szybko działają. Mimo że wiele treningów współczucia trwa dość długo (dziewięć sesji w dziewięć tygodni), moi współpracownicy i ja obserwowaliśmy zmiany w odczuciach dotyczących spontanicznych więzi społecznych już po siedmiu minutach medytacji miłującej dobroci[75].

Podczas gdy mit skupienia na sobie, który nam wpojono, w rzeczywistości podkopuje nasze szanse na sukces i dobre samopoczucie, skupianie się na innych poprzez współczucie prowadzi do nadzwyczajnych rezultatów. Badania pokazują, że gdy przeżywasz swoje życie (zarówno zawodowe, jak i osobiste) w sposób autentyczny i troszczysz się o innych, automatycznie budzisz zaufanie otoczenia. Inspirujesz i podnosisz innych na duchu, oni w rezultacie czują, że jesteś im bliższy, a nawet zaczynają być wobec ciebie oddani. Nie tylko osiągasz większe sukcesy, ale także znacząco poprawiasz swoje zdrowie i samopoczucie psychiczne. Twój wpływ rośnie, gdy tworzysz wokół siebie atmosferę pozytywnego nastawienia, która korzystnie wpływa na ludzi wokół ciebie, a ty uzyskujesz świetne wyniki.

PODZIĘKOWANIA

Dla Steve'a Kieslinga, który pomógł mi rozpocząć karierę pisarki – pierwszego edytora, który zaakceptował propozycję artykułu, i wspaniałego mentora! Wielki uścisk dla Daisy Grewal, która dawno temu zachęciła mnie do rozpoczęcia stałej współpracy z magazynem „Psychology Today".

Kolejna osoba, której chcę podziękować, to Scott Kaufman – za miły e-mail, w którym sugerowałeś, że mogłabym napisać książkę, i za to, że w kilka minut później spontanicznie przedstawiłeś mnie mojemu niezwykle utalentowanemu agentowi, którym był Giles Anderson. Dziękuję Ci, Giles, za Twoją życzliwość i troskliwe wsparcie, a także za rady podczas procesu tworzenia tej książki i za wspaniałe poczucie humoru.

Dziękuję również Genovevie Llosie za wiarę we mnie, zaproszenie do HarperOne* i za zapewnienie wspaniałej redakcji. Ponadto dziękuję cudownemu zespołowi HarperOne: Hannah Riverze, Adii Colar i Kim Dayman. Jestem bardzo wdzięczna, że mogłam z Wami pracować.

Osobami, którym jestem winna podziękowania za niezwykle błyskotliwą redakcję i komentarze odnośnie do

* Marka wydawnicza oficyny HarperCollins specjalizująca się w zagadnieniach religii, duchowości i rozwoju osobistego (przyp. tłum.).

manuskryptu, są: Rebecca McMillen, Peter Economy, Alison Peterson, Anett Gyurak, Dara Ghahremani, Sara Persson, Kate Northey, Carly Hamilton, Cassandra Long i Jessica Waala.

Specjalne podziękowania dla wszystkich wspaniałych osób, które zgodziły się na przeprowadzenie z nimi wywiadów i które znalazły czas, by podzielić się swoimi uwagami – dziękuję za inspirację. Byli to: kongresmen Tim Ryan, James Doty, Brené Brown, Adam Grant, Elliot Berkman, Scott Barry Kaufman, Johann Berlin, Lolly Daskall, Archana Patchirajan, Jean Twenge, Jackie Rotman, Myron Scholes, Paul Gilbert, Adam Grant, Pico Iyer, Steve Porges, Kim Cameron, Carole Pertofsky, Kristin Neff, Mike Heitmann, Sherron Lumley, Sarah Severn i Jake Dobberke.

Wszystkim moim drogim przyjaciołom – za ich wsparcie i miłość wyrażaną podczas powstawania tej książki, a zwłaszcza moim ukochanym: Debanti, Umie, Johannowi, Darze, Maaheemowi, Kelly, Anett, Priyi, Karishmie, Carolan, Shubhu, Billowi i Leslie.

Dziękuję całej mojej wspaniałej rodzinie. Zwłaszcza mojemu mężowi i rodzicom za ich nieustającą i bezwarunkową miłość oraz wsparcie – nie wspominając już o uważnym i cudownie szczegółowym zrecenzowaniu manuskryptu. Nie ma słów, by wyrazić to, jak bardzo jestem Wam wdzięczna za każdy dzień. Kocham Was.

Na koniec chciałabym wspomnieć o tych wyjątkowych mężczyznach i kobietach, którzy na przestrzeni dziejów niestrudzenie pracowali, by przynieść światło, wiedzę i współczucie temu światu – mądrość, która była przekazywana przez wieki aż do dnia dzisiejszego. Sri Sri Ravi Shankar wniósł szczególną łaskę w moje życie, dotknął mojego serca i zainspirował moje myśli.

O AUTORCE

Dr EMMA SEPPÄLÄ jest dyrektorem naukowym Stanfordzkiego Centrum Edukacji i Badań nad Współczuciem i Altruizmem, a także wiodącym ekspertem w dziedzinie psychologii zdrowia, dobrego samopoczucia i odporności. Jej badania były opisywane przez „The New York Times", „ABC News", „Forbes", „The Boston Globe", „U.S. News & World Report", „The Huffington Post", „Inc." i „Fast Company".

Jest twórczynią popularnego magazynu internetowego „Fulfillment Daily", a jej artykuły często goszczą na łamach „Psychology Today", „Harvard Business Review" i „The Huffington Post". Jej artykuły publikowano także w „Washington Post", „Scientific American Mind" oraz „Spirituality & Health".

Seppälä doradza liderom i pracownikom firm z listy Fortune 500, jak budować pozytywne organizacje. Jest rozchwytywanym mówcą, przemawiała na zaproszenie instytucji akademickich, rządowych oraz firm takich jak Google, Narodowa Fundacja Nauki i Bank Światowy.

Angażując się w stosowanie nauki o szczęściu w życiu ludzi, wygłasza wykłady o szczęściu i służbie dla setek studentów, za co otrzymała nagrodę Lyonsa na Uniwersytecie Stanforda. Poruszona bezinteresownym oddaniem weteranów i głębokimi traumami, z którymi tak wielu z nich wraca do domu, przeprowadziła przełomowe badanie dotyczące praktyk związanych z ciałem i umysłem dla weteranów wojennych. Badanie to zostało przedstawione w filmie *Uwolnij umysł*.

Uzyskała licencjat z literatury porównawczej na Uniwersytecie Yale, magisterium orientalistyki na Uniwersytecie Columbia i doktorat na Uniwersytecie Stanforda.

Pochodzi z Paryża, włada francuskim, angielskim i niemieckim jako językami ojczystymi. Mówi także po hiszpańsku i mandaryńsku.

PRZYPISY KOŃCOWE

WSTĘP

1 *Regus-Commissioned Survey Reveals Stress Levels Rising Among US Workers*, Regus Group, http://www.prnewswire.com/news-releases/regus-commissioned-survey-reveals-stress-levels-rising-among-us-workers-71658307.html.

2 Facts & Statistics, Anxiety and Depression Association of America, http://www.adaa.org/about-adaa/press-room/facts-statistics.

3 L. A. Pratt i in.: *Antidepressant Use in Persons Aged 12 and Over: United States, 2005–2008*, NCHS data brief no. 76 (Hyattsville, MD: National Center for Health Statistics, 2011), http://www.cdc.gov/nchs/data/databriefs/db76.htm.

4 Report: *State of the American Workplace*, Gallup, 22 września 2014, http://www.gallup.com/services/176708/state-american-workplace.aspx.

5 B. L. Fredrickson: *What Good Are Positive Emotions?*, „Review of General Psychology" 2, nr 3, 1998, s. 300–319, http://www.unc.edu/peplab/publications/Fredrickson%201998.pdf.

6 K. Subramaniam i in.: *A Brain Mechanism for Facilitation of Insight by Positive Affect*, „Journal of Cognitive Neuroscience" 21, 2009, s. 415–432.

7 A. J. Oswald: *Happiness and Productivity*, „Journal of Organizational Behavior" 20, 2009, s. 25–30, http://www2.warwick.ac.uk/fac/soc/economics/staff/eproto/workingpapers/happinessproductivity.pdf.

8 M. Tugade, B. Fredrickson: *Resilient Individuals Use Positive Emotions to Bounce Back from Negative Emotional Experiences*, „Journal of Personality and Social Psychology" 86, 2011, s. 320–333.

9 E. J. Boothby i in.: *Shared Experiences Are Amplified*, „Psychological Science" 25, nr 12, 2014, s. 2209–2216, DOI: 10.1177/0956797614551162.

10 A. W. Gray i in.: *Laughter's Influence on the Intimacy of Self-Disclosure*, „Human Nature" 26, nr 1, 2015, s. 28–43, DOI: 10.1007/s12110-015-9225-8.

11 J. E. Dutton i in.: *Pathways for Positive Identity Construction at Work: Four Types of Positive Identity and the Building of Social Resources*, „Academy of Management Review" 35, 2010, s. 265–293.

12 J. M. Lilius i in.: *The Contours and Consequences of Compassion at Work*, „Journal of Organizational Behavior" 29, 2008, s. 193–218, DOI: 10.1002/job.508.

13 J. M. Kanov: *Compassion in Organizational Life*, „American Behavioral Scientist" 47, 2004, s. 808–827, DOI: 10.1177/0002764203260211.

14 J. M. Lilius i in.: *Compassion Revealed: What We Know About Compassion at Work (and Where We Need to Know More), The Handbook of Positive Organizational Scholarship*, red. K. Cameron, G. Spreitzer, Oxford University Press, 2011, s. 273–287.

15 A. Bakker: *An Evidence-Based Model of Work Engagement*, „Current Directions in Psychological Science" 20, 2011, s. 265–269, DOI: 10.1177/0963721411414534.

16 S. G. Barsade, D. E. Gibson: *Why Does Affect Matter in Organizations?*, „Academy of Management Perspectives" 21, 2007, s. 36–59.

17 N. Mor, J. Winquist: *Self-Focused Attention and Negative Affect: A Meta-analysis*, „Psychological Bulletin" 128, nr 4, 2002, s. 638–662, http://psycnet.apa.org/journals/bul/128/4/638/.

18 B. Fredrickson i in.: *Open Hearts Build Lives: Positive Emotions, Induced Through Loving-Kindness Meditation, Build Consequential Personal Resources*, „Journal of Personality and Social Psychology" 95, 2011, s. 1045–1062, DOI: 10.1037/a0013262.

19 J. H. Fowler, N. A. Christakis: *Dynamic Spread of Happiness in a Large Social Network: Longitudinal Analysis over 20 Years in the Framingham Heart Study*, „British Medical Journal 337", 2008, s. 1–9, DOI: http://dx.doi.org/10.1136/bmj.a2338.

20 J. E. Stellar i in.: *Positive Affect and Markers of Inflammation: Discrete Positive Emotions Predict Lower Levels of Inflammatory Cytokines*, „Emotion" 15, nr 2, 2015, s. 129–133, DOI: 10.1037/emo0000033; oraz L. S. Berk, S. Tan: *Mirthful Laughter, as Adjunct Therapy in Diabetic Care, Increases HDL Cholesterol and Attenuates Inflammatory Cytokines and C-RP and Possible CVD Risk*, „FASEB Journal, Supplement 990.1", 2009, http://www.fasebj.org/cgi/content/meeting_abstract/23/1_MeetingAbstracts/990.1.

21 B. Fredrickson, R. Levenson: *Positive Emotions Speed Recovery from the Cardiovascular Sequelae of Negative Emotions*, „Cognition and Emotion" 12, 1998, s. 191–220; oraz B. Fredrickson i in.: *The Undoing Effects of Positive Emotions*, „Motivation and Emotion" 24, 2000, s. 237–258.

22 *Fight Memory Loss with a Smile (or Chuckle)*, „Science Daily", 27 kwietnia 2014, http://www.sciencedaily.com/releases/2014/04/140427185149.

htm; oraz L. S. Berk, S. A. Tan: [*Beta*]-*Endorphin and HGH Increase Are Associated with Both the Anticipation and Experience of Mirthful Laughter*, „FASEB Journal", Supplement A382, 2006, http://www.fasebj.org/cgi/content/meeting_abstract/20/4/A382-b.

ROZDZIAŁ 1

1 A. Watts, *The Book: On the Taboo Against Knowing Who You Are*, Knopf Doubleday Publishing, Random House Bertelsmann, s. 112.

2 Jackie Rotman, wywiad z 5 czerwca 2015.

3 Carole Pertofsky, wywiad z 5 czerwca 2015.

4 W. Mischel i in.: *Cognitive and Attentional Mechanisms in Delay of Gratification*, „Journal of Personality and Social Psychology" 21, nr 2, 1972, s. 204–218, DOI: 10.1037/h0032198.

5 M. E. P. Seligman, *Authentic Happiness: Using the New Positive Psychology to Realize Your Potential for Lasting Fulfillment*, New York: Simon & Schuster, 2002, s. 120.

6 M. T. Treadway i in.: *Dopaminergic Mechanisms of Individual Differences in Human Effort-Based Decision-Making*, „Journal of Neuroscience" 32, nr 18, 2012, s. 6170–6176, DOI: 10.1523/JNEUROSCI.6459-11.2012.

7 M. D. Griffiths: *Workaholism Is Still a Useful Construct*, „Addiction Research and Theory" 3, 2005, s. 97–100.

8 L. A. Perlow: *Overcome Your Work Addiction*, „Harvard Business Review", 2 maja 2012, https://hbr.org/2012/05/overcome-your-work-addiction.html.

9 T. D. Wilson, D. T. Gilbert: *Affective Forecasting: Knowing What We Want*, „Current Directions in Psychological Science" 14, 2005, s. 131–134, DOI: 10.1111/j.0963-7214.2005.00355.x.

10 P. Brickman i in.: *Lottery Winners and Accident Victims: Is Happiness Relative?*, „Journal of Personality and Social Psychology" 36, nr 8, 1978, s. 917–927, http://psycnet.apa.org/journals/psp/36/8/917/.

11 J.-L. van Gelder i in.: *Vividness of the Future Self Predicts Delinquency*, „Psychological Science" 24, nr 6, 2013, 974–980, http://www.anderson.ucla.edu/faculty/hal.hershfield/resources/Research/VanGelderHershfieldNordgren_VividnessOfFutureSelfDelinquencyRevision.pdf.

12 H. Ersner-Hershfield i in.: *Don't Stop Thinking About Tomorrow: Individual Differences in Future Self-Continuity Account for Saving*, „Judgment and Decision Making" 4, nr 4 (2009), s. 280–286, http://www.anderson.ucla.edu/faculty/hal.hershfield/resources/Research/2009-Ersner-Hershfield.pdf.

13 M. A. Clark i in.: *All Work and No Play? A Meta-analytic Examination of the Correlates and Outcomes of Workaholism*, „Journal of Management", 2014, wstępna publikacja online, DOI: 10.1177/0149206314522301.

14 Ibidem.

15 G. Halkos, D. Bousinakis: *The Effect of Stress and Satisfaction on Productivity*, „International Journal of Productivity and Performance Management" 59, nr 5, 2010, s. 415–431, http://www.emeraldinsight.com/doi/abs/10.1108/17410401011052869.

16 J. Smallwood i in.: *Shifting Moods Wandering Minds: Negative Moods Lead the Mind to Wander*, „Emotion" 9, 2009, s. 271–276.

17 M. A. Clark i in.: *All Work and No Play? A meta-analytic examination of the correlates and outcomes of workaholism*, „Journal of Management", 2014, DOI: 10.1177/0149206314522301.

18 Ibidem.

19 H. Hembrooke, G. Gay: *The Laptop and the Lecture: The Effects of Multitasking in Learning Environments*, „Journal of Computing in Higher Education" 15, nr 1, 2003, s. 46–64, http://link.springer.com/article/10.1007/BF02940852#page-1.

20 E. Ophir i in.: *Cognitive Control in Media Multitaskers*, „Proceedings of the National Academy of Sciences" 106, 2009, s. 15583–15587, DOI: 10.1073/pnas.0903620106.

21 M. A. Just i in.: *A Decrease in Brain Activation Associated with Driving When Listening to Someone Speak*, „Brain Research" 1205, 2008, s. 70–80, DOI: 10.1016/j.brainres.2007.12.075.

22 M. W. Becker i in.: *Media Multitasking Is Associated with Symptoms of Depression and Social Anxiety*, „Cyberpsychology, Behavior, and Social Networking" 16, nr 2 (2013), s. 132–135.

23 M. Csíkszentmihályi i in.: *Flow*. [w:] *Flow and the Foundations of Positive Psychology*, Dordrecht, Springer Netherlands, 2014, s. 227–238.

24 Ibidem.

25 M. A. Killingsworth, D. T. Gilbert: *A Wandering Mind Is an Unhappy Mind*, „Science" 330, nr 6006, 2010, s. 932, DOI: 10.1126/science.1192439.

26 M. S. Franklin i in.: *The Silver Lining of a Mind in the Clouds: Interesting Musings Are Associated with Positive Mood While Mind-Wandering*, „Frontiers in Psychology" 4, 2013, s. 583, DOI: 10.3389/fpsyg.2013.00583.

27 Ibidem.

28 A. K. Przybylski: *Can You Connect with Me Now? How the Presence of Mobile Communication Technology Influences Face-to-Face Conversation Quality*, „Journal of Social and Personal Relationships", 2012, wstępna publikacja online, DOI: 10.1177/0265407512453827.

29 R. J. House i in.: *Personality and Charisma in the U.S. Presidency: A Psychological Theory of Leader Effectiveness*, „Administrative Science Quarterly" 36, nr 3, 1991, s. 364–396, DOI: 10.2307/2393201.

30 R. Bendix: *M. Weber. An Intellectual Portrait*, Anchor Books, Nowy Jork 1962, s. 88, wydanie polskie: R. Bendix: *Max Weber – Portret uczonego*, PWN, Warszawa 1975, s. 84. Cytat za: Max Weber, *Gospodarka i społeczeństwo. Zarys socjologii rozumiejącej*, Wydawnictwo Naukowe PWN 2002, s. 181.

31 K. J. Levine i in.: *Measuring Transformational and Charismatic Leadership: Why Isn't Charisma Measured?*, „Communication Monographs" 77, nr 4, 2010, s. 576–591, DOI: 10.1080/03637751.2010.499368.

32 E. D. Wesselmann i in.: *To Be Looked at as Though Air: Civil Attention Matters*, „Psychological Science" 23, nr 2, 2012, s. 166–168, DOI: 10.1177/0956797611427921.

33 M. Corbetta i in.: *A Common Network of Functional Areas for Attention and Eye Movements*, „Neuron" 21, nr 4, 1998, s. 761–773.

34 R. S. Burt: *Network Brokerage: How the Social Network Around You Creates Competitive Advantage for Innovation and Top-Line Growth*, materiały szkoleniowe, Strategic Leadership in Management Networks from Chicago Booth, Chicago, IL, 2015, http://faculty.chicagobooth.edu/ronald.burt/teaching/pdfs/1brokerage.pdf.

35 M. Demir i in.: *Looking to Happy Tomorrows with Friends: Best and Close Friendships as They Predict Happiness*, „Journal of Happiness Studies" 8, nr 2, 2007, s. 243–271, http://link.springer.com/article/10.1007/s10902-006 9025-2#page-1.

36 *Most Used Mind & Body Practices*, National Center for Complementary and Integrative Health, https://nccih.nih.gov/research/statistics/NHIS/2012/mind-body/meditation.

37 J. Brewer i in.: *Meditation Experience Is Associated with Differences in Default Mode Network Activity and Connectivity*, „Proceedings of the National Academy of Sciences" 108, nr 50, 2011, s. 20254–20259.

38 A. J. Basler: *Pilot Study Investigating the Effects of Ayurvedic Abhyanga Massage on Subjective Stress Experience*, „Journal of Alternative and Complementary Medicine" 17, nr 5, 2011, s. 435–440, DOI: 10.1089/acm.2010.0281.

39 D. B. Levinson i in.: *A Mind You Can Count On: Validating Breath Counting as a Behavioral Measure of Mindfulness*, „Frontiers in Psychology" 5, 2014, s. 1202, DOI: 10.3389/fpsyg.2014.01202.

40 F. B. Bryant: *A Four-Factor Model of Perceived Control: Avoiding, Coping, Obtaining, and Savoring*, „Journal of Personality" 57, nr 4 (1989), s. 773–797, DOI: 10.1111/j.1467-6494.1989.tb00494.x.

41 N. Bilton: *How to Take a Break from Your Technology*, Bits, „New York Times", 13 maja 2013, http://bits.blogs.nytimes.com/2013/05/13/how-to-take-a-break-from-your-technology/?_r=0.

42 T. D. Wilson i in.: *Just Think: The Challenges of the Disengaged Mind*, „Science" 345, nr 6192, 2014, s. 75–77, DOI: 10.1126/science.1250830.

ROZDZIAŁ 2

1 M. Seamark, *Lloyds Boss Goes Sick with 'Stress': Shock Departure Eight Months into Job*, „Daily Mail", listopad 2011, http://www.dailymail.co.uk/news/article-2056474/Lloyds-CEO-Antonio-Horta-Osorio-takes-medical-leave.html.

2 *Definitions*, American Psychological Association and American Institute of Stress, http://www.stress.org/daily-life/.

3 J. Treanor: *Lloyds Chief 'Did Not Sleep for Five Days'*, „Guardian", 15 grudnia 2011, http://www.theguardian.com/business/2011/dec/15/lloyds-chief-horta-osorio-sleeping-problems.

4 J. L. Tsai i in.: *Cultural Variation in Affect Valuation*, „Journal of Personality and Social Psychology" 90, 2006, s. 288–307, DOI: 10.1037/0022-3514.90.2.288; oraz J. L. Tsai i in.: *Influence and Adjustment Goals: Sources of Cultural Differences in Ideal Affect*, „Journal of Personality and Social Psychology" 92, 2007, s. 1102–1117, DOI: 10.1037/0022- 3514.92.6.1102.

5 R. Duncko i in.: *Acute Exposure to Stress Improves Performance in Trace Eyeblink Conditioning and Spatial Learning Tasks in Healthy Men*, „Learning and Memory" 14, nr 5, 2007, s. 329–335, DOI:10.1101/lm.483807.

6 F. Dhabhar i in.: *Short-Term Stress Enhances Cellular Immunity and Increases Early Resistance to Squamous Cell Carcinoma*, „Brain Behavior and Immunity" 24, nr 1, 2010, s. 127–137, DOI:10.1016/j.bbi.2009.09.004; F. S. Dhabhar: *Psychological Stress and Immunoprotection Versus Immunopathology in the Skin*, „Clinics in Dermatology" 31, nr 1, 2013, s. 18–30, DOI:10.1016/j.clindermatol.2011.11.003; F. S. Dhabhar i in.: *Effects of Stress on Immune Cell Distribution. Dynamics and Hormonal Mechanisms*, „Journal of Immunology" 154, 1995, s. 5511–5527; oraz Dhabhar, B. S. McEwen, *Stress-Induced Enhancement of Antigen-Specific Cell-Mediated Immunity*, „Journal of Immunology" 156, 1996, s. 2608–2615.

7 F. S. Dhabhar: *Enhancing Versus Suppressive Effects of Stress on Immune Function: Implications for Immunoprotection and Immunopathology*, „Neuroimmunomodulation" 16, 2009, s. 300–317; oraz F. S. Dhabhar, *Effects of Stress on Immune Function: The Good, the Bad, and the Beautiful*, „Immunologic Research" 58, 2014, s. 193–210.

8 F. S. Dhabhar, B. S. McEwen: *Acute Stress Enhances While Chronic Stress Suppresses Immune Function in Vivo: A Potential Role for Leukocyte Trafficking*, „Brain Behavior & Immunity" 11, 1997, s. 286–306.

9 P. H. Rosenberger i in.: *Surgery Stress Induced Immune Cell Redistribution Profiles Predict Short- and Long-Term Postsurgical Recovery: A Prospective Study*, „Journal of Bone and Joint Surgery" 91, 2009, s. 2783–2794.

10 F. S. Dhabhar i in.: *Stress-Induced Redistribution of Immune Cells. From Barracks to Boulevards to Battlefields: A Tale of Three Hormones*, „Psychoneuroendocrinology" 37, 2012, s. 1345–1368.

11 D. Kaufer i in.: *Acute Stress Facilitates Long-Lasting Changes in Cholinergic Gene Expression*, „Nature" 393, 1998, s. 373–377, DOI:10.1038/30741; oraz R. Duncko, *Acute Exposure to Stress Improves Performance in Trace Eyeblink Conditioning and Spatial Learning Tasks in Healthy Men*, „Learning & Memory" 14, 2007, s. 329–335, DOI:10.1101/lm.483807.

12 R. M. Yerkes i J. D. Dodson: *The Relation of Strength of Stimulus to Rapidity of Habit-Formation*, „Journal of Comparative Neurology and Psychology" 18, 1908, s. 459–482, DOI:10.1002/cne.920180503.

13 B. von Dawans i in.: *The Social Dimension of Stress Reactivity: Acute Stress Increases Prosocial Behavior in Humans*, „Psychological Science" 23, 2012, s. 651–660, DOI:10.1177/0956797611431576.

14 N. Schneiderman i in.: *Stress and Health: Psychological, Behavioral, and Biological Determinants*, „Annual Review of Clinical Psychology" 1, 2005, s. 607, DOI:10.1146/annurev.clinpsy.1.102803.144141.

15 G. E. Miller i in.: *Psychological Stress and Antibody Response to Influenza Vaccination: When Is the Critical Period for Stress, and How Does It Get Inside the Body?*, „Psychosomatic Medicine" 66, 2004, s. 207–214, http://www.psy.cmu.edu/~scohen/fluvacc04.pdf.

16 S. Cohen i in.: *Chronic Stress, Glucocorticoid Receptor Resistance, Inflammation, and Disease Risk*, „Proceedings of the National Academy of Sciences" 109, 2012, s. 5995–5999, DOI:10.1073/pnas.1118355109.

17 E. S. Epel i in.: *Accelerated Telomere Shortening in Response to Life Stress*, „Proceedings of the National Academy of Sciences" 101, nr 49, 2004, s. 17312 –17315, DOI:10.1073/pnas.0407162101.

18 C. Kirschbaum i in.: *Stress and Treatment Induced Elevations of Cortisol Levels Associated with Impaired Declarative Memory in Healthy Adults*, „Life Sciences" 58, nr 17, 1996, s. 1475–1483; oraz D. M. Diamond i in.: *Psychological Stress Impairs Spatial Working Memory: Relevance to Electrophysiological Studies of Hippocampal Function*, „Behavioral Neuroscience" 110, nr 4, 1996, s. 661–672, DOI:10.1037//0735-7044.110.4.661; oraz N. Y. Oie i in.: *Psychosocial Stress Impairs Working Memory at High Loads: An Association with Cortisol Levels and Memory Retrieval*, „Stress" 9, nr 3,

2006, s. 133–141, DOI: 10.1080/10253890600965773. Patrz także: http://informahealthcare.com/doi/abs/10.1080/10253890600965773.

19 J. Shanteau i G. A. Dino, *Environmental Stressor Effects on Creativity and Decision Making*, [w:] *Time Pressure and Stress in Human Judgment and Decision Making*, red. O. Svenson, A. J. Maule, New York, Plenum, 1993, s. 293–308, DOI:10.1007/9781475768466; oraz K. Byron i in.: *The Relationship Between Stressors and Creativity: A Meta-Analysis Examining Competing Theoretical Models*, „Journal of Applied Psychology" 95, 2010, s. 201–212.

20 L. Mujica-Parodi i in.: *Chemosensory Cues to Conspecific Emotional Stress Activate the Amygdala in Humans*, „PLoS One" 4, nr 7, 2009, DOI:10.1371/journal.pone.0006415.

21 R. F. Baumeister i in.: *Bad Is Stronger Than Good*, „Review of General Psychology" 5, nr 4, 2001, s. 323–370, DOI:10.1037//1089-2680.5.4.323; oraz S. Gable i J. Haidt, *What (And Why) Is Positive Psychology*, „Review of General Psychology" 9, 2005, s. 103–110.

22 Paul Gilbert, wywiad z 29 stycznia 2014.

23 K. Kushlev i E. W. Dunn: *Checking E-mail Less Frequently Reduces Stress*, „Computers in Human Behavior" 43, 2015, s. 1458–1466, DOI: 10.1016/j.chb.2014.11.005.

24 G. J. Mark, S. Voida: *A Pace Not Dictated by Electrons, An Empirical Study of Work Without E-mail*, [w:] *Proceeding of the Thirtieth Annual SIGCHI Conference on Human Factors in Computing Systems* (*CHI'12*), New York, ACM Press, 2012, s. 555–564, DOI:10.1145/2207676.2207754.

25 S. Radicati, red.: *E-mail Statistics Report. 2011–2015*, Radicati Group, maj 2011, http://www.radicati.com/wp/wp-content/uploads/2011/05/E-mail-Statistics-Report-2011-2015-Executive-Summary.pdf; oraz S. Radicati, red.: *E-mail Statistics Report, 2014–2015*, Radicati Group, kwiecień 2014, http://www.radicati.com/wp/wp-content/uploads/2014/01/Email-Statistics-Report-2014-2018-Executive-Summary.pdf.

26 R. F. Baumeister i in.: *Bad Is Stronger Than Good*; oraz S. Gable, J. Haidt: *Positive Psychology*.

27 Ibidem.

28 A. Schwarz: *Workers Seeking Productivity in a Pill Are Abusing A.D.H.D. Drugs*, „New York Times", 18 kwietnia 2015, http://www.nytimes.com/2015/04/19/us/workers-seeking-productivity-in-a-pill-are-abusing-adhd-drugs.html?_r=0.

29 D. M. Wegner: *Ironic Processes of Mental Control*, „Psychological Review" 101, 1994, s. 34–52, http://dx.doi.org/10.1037/0033-295X.101.1.34.

30 J. J. Gross: *Emotion Regulation: Affective, Cognitive, and Social Consequences*, „Psychophysiology" 39, nr 3, 2002, s. 281–291, DOI:10.1017.S0048577201393198.

31 E. A. Butler i in.: *The Social Consequences of Expressive Suppression*, „Emotion" 3, nr 1, 2003, s. 48–67, DOI: 10.1037/1528-3542.3.1.48.

32 Thync: http://www.thync.com/.

33 Sri Sri Ravi Shankar: *5 Steps to Healthier Living*, „Huffington Post", http://www.huffingtonpost.com/sri-sri-ravi-shankar/healthier-living-new-year_b_1130296.html.

34 P. Philippot, S. Blairy: *Respiratory Feedback in the Generation of Emotion*, „Cognition and Emotion" 16, nr 5, 2002, s. 605–627, DOI:10.1080/02699930143000392.

35 Ibidem.

36 J. Etkin i in.: *Pressed for Time? Goal Conflict Shapes How Time Is Perceived, Spent, and Valued*, „Journal of Marketing Research" 52, nr 3, 2015, s. 394–406, DOI:10.1509/jmr.14.0130.

37 E. M. Seppälä i in.: *Breathing-Based Meditation Decreases Posttraumatic Stress Disorder Symptoms in U.S. Military Veterans: A Randomized Controlled Longitudinal Study*, „Journal of Traumatic Stress" 27, nr 4 (2014), s. 397–405, DOI:10.1002/jts.21936.

38 *Yoga for Anxiety and Depression*, „Harvard Health Publications", 1 kwietnia 2009 http://www.health.harvard.edu/mind-and-mood/yoga-for-anxiety-and-depression.

39 Program dla weteranów był oferowany przez Project Welcome Home Troops, projekt International Association for Human Values. Podobne warsztaty są oferowane dla członków Art of Living Foundation.

40 Stephen Porges, wywiad z 29 stycznia 2014.

41 A. Kogan i in.: *Vagal Activity Is Quadratically Related to Prosocial Traits, Prosocial Emotions, and Observer Perceptions of Prosociality*, „Journal of Personality and Social Psychology" 107, nr 6, 2014, DOI: 10.1037/a0037509; oraz P. Philippot i S. Blairy: *Respiratory Feedback*, s. 605–627.

42 E. A. Wehrwein i in.: *A Single, Acute Bout of Yogic Breathing Reduces Arterial Catecholamines and Cortisol, Journal of the Federation of American Societies for Experimental Biology*, Supplement 893.16, 2012; oraz N. Janakiramaiah i in.: *Therapeutic Efficacy of Sudarshan Kriya Yoga (SKY) in Dysthymic Disorder*, „National Institute for Mental Health and Neuro Sciences Journal" 17, 1998, s. 21–28; oraz A. Vedamurthachar i in.: *Antidepressant Efficacy and Hormonal Effects of Sudarshana Kriya Yoga (SKY) in Alcohol Dependent Individuals*, „Journal of Affective Disorders" 94, 2006, s. 249–253.

43 D. J. Plews i in.: *Training Adaptation and Heart Rate Variability in Elite Endurance Athletes: Opening the Door to Effective Monitoring*, „Sports Med" 43, nr 9, 2013, s. 773–781, DOI:10.1007/s40279-013-0071-8.

44 G. N. Bratman i in.: *The Benefits of Nature Experience: Improved Affect and Cognition*, „Landscape and Urban Planning" 138, 2014, s. 41–50, DOI:10.1016/jlandurbplan.2015.02.005.

45 K. E. Lee i in.: *40-Second Green Roof Views Sustain Attention: The Role of Micro-Breaks in Attention Restoration*, „Journal of Environmental Psychology" 42, 2015, s. 182–189.

46 M. Rudd i in.: *Awe Expands People's Perception of Time, Alters Decision Making, and Enhances Well-Being*, „Psychological Science" 23, nr 10, 2012, s. 1130–1136.

47 S. Cohen i in.: *Does Hugging Provide Stress-Buffering Social Support? A Study of Susceptibility to Upper Respiratory Infection and Illness*, „Psychological Science" 26, nr 2, 2015, s. 135–147, DOI:10.1177/0956797614559284.

48 J. Dominic: *Lloyds Comeback Kid Antonio Horta-Osorio Halts Rot*, „Scotsman", 11 maja 2014, http://www.scotsman.com/business/management/lloyds-comeback-kid-antonio-horta-osorio-halts-rot-1-3406148.

ROZDZIAŁ 3

1 T. Schwartz, J. Loehr: *The Power of Full Engagement: Managing Energy, Not Time, Is the Key to High Performance and Personal Renewal*, New York, Simon & Schuster, s. 17. Wydanie polskie: J. Loehr, T. Schwartz, *Potęga pełnego zaangażowania*, Wydawnictwo Amber, Warszawa 2004, s. 12.

2 M. Hodges: *The 10 Most Influential Figures in MMA*, Bleacher Report, 19 lipca 2010, http://bleacherreport.com/articles/422132-top-10-influential-figures-in-mma/page/11.

3 Mike Heitmann, wywiad z 29 listopada 2014.

4 C. Maslach, *Burnout: A Social Psychological Analysis*, [w:] J. W. Jones, red., *The Professional Burnout: Recent Developments in Theory and Research*, New York, Hemisphere, 1993, s. 20.

5 S. Jackson i in.: *Toward an Understanding of the Burnout Phenomenon*, „Journal of Applied Psychology" 71, nr 4, 1986, s. 630–640.

6 *Prevalence of Burnout, Depression, and Suicidal Ideation Among U.S. Physicians as of 2012*, „Statista", http://www.statista.com/statistics/316027/burnout-depression-and-suicidal-ideation-in-us-physicians/.

7 *Percentage of Total Burned Out Financial Professionals in Selected Countries in 2014, by Gender*, „Statista", http://www.statista.com/statistics/316061/total-burnout-in-financial-professionals-by-country-and-gender/.

8 C. Preston: *Burnout, Low Pay May Drive Young Charity Workers Away, Survey Finds*, „Chronicle of Philanthropy", 22.03.2007, https://philanthropy.com/article/Burnout-Low-Pay-May-Drive/178465.

9 Mayo Clinic Staff: *Job Burnout: How to Spot It and Take Action*, Mayo Clinic, 8 grudnia 2012, http://www.mayoclinic.org/healthy-lifestyle/adult-health/in-depth/burnout/art-20046642.

10 Stephen E. Humphrey i in.: *Integrating Motivational, Social, and Contextual Work Design Features: A Meta-Analytic Summary and Theoretical Extension of the Work Design Literature*, „Journal of Applied Psychology" 92, nr 5, 2007, s. 1332–1356, http://psycnet.apa.org/journals/apl/92/5/1332/.

11 Elliot Berkman, wywiad z 17 marca 2015.

12 J. L. Tsai i in.: *Cultural Variation in Affect Valuation*, „Journal of Personality and Social Psychology" 90, nr 2, 2006, s. 288–307, http://psycnet.apa.org/journals/psp/90/2/288/.

13 J. L. Tsai i in.: *Influence and Adjustment Goals: Sources of Cultural Differences in Ideal Affect*, „Journal of Personality and Social Psychology" 92, nr 6, 2007, s. 1100–1117, DOI:10.1037/0022- 3514.92.6.1102.

14 Ch. V. Witvliet, S. R. Vrana: *Psychophysiological Responses as Indices of Affective Dimensions*, „Psychophysiology" 32, nr 5, 1995, s. 436–443, DOI:10.1111/j.1469-8986.1995.tb02094.x.

15 K. N. Ochsner i in.: *Rethinking Feelings: An fMRI Study of the Cognitive Regulation of Emotion*, „Journal of Cognitive Neuroscience" 14, nr 8, 2002, s. 1215–1229, http://brainimaging.waisman.wisc.edu/~perlman/0903-EmoPaper/CogRegEmoOschner.2002.pdf.

16 O. Wilde, *I Can Resist Everything Except Temptation, and Other Quotations from Oscar Wilde*, red. K. Beckson, Nowy Jork, Columbia University Press, 1997.

17 N. Park i in.: *Character Strengths in Fifty-Four Nations and the Fifty US States*, „Journal of Positive Psychology" 1, nr 3, 2006, s. 118–129, DOI: 10.1080/17439760600619567.

18 K. A. Snyder i in.: *What Form of Memory Underlies Novelty Preferences?*, „Psychonomic Bulletin & Review" 15, nr 2, 2008, s. 315–321, DOI:10.3758/PBR.15.2.315.

19 R. F. Baumeister i in.: *The Strength Model of Self-Control*, „Current Directions in Psychological Science" 16, nr 6, 2007, s. 351–355.

20 R. F. Baumeister i in.: *Ego Depletion: Is the Active Self a Limited Resource?*, „Journal of Personality and Social Psychology" 74, 1998, s. 1252–1265.

21 Ibidem.

22 M. S. Hagger i in.: *Ego Depletion and the Strength Model of Self-Control: A Meta-analysis*, „Psychological Bulletin" 136, nr 4, 2010, s. 495–525, DOI: 10.1037/a0019486.

23 M. Muraven i in.: *Daily Fluctuations in Self-Control Demands and Alcohol Intake*, „Psychology of Addictive Behaviors" 19, nr 2, 2005, s. 140–147, DOI:10.1037/0893- 164X.19.2.140.

24 M. T. Gailliot, R. F. Baumeister: *The Physiology of Willpower: Linking Blood Glucose to Self-Control*, „Personality and Social Psychology Review" 11, nr 4, 2007, s. 303–327, DOI:10.1177/1088868307303030.

25 M. Kouchaki, I. H. Smith: *The Morning Morality Effect: The Influence of Time of Day on Unethical Behavior*, „Psychological Science" 25, nr 1, 2014, s. 95–102, DOI:10.1177/0956797613 498099.

26 F. Gino i in.: *Unable to Resist Temptation: How Self-Control Depletion Promotes Unethical Behavior*, „Organizational Behavior and Human Decision Processes" 115, nr 2, 2011, s. 191–203.

27 D. M. Wegner: *Ironic Processes of Mental Control*, „Psychological Review" 101, 1994, s. 34–52, http://dx.doi.org/10.1037/0033-295X.101.1.34.

28 M. Gailliot i in.: *Self-Control Relies on Glucose as a Limited Energy Source: Willpower Is More Than a Metaphor*, „Journal of Personality and Social Psychology" 92, nr 2, 2007, s. 325–336; oraz M. Gailliot, R. F. Baumeister, *The Physiology of Willpower*, s. 303–327.

29 M. Gailliot, R. F. Baumeister, *The Physiology of Willpower*, s. 303–327.

30 H. Andrea i in.: *The Relation Between Pathological Worrying and Fatigue in a Working Population*, „Journal of Psychosomatic Research" 57, nr 4, 2004, s. 399–407, http://www.jpsychores.com/article/S0022-3999(04)00048-0/abstract.

31 S. J. Blatt i in.: *Dependency and Self-Criticism: Psychological Dimensions of Depression*, „Journal of Consulting and Clinical Psychology" 50, nr 1, 1982, s. 113–124, http://psycnet.apa.org/journals/ccp/50/1/113/.

32 V. Job i in.: *Ego Depletion. Is It All in Your Head? Implicit Theories About Willpower Affect Self-Regulation*, „Psychological Science" 21, nr 11, 2010, s. 1686–1693, DOI: 10.1177/0956797610384745.

33 J. J. Clarkson i in.: *The Impact of Illusory Fatigue on Executive Control: Do Perceptions of Depletion Impair Working Memory Capacity?*, „Social Psychological and Personality Science" 2, nr 3, 2010, s. 231–238, DOI: 10.1177/1948550610386628.

34 Ch. A. Arpin-Cribbie, R. A. Cribbie: *Psychological Correlates of Fatigue: Examining Depression, Perfectionism, and Automatic Negative Thoughts*, „Personality and Individual Differences" 43, nr 6, 2007, s. 1310–1320, DOI: 10.1016/j.paid.2007.03.020.

35 L. Maher-Edwards i in.: *Metacognitions and Negative Emotions as Predictors of Symptom Severity in Chronic Fatigue Syndrome*, „Journal of Psychosomatic Research" 70, nr 4, 2011, s. 311–317, http://www.sciencedirect.com/science/article/pii/S002239991000379X.

36 A. P. Hill, T. Curran: *Multidimensional Perfectionism and Burnout: A Meta-Analysis*, „Personality and Social Psychology Review", http://psr.sagepub.com/content/early/2015/07/25/1088868315596286.abstract.

37 Ibidem.

38 T. S. Greenspon: *Is There an Antidote to Perfectionism?*, „Psychology in the Schools" 51, nr 9, 2014, s. 986–998, DOI:10.1002/pits.21797.

39 K. Y. Kawamura i in.: *Perfectionism, Anxiety, and Depression: Are the Relationships Independent?*, „Cognitive Therapy and Research" 25, nr 25, 2001, s. 291–301, DOI:10.1023/A:1010736529013.

40 G. L. Flett, P. L. Hewitt: *The Perils of Perfectionism in Sports and Exercise*, „Current Directions in Psychological Science" 14, nr 1, 2005, s. 14–18, DOI: 10.1111/j.0963-7214.2005.00326.x.

41 B. Schwartz i in.: *Maximizing Versus Satisficing: Happiness Is a Matter of Choice*, „Journal of Personality and Social Psychology" 83, nr 5, 2002, s. 1178–1197, DOI:10.1037//0022- 3514.83.5.1178.

42 J. L. Tsai i in.: *Influence and Adjustment Goals: Sources of Cultural Differences in Ideal Affect*, „Journal of Personality and Social Psychology" 92, nr 6, 2007, s. 1100–17, DOI:10.1037/0022-3514.92.6.1102.

43 W. Libby i in.: *Pupillary and Cardiac Activity During Visual Attention*, „Psychophysiology" 10, 1973, s. 270–294; H. T. Schupp i in.: *Probe P3 and Blinks: Two Measures of Affective Startle Modulation*, „Psychophysiology", 1997, s. 34, 1–6; P. A. Gable: *Anger Perceptually and Conceptually Narrows Cognitive Scope*, „Journal of Personality and Social Psychology" (w przygotowaniu); E. Harmon-Jones i in.: *Does Negative Affect Always Broaden the Mind? Considering the Influence of Motivational Intensity on Cognitive Scope*, „Current Directions in Psychological Science" 22, nr 4, 2013, s. 301–307, DOI:10.1177/0963721413481353; oraz Y. Hanoch, O. Vitouch: *When Less Is More: Information, Emotional Arousal and the Ecological Reframing of the Yerkes-Dodson Law*, „Theory & Psychology" 14, nr 4, 2004, s. 427–452, DOI:10.1177/0959354304044918.

44 N. A. S. Farb i in.: *Attentional Modulation of Primary Interoceptive and Exteroceptive Cortices*, „Cerebral Cortex" 23, nr 1, s. 114–126. DOI:10.1093/cercor/bhr385.

45 Sarah Severn, wywiad z 6 sierpnia 2015.

46 M. Friese i in.: *Mindfulness Meditation Counteracts Self-Control Depletion*, „Consciousness and Cognition" 21, nr 2, 2012, 1016–1022.

47 S. G. Hofman i in.: *The Effect of Mindfulness-Based Therapy on Anxiety and Depression: A Meta-Analytic Review*, „Journal of Consulting and Clinical Psychology" 78, nr 2, 2010, s. 169–183, http://psycnet.apa.org/?&fa=main.doiLanding&doi=10.1037/a0018555; A. Lutz i in.: *Regulation of the Neural Circuitry of Emotion by Compassion Meditation: Effects of Meditative Expertise*, „PLoS ONE" 3, nr 3, 2008, s. 1897, DOI: 10.1371/journal.pone.0001897; oraz R. Teper i in.: *Inside the Mindful Mind: How Mindfulness Enhances Emotion Regulation Through Improvements in Executive Control*, „Current Directions in Psychological Science" 22, nr 6, 2013, s. 449–454, DOI:10.1177/0963721413495869.

48 E. Harmon-Jones, C. K. Peterson, *Supine Body Position Reduces Neural Response to Anger Evocation: Short Report*, „Psychological Science" 20, nr 10, 2009, s. 1209–1210, DOI: 10.1111/j.1467-9280.2009.02416.x.

49 E. Luders i in.: *The Underlying Anatomical Correlates of Long-Term Meditation: Larger Hippocampal and Frontal Volumes of Gray Matter*, „Neuroimage" 45, 2009, s. 672–678.

50 D. M. Tice i in.: *Restoring the Self: Positive Affect Helps Improve Self-Regulation Following Ego Depletion*, „Journal of Experimental Social Psychology" 43, nr 3, 2007, s. 379–384, DOI: 10.1016/j.jesp.2006.05.007.

51 M. Friese, M. Wänke: *Personal Prayer Buffers Self-Control Depletion*, „Journal of Experimental Social Psychology" 51, 2014, s. 56–59.

52 A. Grant: *Employees Without a Cause: The Motivational Effects of Prosocial Impact in Public Service*, „International Public Management Journal", tom 11, 2008, s. 48–66, DOI:10.1080/10967490801887905.

53 A. Shimazu i in.: *Do Workaholism and Work Engagement Predict Employee Well-Being and Performance in Opposite Directions?*, „Industrial Health" 50, 2012, s. 316–321, https://www.jstage.jst.go.jp/article/indhealth/50/4/50_MS1355/_pdf.

54 D. DeSteno i in.: *Gratitude: A Tool for Reducing Economic Impatience*, „Psychological Science" 25, nr 6, 2014, s. 1262–1267, DOI: 10.1177/0956797614529979.

55 S. Sonnentag i in.: *Did You Have a Nice Evening? A Day-Level Study on Recovery Experiences, Sleep, and Affect*, „Journal of Applied Psychology" 93, 2008, s. 674–684.

56 Sherron Lumley, wywiad z 15 kwietnia 2015.

57 S. Sonnentag i in.: *Job Stressors, Emotional Exhaustion, and Need for Recovery: A Multi-source Study on the Benefits of Psychological Detachment*, „Journal of Vocational Behavior" 76, 2010, s. 355–365.

58 N. Feuerhahn i in.: *Exercise After Work, Psychological Mediators, and Affect: A Day-Level Study*, „European Journal of Work and Organizational Psychology" 23, 2014, s. 62–79.

59 S. Kaplan i M. G. Berman: *Directed Attention as a Common Resource for Executive Functioning and Self-Regulation*, „Perspectives on Psychological Science" 5, 2010, s. 43–57.

60 V. Hahn i in.: *The Role of Partners for Employees' Recovery During the Weekend*, „Journal of Vocational Behavior" 80, 2012, s. 288–298.

ROZDZIAŁ 4

1 Myron Scholes, wywiad z 8 lutego 2014.

2 D. Z. Hambrick i in.: *Deliberate Practice: Is That All It Takes to Become an Expert?*, „Intelligence" 45, 2014, s. 34–45, DOI:10.1016/j.intell.2013.04.001.

3 K. Ferry: *84 Percent of Executives Have Canceled a Vacation Due to 'Demands at Work' According to Korn Ferry Survey*, 13 czerwca 2014, http://www.kornferry.com/press/15179/.

4 B. Rottinghaus, J. Vaughn: *New Ranking of U.S. Presidents Puts Lincoln at Nr. 1, Obama at 18; Kennedy Judged Most Overrated*, „Washington Post", 16 lutego 2015, http://www.washingtonpost.com/blogs/monkey-cage/wp/2015/02/16/new-ranking-of-u-s-presidents-puts-lincoln-1-obama-18-kennedy-judged-most-over-rated/.

5 *1000+ Reasons to Like Ike*, „Golf Digest", kwiecień 2008, http://www.golfdigest.com/golf-tours-news/2008-04/ike.

6 *IBM 2010 Global CEO Study: Creativity Selected as Most Crucial Factor for Future Success*, informacja prasowa, IBM, 18 maja 2010, https://www-03.ibm.com/press/us/en/pressrelease/31670.wss.

7 W. B. Carlson: *Inventor of Dreams*, „Scientific American" 78 (marzec 2015), http://www.teslauniverse.com/nikola-tesla-article-inventor-of-dreams.

8 A. I. Miller: *A Genius Finds Inspiration in the Music of Another*, „New York Times", 31 stycznia 2006, http://www.nytimes.com/2006/01/31/science/31essa.html.

9 A. Calaprice, red.: *The Expanded Quotable Einstein*, Princeton, NJ, Princeton University Press 2000, strony 22, 287 i 10. Wydanie polskie: A. Calaprice, *Einstein w cytatach*, Poltex 2014. Zamieszczony cytat jest kompilacją wypowiedzi Einsteina dokonaną przez autorkę w tłumaczeniu własnym tłumacza.

10 C. Fussman, *Woody Allen: What I've Learned*, „Esquire", 8 sierpnia 2013, http://www.esquire.com/entertainment/interviews/a24203/woody-allen-0913/.

11 E. Gilbert: *Your Elusive Creative Genius*, TED Talks, luty 2009, https://www.ted.com/talks/elizabeth_gilbert_on_genius/transcript?language=en.

12 Scott Barry Kaufman, wywiad z 5 lutego 2014.

13 B. Baird i in.: *Inspired by Distraction: Mind Wandering Facilitates Creative Incubation*, „Psychological Science" 23, 2012, s. 1117–1122, DOI: 10.1177/0956797612446024.

14 M. B. Wieth, R. T. Zacks: *Time of Day Effects on Problem Solving: When the Non-Optimal Is Optimal*, „Thinking & Reasoning" 17, 2011, s. 387–401, DOI: 10.1080/13546783.2011.625663.

15 Salvador Dalí, *50 Secrets of Magic Craftsmanship*, Nowy Jork, Dial Press, 1948, s. 36.

16 Scott Barry Kaufman, wywiad, op. cit.

17 C. Perman, *Inventions by Kids*, CNBC, 30 września 2011, http://www.cnbc.com/id/42497934.

18 *Famous Pablo Picasso Quotes*, Pablo Picasso: Paintings, Quotes, and Biography, http://www.pablopicasso.org/quotes.jsp.

19 G. Land: *The Failure of Success*, YouTube, grudzień 2011, https://www.youtube.com/watch?v=ZfKMq-rYtnc; na podstawie G. Land, B. Jarman, *Breaking Point and Beyond*, San Francisco: HarperBusiness, 1993.

20 K. H. Kim: *The Creativity Crisis: The Decrease in Creative Thinking Scores on the Torrance Tests of Creative Thinking*, „Creativity Research Journal" 23, 2011, s. 285–295, DOI: 10.1080/10400419.2011.627805.

21 K. H. Kim: *Can Only Intelligent People Be Creative? A Meta-analysis*, „Journal of Secondary Gifted Education" 16, 2005, s. 57–66, http://files.eric.red.gov/fulltext/EJ698316.pdf.

22 T. D. Wilson i in.: *Just Think: The Challenges of the Disengaged Mind*, „Science" 4, 2014, s. 75–77, DOI: 10.1126/science.1250830.

23 Scott Barry Kaufman, wywiad, op. cit.

24 M. Oppezzo, D. L. Schwartz: *Give Your Ideas Some Legs: The Positive Effect of Walking on Creative Thinking*, „Journal of Experimental Psychology" 40, nr 4, 2014, s. 1142–1152.

25 K. D. Elsbach, A. B. Hargadon, *Enhancing Creativity Through 'Mindless' Work: A Framework of Workday Design*, „Organization Science" 17, nr 4, 2006, s. 470–483.

26 Adam Grant, wywiad z 6 marca 2014.

27 Ibidem.

28 Myron Scholes, wywiad z 8 lutego 2014.

29 K. R. Lakhani i in.: *The Value of Openness in Scientific Problem Solving*, HBS Working Paper 07-050, 2007, http://www.hbs.edu/faculty/Publication%20Files/07-050.pdf.

30 C. Dean: *If You Have a Problem, Ask Everyone*, „New York Times", 22 lipca 2008, http://www.nytimes.com/2008/07/22/science/22innr.html?_r=0.

31 Pico Iyer, wywiad z 12 stycznia 2014.

32 L. Bernardi i in.: *Cardiovascular, Cerebrovascular and Respiratory Changes Induced by Different Types of Music in Musicians and Non-musicians: The Importance of Silence*, „Heart" 92, 2006, s. 445–452, DOI: 10.1136/hrt.2005.064600.

33 I. Kirste i in.: *Is Silence Golden? Effects of Auditory Stimuli and Their Absence on Adult Hippocampal Neurogenesis*, „Brain Structure and Function" 220, 2015, s. 1221–1228, DOI:10.1007/s00429-013-0679-3.

34 „Recreation", w: „Online Etymology Dictionary", http://www.etymonline.com/index.php?term=recreation.

35 D. L. Zabelina, M. D. Robinson: *Child's Play: Facilitating the Originality of Creative Output by a Priming Manipulation*, „Psychology of Aesthetics, Creativity, and the Arts" 4, 2010, s. 57–65, http://psycnet.apa.org/index.cfm?fa=buy.optionToBuy&id=2010-03735-008.

36 J. Dunlop: *Top 20 Most Awesome Company Offices*, Income, http://www.incomediary.com/top-20-most-awesome-company-offices.

37 B. L. Fredrickson i C. Branigan, *Positive Emotions Broaden the Scope of Attention and Thought-Action Repertoires*, „Cognition and Emotion" 19, 2011, s. 313–332, DOI: 10.1080/02699930441000238.

38 Wymiana korespondencji elektronicznej z Lolly Daskal 18 kwietnia 2015.

39 Adam Grant, wywiad z 6 marca 2014.

ROZDZIAŁ 5

1 C. S. Dweck: *Self-Theories: Their Role in Motivation, Personality, and Development*, Nowy Jork, Psychology Press, 2000, s. 44–51; oraz C. S. Dweck, *Motivational Processes Affecting Learning*, „American Psychologist" 41, nr 10, 1986, s. 1040–1048, DOI: 10.1037/0003-066X.41.10.1040.

2 S. J. Blatt: *Representational Structures in Psychopathology*, [w:] *Rochester Symposium on Developmental Psychopathology: Emotion, Cognition, and Representation*, tom 6, D. Cicchetti, S. Toth, red., Rochester, Nowy Jork, University of Rochester Press, 1995, s. 1–34.

3 C. Marziali: *Brain Has Competing Risk and Reward*, „USC News", 9 października 2008, http://news.usc.edu/29531/Brain-Has-Competing-Risk-and-Reward/.

4 *Athletes' Fear of Failure Likely to Lead to 'Choke' Study Shows*, Coventry University, 5 sierpnia 2014, http://www.coventry.ac.uk/primary-news/athletes-fear-of-failure-likely-to-lead-to-choke-study-shows/.

5 K. Neff, E. Seppälä: *Compassion, Well-Being and the Hypoegoic Self* [w:] *Handbook of Hypoegoic Phenomena*, red. K. W. Brown, M. Leary (w druku).

6 A. Michou i in.: *Enriching the Hierarchical Model of Achievement Motivation: Autonomous and Controlling Reasons Underlying Achievement Goals*, „British Journal of Educational Psychology" 84, nr 4, 2014, s. 650–666, DOI: 10.1111/bjep.12055.

7 M. S. Wood i in.: *Take the Money or Run? Investors' Ethical Reputation and Entrepreneurs' Willingness to Partner*, „Journal of Business Venturing" 29, nr 6, 2014, s. 723–740, http://dx.doi.org/10.1016/j.jbusvent.2013.08.004.

8 R. F. Baumeister i in.: *Bad Is Stronger Than Good*, „Review of General Psychology" 5, nr 4, 2001, s. 323–370, DOI: 10.1037//1089-2680.5.4.323; oraz S. Gable, J. Haidt: *What (And Why) Is Positive Psychology*, „Review of General Psychology" 9, 2005, s. 103–110, DOI: 10.1037/1089-2680.9.2.103.

9 S. Gable, J. Haidt: *What (and Why) Is Positive Psychology?*, „Review of General Psychology" 9, nr 2, 2005, s. 103–110, http://dx.doi.org/10.1037/1089-2680.9.2.103.

10 *Albert Einstein* [w:] *Celebs Who Went from Failures to Success Stories*, CBS Money Watch, http://www.cbsnews.com/pictures/celebs-who-went-from-failures-to-success-stories/3/; oraz M. Michalko: *Famous Failures*, „Creativity Post", 11 maja 2012, http://www.creativitypost.com/psychology/famous_failures.

11 C. S. Dweck, E. L. Leggett: *A Social-Cognitive Approach to Motivation and Personality*, „Psychological Review" 85, nr 2, 1988, s. 256–273, http://dx.doi.org/10.1037/0033- 295X.95.2.256.

12 A. Ignatius: *Builders and Titans: Jack Ma*, „Time", 30 kwietnia 2009, http://content.time.com/time/specials/packages/article/0,28804,1894410_1893837_1894188,00.html.

13 W. Mellor i in.: *Ma Says Alibaba Shareholders Should Feel Love, Not Nr. 3*, „Bloomberg Business", 9 listopada 2014, http://www.bloomberg.com/news/articles/2014-11-09/ma-says-alibaba-shareholders-should-feel-love-not-no-3.

14 M. Stone, J. D'Onfro: *The Inspiring Life Story of Alibaba Founder Jack Ma, Now the Richest Man in China*, „Business Insider", 2 października 2014, http://www.businessinsider.com/the-inspiring-life-story-of-alibaba-founder-jack-ma-2014-10.

15 J. Phneah: *8 Lessons to Learn from Jack Ma, Wealthiest Man in China*, strona internetowa Jeraldine Phneah, 22 września 2014, http://www.jeraldinephneah.me/2014/09/8-lessons-to-learn-from-jack-ma.html.

16 K. D. Neff: *Self-Compassion: An Alternative Conceptualization of a Healthy Attitude Toward Oneself*, „Self and Identity" 2, 2010, s. 85–101.

17 K. D. Neff i in.: *Self-Compassion and Its Link to Adaptive Psychological Functioning*, „Journal of Research in Personality" 41, 2007, s. 139–154.

18 M. R. Leary i in.: *Self-Compassion and Reactions to Unpleasant Self-Relevant Events: The Implications of Treating Oneself Kindly*, „Journal of Personality and Social Psychology" 92, 2007, s. 887–904.

19 L. K. Barnard, J. F. Curry: *Self-Compassion: Conceptualizations, Correlates, and Interventions*, „Review of General Psychology" 15, 2011, s. 289–303.

20 A. MacBeth, A. Gumley: *Exploring Compassion: A Meta-analysis of the Association Between Self-Compassion and Psychopathology*, „Clinical Psychology Review" 32, 2012, s. 545–552.

21 L. Hollis-Walker, K. Colosimo, *Mindfulness, Self-Compassion, and Happiness in Non-meditators: A Theoretical and Empirical Examination*, „Personality and Individual Differences" 50, 2011, s. 222–227; oraz K.D. Neff i in.: *Self-Compassion and Its Link to Adaptive Psychological Functioning*, s. 139–154.

22 J. G. Breines i in.: *Self-Compassion as a Predictor of Interleukin-6 Response to Acute Psychosocial Stress*, „Brain, Behavior, and Immunity" 37, 2014, s. 109–114, DOI: 10.1016/j.bbi.2013.11.006.

23 H. Rockliff i in.: *A Pilot Exploration of Heart Rate Variability and Salivary Cortisol Responses to Compassion-Focused Imagery*, „Clinical Neuropsychiatry" 5, 2008, s. 132–139.

24 S. W. Porges: *The Polyvagal Perspective*, „Biological Psychology" 74, 2007, s. 116–143.

25 K. D. Neff i in.: *Self-Compassion, Achievement Goals, and Coping with Academic Failure*, „Self and Identity" 4, 2005, s. 263–287; oraz K. D. Neff i in.: *Self-Compassion and Its Link to Adaptive Psychological Functioning*, s. 139–154.

26 K. D. Neff, S. N. Beretvas: *The Role of Self-Compassion in Romantic Relationships*, „Self and Identity" 12, nr 1, 2013, s. 78–98; oraz J. Crocker, A. Canevello: *Creating and Undermining Social Support in Communal Relationships: The Roles of Compassionate and Self-Image Goals*, „Journal of Personality and Social Psychology" 95, 2008, s. 555–575.

27 M. E. Neely i in.: *Self-Kindness When Facing Stress: The Role of Self-Compassion, Goal Regulation, and Support in College Students' Well-Being*, „Motivation and Emotion" 33, 2009, s. 88–97.

28 C. E. Adams, M. R. Leary: *Promoting Self-Compassionate Attitudes Toward Eating Among Restrictive and Guilty Eaters*, „Journal of Social and Clinical Psychology" 26, 2007, s. 1120–1144; A. C. Kelly i in.: *Who Benefits from Training in Self-Compassionate Self-Regulation? A Study of Smoking Reduction*, „Journal of Social and Clinical Psychology" 29, 2009, s. 727–755; oraz C. Magnus i in.: *The Role of Self-Compassion in Women's Self-Determined Motives to Exercise and Exercise-Related Outcomes*, „Self and Identity" 9, 2010, s. 363–382.

29 M. R. Leary i in.: *Self-Compassion and Reactions to Unpleasant Self-Relevant Events: The Implications of Treating Oneself Kindly*, „Journal of Personality and Social Psychology" 92, 2007, s. 887–904.

30 P. Gilbert, C. Irons: *Focused Therapies and Compassionate Mind Training for Shame and Self-Attacking*, [w:] *Compassion: Conceptualisations, Research and Use in Psychotherapy*, red. P. Gilbert, London, Routledge, 2005, s. 263–325.

31 Tim Ryan, „Wall Street Journal", http://projects.wsj.com/campaign2012/candidates/view/tim-ryan--OH-H.

32 R. A. Emmons, M. E. McCullough: *Counting Blessings Versus Burdens: An Experimental Investigation of Gratitude and Subjective Well-Being in Daily Life*, „Journal of Personality and Social Psychology" 84, nr 2, 2003, s. 377–389, http://dx.doi.org/10.1037/0022-3514.84.2.377; P. C. Watkins i in.: *Gratitude and Happiness: Development of a Measure of Gratitude, and Relationships with Subjective Well-Being*, „Social Behavior and Personality: An International Journal" 31, nr 5, 2003, s. 431–451, http://dx.doi.org/10.2224/sbp.2003.31.5.431; oraz A. M. Wood i in.: *Gratitude and Well-Being: A Review and Theoretical Integration*, „Clinical Psychology Review" 30, nr 7, 2010, s. 890–905, DOI: 10.1016/j.cpr.2010.03.005.

33 K. M. Sheldon, S. Lyubomirsky: *How to Increase and Sustain Positive Emotion: The Effects of Expressing Gratitude and Visualizing Best Possible Selves*, „Journal of Positive Psychology" 1, nr 2, 2006, s. 73–82, DOI:10.1080/17439760500510676.

34 A. M. Wood i in.: *The Role of Gratitude in the Development of Social Support, Stress, and Depression: Two Longitudinal Studies*, „Journal of Research in Personality" 42, nr 4, 2008, s. 854–871, DOI:10.1016/j.jrp.2007.11.003.

35 Ibidem.

36 E. L. Polak, M. E. McCullough: *Is Gratitude an Alternative to Materialism?*, „Journal of Happiness Studies" 7, nr 3, 2006, s. 343–360.

37 T. DeAngelis: *Consumerism and Its Discontents*, „American Psychological Association" 35, nr 6, 2004, s. 52.

38 A. M. Wood i in.: *Gratitude Influences Sleep Through the Mechanism of Presleep Cognitions*, „Journal of Psychosomatic Research" 66, nr 1, 2009, s. 43–48, DOI: 10.1016/j.jpsychores.2008.09.002.

39 A. M. Wood i in.: *Gratitude Uniquely Predicts Satisfaction with Life: Incremental Validity Above the Domains and Facets of the Five Factor Model*, „Personality and Individual Differences" 45, nr 1, 2008, 49–54, DOI: 10.1016/j.paid.2008.02.019.

40 S. B. Algoe i in.: *Beyond Reciprocity: Gratitude and Relationships in Everyday Life*, „Emotion" 8, nr 3, 2008, s. 425–429, http://dx.doi.org/10.1037/1528-3542.8.3.425; S. B. Algoe, J. Haidt: *Witnessing Excellence in Action: The 'Other-Praising' Emotions of Elevation, Gratitude, and Admiration*, „Journal of Positive Psychology" 4, nr 2, 2009, s. 105–127, DOI: 10.1080/17439760802650519; N. M. Lambert i in.: *Benefits of Expressing Gratitude: Expressing Gratitude to a Partner Changes One's View of the Relationship*, „Psychological Science" 21, nr 4, 2010, s. 574–580, DOI: 10.1177/0956797610364003; oraz S. B. Algoe: *Find, Remind, and Bind: The Functions of Gratitude in Everyday Relationships*, „Social and Personality Psychology Compass" 6, nr 6, 2012, s. 455–459, DOI: 10.1111/j.1751-9004.2012.00439.

41 M. E. McCullough i in.: *Is Gratitude a Moral Affect?*, „Psychological Bulletin" 127, nr 2, 2001, s. 249–266, http://dx.doi.org/10.1037/0033-2909.127.2.249; M. E. McCullough i in.: *An Adaptation for Altruism: The Social Causes, Social Effects, and Social Evolution of Gratitude*, „Psychological Science" 17, nr 4, 2008, s. 281–285, DOI: 10.1111/j.1467-8721.2008.00590; oraz M. Y. Bartlett, D. DeSteno: *Gratitude and Prosocial Behavior: Helping When It Costs You*, „Psychological Science" 17, nr 4, 2006, s. 319–325, DO I:10.1111/j.1467-9280.2006.01705.

42 R. A. Emmons, Ch. A. Crumpler: *Gratitude as a Human Strength: Appraising the Evidence*, „Journal of Social and Clinical Psychology" 19, nr 1, 2000, s. 56–69, DOI: 10.1521/jscp.2000.19.1.56.

43 D. DeSteno i in.: *Gratitude: A Tool for Reducing Economic Impatience*, „Psychological Science" 25, 2014, s. 1262–1267, DOI: 10.1177/0956797614529979.

44 M. E. McCullough i in.: *Is Gratitude a Moral Affect?*, s. 249–266; oraz M. E. McCullough i in.: *Adaptation for Altruism*, s. 281–285.

45 A. A. Grant, F. Gino: *A Little Thanks Goes a Long Way: Explaining Why Gratitude Expressions Motivate Prosocial Behavior*, „Journal of Personality and Social Psychology" 98, nr 6, 2010, s. 946–955, DOI: 10.1037/a0017935.

46 E. R. Simon-Thomas, J. A. Smith: *How Grateful Are Americans?*, „Greater Good: The Science of a Meaningful Life", 10 stycznia 2013, http://greatergood.berkeley.edu/article/item/how_grateful_are_americans.

47 A. Bhattacharjee, C. Mogilner: *Happiness from Ordinary and Extraordinary Experiences*, „Journal of Consumer Research" 41, 2014, s. 1–17.

48 N. Moyal i in.: *Cognitive Strategies to Regulate Emotions. Current Evidence and Future Directions*, „Frontiers in Psychology" 4, 2014, s. 1019, DOI: 10.3389/fpsyg.2013.01019.

49 A. M. Wood i in.: *Gratitude and Well-Being: A Review and Theoretical Integration*, „Clinical Psychology Review" 30, nr 7, 2010, s. 890–905, DOI:10.1016/j.cpr.2010.03.005.

ROZDZIAŁ 6

1 H. D. Thoreau: *The Writings of Henry David Thoreau*, tom 2, Houghton Mifflin, 1906, s. 241.

2 Nazwisko zmieniono w celu zapewnienia anonimowości.

3 *People and Events: Herbert Spencer*, „American Experience", http://www.pbs.org/wgbh/amex/carnegie/peopleevents/pande03.html.

4 J. L. Goetz i in.: *Compassion: An Evolutionary Analysis and Empirical Review*, „Psychological Bulletin" 136, nr 3, 2010, s. 351–374, DOI:10.1037/a0018807. Tłumaczenie cytatu za: Karol Darwin, *O pochodzeniu człowieka*, Jirafa Roja, Warszawa 2009, s. 123.

5 S. Ember: *Remembering Ace Greenberg, Through Good Times and Bad*, „New York Times", 25 lipca 2014, http://dealbook.nytimes.com/2014/07/25/remembering-ace-greenberg-through-good-times-and-bad/?ref=topics.

6 J. Shenn, B. Keoun: *Bear Stearns Rivals Reject Fund Bailout in LTCM Redux (Update 3)*, „Bloomberg", 25 czerwca 2007, http://www.bloomberg.com/apps/news?pid=newsarchive&sid=aYDTeHYnV3ms.

7 A. R. Sorkin: *JP Morgan Raises Bid for Bear Stearns to $10 a share*, „New York Times", 17 marca 2008, http://www.nytimes.com/2008/03/24/business/24deal-web.html?pagewanted=all.

8 J. M. Twenge i in.: *Egos Inflating over Time: A Cross-Temporal Meta-analysis of the Narcissistic Personality Inventory*, „Journal of Personality" 76, 2008, s. 875–902.

9 Jean Twenge, wywiad z 2 czerwca 2015.

10 T. A. Judge i in.: *Loving Yourself Abundantly: Relationship of the Narcissistic Personality to Self- and Other Perceptions of Workplace Deviance, Leadership, and Task and Contextual Performance*, „Journal of Applied Psychology" 9, nr 4, 2006, s. 762–776, DOI: 10.1037/0021-9010.91.4.762.

11 R. F. Baumeister i in.: *Relation of Threatened Egotism to Violence and Aggression: The Dark Side of High Self-Esteem*, „Psychological Review" 103, 1996, s. 5–33; oraz J. M. Twenge, W. K. Campbell: *Isn't It Fun to Get the Respect That We're Going to Deserve?': Narcissism, Social Rejection and Aggression*, „Personality and Social Psychology Bulletin" 29, 2003, s. 261–272.

12 L. M. Penney, P. E. Spector: *Narcissism and Counterproductive Work Behavior: Do Bigger Egos Mean Bigger Problems?* „International Journal of Selection and Assessment" 10, numery 1–2, 2002, s. 126–134, DOI: 10.1111/1468-2389.00199.

13 C. Salmivalli i in.: *Self-Evaluated Self-Esteem, Peer-Evaluated Self-Esteem, and Defensive Egotism as Predictors of Adolescents' Participation in Bullying Situations*, „Personality and Social Psychology Bulletin" 25, 1999, s. 1268–1278; S. Fein, S. J. Spencer: *Prejudice as Self-Image Maintenance: Affirming the Self Through Derogating Others*, „Journal of Personality and Social Psychology" 73, 1997, s. 31–44; oraz J. Crocker i in.: *Downward Comparison, Prejudice, and Evaluations of Others: Effects of Self-Esteem and Threat*, „Journal of Personality and Social Psychology" 52, 1987, s. 907–916.

14 R. F. Baumeister, M. R. Leary: *The Need to Belong: Desire for Interpersonal Attachments as a Fundamental Human Motivation*, „Psychological Bulletin" 117, nr 3, 1995, s. 497–529.

15 Adam Grant, wywiad z 6 marca 2014.

16 K. M. Lewis: *When Leaders Display Emotion: How Followers Respond to Negative Emotional Expression of Male and Female Leaders*, „Journal of Organizational Behavior" 21, nr 2, 2000, s. 221–234, DOI:10.1002/(SICI)1099-1379(200003)21:2<221::AID-JOB36>3.0.CO;2-0.

17 S. Azagba, M. F. Sharaf: *Psychosocial Working Conditions and the Utilization of Health Care Services*, „BMC Public Health" 11, 2011, s. 642, DOI: 10.1186/1471-2458-11-642.

18 R. S. Bridger i in.: *Occupational Stress and Employee Turnover*, „Ergonomics" 56, nr 11, 2013, s. 1629–1639, DOI: 10.1080/00140139.2013.836251.

19 K. Neff: *Self-Compassion: An Alternative Conceptualization of a Healthy Attitude Toward Oneself*, „Self and Identity" 2, nr 2, 2003, s. 85–101, DOI:10.1080/15298860390129863.

20 V. Hoorens: *Self-Enhancement and Superiority Biases in Social Comparison*, „European Review of Social Psychology" 4, 1993, s. 113–139, DOI: 10.1080/14792779343000040.

21 S. H. Heine i in.: *Is There a Universal Need for Positive Self-Regard?*, „Psychological Review" 106, 1999, s. 766–794; oraz C. Sedikides: *Assessment, Enhancement, and Verification Determinants of the Self-Evaluation Process*, „Journal of Personality and Social Psychology" 65, 1993, s. 317–338.

22 J. Crocker i in.: *Contingencies of Self-Worth in College Students: Theory and Measurement*, „Journal of Personality and Social Psychology" 85, 2003, s. 894–908.

23 R. F. Baumeister i in.: *Does High Self-Esteem Cause Better Performance, Interpersonal Success, Happiness, or Healthier Lifestyles?*, „Psychological Science in the Public Interest" 4, 2003, s. 1–44.

24 L. Scherwitz, J. Canick: *Self Reference and Coronary Heart Disease Risk*, [w:] *Type A Behavior Pattern: Research, Theory, and Intervention*, red. K. Houston, C. R. Snyder, Nowy Jork, Wiley, 1988, s. 146–167; oraz L. Scherwitz i in.: *Self-Involvement and the Risk Factor for Coronary Heart Disease*, „Advances" 2, 1985, s. 6–18.

25 N. Mor, J. Winquist: *Self-Focused Attention and Negative Affect: A Meta-analysis*, „Psychological Bulletin" 128, nr 4, 2002, s. 638–662.

26 J. F. Coutinho: *Default Mode Network Dissociation in Depressive and Anxiety States*, „Brain Imaging Behavior", 2015, http://link.springer.com/article/10.1007/s11682-015-9375-7.

27 S. Tanaka i in.: *The Relationship Among Self-Focused Attention, Depression, and Anxiety*, „Shinrigaku Kenkyu" 78, nr 4, 2007, s. 365–371, http://www.ncbi.nlm.nih.gov/pubmed/18027582.

28 J. F. Coutinho, *Default Mode Network Dissociation in Depressive and Anxiety States*, op. cit.

29 J. S. House i in.: *Social Relationships and Health*, „Science" 241, 1988, s. 540–545.

30 J. T. Hawkley, J. T. Cacioppo: *Aging and Loneliness: Downhill Quickly?*, „Current Directions in Psychological Science" 16, 2007, s. 187–191.

31 L. C. Hawkley, J. T. Cacioppo: *Loneliness Matters: A Theoretical and Empirical Review of Consequences and Mechanisms*, „Annals of Behavioral Medicine" 40, nr 2, 2010, s. 218–227, DOI:10.1007/s12160-010-9210-8.

32 R. M. Lee i in.: *Social Connectedness, Dysfunctional Interpersonal Behaviors, and Psychological Distress: Testing a Mediator Model*, „Journal of Counseling Psychology" 48, nr 3, 2001, s. 310–318, http://psycnet.apa.org/index.cfm?fa=buy.optionToBuy&id=2001-07409-008.

33 J. L. Goetz i in.: *Compassion: An Evolutionary Analysis and Empirical Review*, „Psychological Bulletin" 136, nr 3, 2010, s. 351–374, DOI: 10.1037/a0018807.

34 I. B.-A. Bartal i in.: *Helping a Cagemate in Need: Empathy and Pro-social Behavior in Rats*, „Science" 334, nr 6061, 2011, s. 1427–1430, DOI: 10.1126/science.1210789.

35 F. Warneken, M. Tomasello: *Altruistic Helping in Human Infants and Young Chimpanzees*, „Science" 311, nr 5765, 2006, s. 1301–1303, DOI: 10.1126/science.1121448.

36 Brené Brown, wywiad z 23 stycznia 2012.

37 E. Kross i in.: *Social Rejection Shares Somatosensory Representations with Physical Pain*, „Proceedings of the National Academy of Sciences of the United States of America" 108, nr 15, 2011, s. 6270–6275, DOI: 10.1073/pnas.1102693108.

38 G. M. Slavich i in.: *Neural Sensitivity to Social Rejection Is Associated with Inflammatory Responses to Social Stress*, „Proceedings of the National Academy of Sciences of the United States of America" 107, nr 33, 2010, s. 14817–14822, DOI: 10.1073/pnas.1009164107.

39 Volunteering in the United States, 2014, Bureau of Labor Statistics, 25 lutego 2015, http://www.bls.gov/news.release/volun.nro.htm.

40 P. K. Kraus i in.: *Having Less, Giving More: The Influence of Social Class on Prosocial Behavior*, „Journal of Personality and Social Psychology" 99, nr 5, 2010, s. 771–784, http://socrates.berkeley.edu/~keltner/publications/piff.2010.pdf.

41 J. Moll i in.: *Human Fronto-Mesolimbic Networks Guide Decisions About Charitable Donation*, „Proceedings of the National Academy of Sciences" 103, nr 42, 2006, s. 15623–15628.

42 E. W. Dunn i in.: *Spending Money on Others Promotes Happiness*, „Science" 319, nr 5870, 2008, s. 1687–1688, DOI: 10.1126/science.1150952.

43 L. B. Aknin i in.: *Giving Leads to Happiness in Young Children*, „PLoS ONE" 7, nr 6, 2012, DOI:10.1371/journal.pone.0039211.

44 R. H. Frank i in.: *Does Studying Economics Inhibit Cooperation?*, „Journal of Economic Perspectives" 7, nr 2, 1993, s. 159–171, DOI: 10.1257/jep.7.2.159.

45 K. Cameron i in.: *Effects of Positive Practices on Organizational Effectiveness*, „Journal of Applied Behavioral Science" 47, nr 3, 2011, s. 266–308, DOI: 10.1177/0021886310395514.

46 S. Barsade, D. E. Gibson: *Why Does Affect Matter in Organizations?*, „Academy of Management Perspectives" 21, 2007, s. 36–59, http://www.donaldegibson.com/files/WhyDoesAffectMatter.pdf.

47 S. G. Barsade, O. A. O'Neill: *What's Love Got to Do with It? A Longitudinal Study of the Culture of Companionate Love and Employee and Client Outcomes in the Long-Term Care Setting*, „Administrative Science Quarterly" 20, nr 20, 2014, s. 1–48, DOI: 10.1177/0001839214538636.

48 Ch. L. Hardy, M. Van Vugt: *Nice Guys Finish First: The Competitive Altruism Hypothesis*, „Personality and Social Psychology Bulletin" 32, nr 10, 2006, s. 1402–1413, DOI: 10.1177/014616720629 1006.

49 A. J. C. Cuddy i in.: *Connect, Then Lead*, „Harvard Business Review" (lipiec–sierpień 2013), https://hbr.org/2013/07/connect-then-lead/ar/1.

50 L. Norman i in.: *Attachment-Security Priming Attenuates Amygdala Activation to Social and Linguistic Threat*, „Social Cognitive and Affective Neuroscience" 10, nr 6, 2015, s. 832–839, DOI: 10.1093/scan/nsu127.

51 F. Lee i in.: *The Mixed Effects of Inconsistency on Experimentation in Organizations*, „Organization Science" 15, nr 3, 2004, s. 310–326, http://pubsonline.informs.org/doi/abs/10.1287/orsc.1040.0076?journalCode=orsc.

52 Brené Brown, *The Power of Vulnerability*, TED Talks, czerwiec 2010, https://www.ted.com/talks/brene_brown_on_vulnerability?language=en.

53 Transformational Leadership for Excellence, http://tlexinstitute.com/.

54 Johann Berlin, wywiad z 15 listopada 2014.

55 M. Vianello i in.: *Elevation at Work: The Effects of Leaders' Moral Excellence*, „Journal of Positive Psychology" 5, nr 5, 2010, s. 390–411, DOI: 10.1080/17439760.2010.516764.

56 T. Qiu i in.: *The Effect of Interactional Fairness on the Performance of Cross-Functional Product Development Teams: A Multilevel Mediated Model*, „Journal of Product Innovation Management" 26, nr 2, 2009, s. 173–187, DOI: 10.1111/j.1540-5885.2009.00344.x.

57 W. E. Baker, N. Bulkley: *Paying It Forward Versus Rewarding Reputation: Mechanisms of Generalized Reciprocity*, Ross School of Business Paper nr 1236, „Organization Science", 2014, http://papers.ssrn.com/sol3/papers.cfm?abstract_id=2429752.

58 Archana Patchirajan, wywiad z 28 listopada 2014.

59 *Britain's Workers Value Companionship and Recognition over a Big Salary, a Recent Report Revealed*, AAT, https://www.aat.org.uk/about-aat/press-releases/britains-workers-value-companionship-recognition-over-big-salary.

60 J. Holt-Lunstad i in.: *Social Relationships and Mortality Risk: A Meta-analytic Review*, „PLoS Medicine" 7, nr 7, 2010, 31000316, DOI: 10.1371/journal.pmred.1000316.

61 S. Cohen, T. A. Wills: *Stress, Social Support, and the Buffering Hypothesis*, „Psychological Bulletin" 98, nr 2, 1985, s. 310–357, http://lchc.ucsd.edu/MCA/Mail/xmcamail.2012_11.dir/pdf/YukILvXsLo.pdf.

62 S. D. Pressman i in.: *Loneliness, Social Network Size and Immune Response to Influenza Vaccination in College Freshmen*, „Health Psychology" 24, nr 3, 2005, s. 297–306, DOI: 10.1037/0278-6133.24.3.297.

63 L. C. Hawkley i in.: *Effects of Social Isolation on Glucocorticoid Regulation in Social Mammals*, „Hormones & Behavior" 62, 2012, s. 314–323, DOI: 10.1016/j.yhbeh.2012.05.011.

64 R. M. Lee i in.: *Social Connectedness, Dysfunctional Interpersonal Behaviors, and Psychological Distress: Testing a Mediator Model*, „Journal of Counseling Psychology" 48, nr 3, s. 2001, 310–318, http://psycnet.apa.org/index.cfm?fa=buy.optionToBuy&id=2001-07409-008.

65 M. J. Poulin i in.: *Giving to Others and the Association Between Stress and Mortality*, „American Journal of Public Health" 103, nr 9, 2013, s. 1649–1655, DOI: 10.2105/AJPH.2012.300876.

66 S. L. Brown i in.: *Caregiving Behavior Is Associated with Decreased Mortality Risk*, „Psychological Science" 20, nr 4, 2009, s. 488–494, DOI: 10.1111/j.1467-9280.2009.02323.x.

67 P. M. Niedenthal: *Embodying Emotion*, „Science 316", nr 5827, 2007, s. 1002–1005, DOI: 10.1126/science.1136930.

68 P. L. Jackson i in.: *How Do We Perceive the Pain of Others? A Window into the Neural Processes Involved in Empathy*, „NeuroImage" 24, nr 3, 2005, s. 771–779, DOI: 10.1016/j.neuroimage.2004.09.006.

69 S. Baron-Cohen i in.: *The 'Reading the Mind in the Eyes' Test Revised Version: A Study with Normal Adults, and Adults with Asperger Syndrome or High-Functioning Autism*, „Journal of Child Psychology and Psychiatry 42", nr 2, 2001, s. 241–251, DOI: 10.1111/1469-7610.00715.

70 B. L. Fredrickson i in.: *Open Hearts Build Lives: Positive Emotions, Induced Through Loving-Kindness Meditation, Build Consequential Personal Resources*, „Journal of Personality and Social Psychology" 95, nr 5, 2008, s. 1045–1062, DOI: 10.1037/a0013262; T. W. Pace i in.: *Effect of Compassion Meditation on Neuroendocrine, Innate Immune and Behavioral Responses to Psychosocial Stress*, „Psychoneuroendocrinology" 34, 2009, s. 87–98, DOI: 10.1016/j.psyneuen.2008.08.011; oraz T. W. Pace i in.: *Engagement with Cognitively-Based Compassion Training Is Associated with Reduced Salivary C-Reactive Protein from Before to After Training in Foster Care Program Adolescents*, „Psychoneuroendocrinology" 38, 2013, s. 294–299, DOI: 10.1016/j.psyneuen.2012.05.019.

71 J. S. Mascaro i in.: *Compassion Meditation Enhances Empathic Accuracy and Related Neural Activity*, „Social Cognitive and Affective Neuroscience" 8, nr 1, 2013, s. 48–55, DOI: 10.1093/scan/nss095.

72 C. A. Hutcherson i in.: *The Neural Correlates of Social Connection*, „Cognitive and Affective Behavioral Neuroscience" 15, 2015, s. 1–14, DOI: 10.3758/s13415-014-0304-9.

73 S. Leiberg i in.: *Short-Term Compassion Training Increases Prosocial Behavior in a Newly Developed Prosocial Game*, „PLoS ONE" 6, 2011, DOI: 10.1371/journal.pone.0017798.

74 Mascaro i in.: *Compassion Meditation*, s. 48–55; A. Lutz i in.: *Regulation of the Neural Circuitry of Emotion by Compassion Meditation: Effects of Meditative Expertise*, „PLoS ONE" 3, 2008, e1897, DOI: 10.1371/journal.pone.0001897; M. E. Kemeny i in.: *Contemplative/Emotion Training Reduces Negative Emotional Behavior and Promotes Prosocial Responses*, „Emotion" 12, 2012, s. 338–350, DOI: 10.1037/a0026118; G. Desbordes i in.: *Effects of Mindful-Attention and Compassion Meditation Training on Amygdala Response to Emotional Stimuli in an Ordinary, Non-meditative State*, „Frontiers in Human Neuroscience" 6, 2012, s. 292, DOI: 10.3389/fnhum.2012.00292; oraz H. Jazaieri i in.: *A Randomized Controlled Study of Compassion Cultivation Training: Effects on Mindfulness, Affect and Emotion Regulation*, „Motivation and Emotion" 38, 2014, s. 23–35, DOI: 10.1007/s11031-013-9368-z.

75 C. A. Hutcherson i in.: *Loving-Kindness Meditation Increases Social Connectedness*, „Emotion" 5, 2008, s. 720–724, DOI: 10.1037/a0013237.